2024年北京经济管理职业学院优质教材遴选培育与建设
新编21世纪高等职业教育精品教材·智慧财经系列

企业会计实务

主　编　刘福祥　王　宁　燕　宙
副主编　卜　亮　黄秋香

中国人民大学出版社
·北京·

图书在版编目（CIP）数据

企业会计实务 / 刘福祥，王宁，燕宙主编. -- 北京：中国人民大学出版社，2025. 9. --（新编21世纪高等职业教育精品教材）. -- ISBN 978-7-300-33519-3

Ⅰ. F275.2

中国国家版本馆CIP数据核字第202500C0K3号

2024年北京经济管理职业学院优质教材遴选培育与建设
新编21世纪高等职业教育精品教材·智慧财经系列
企业会计实务
主　编　刘福祥　王　宁　燕　宙
副主编　卜　亮　黄秋香
Qiye Kuaiji Shiwu

出版发行	中国人民大学出版社		
社　　址	北京中关村大街31号	邮政编码	100080
电　　话	010－62511242（总编室）		010－62511770（质管部）
	010－82501766（邮购部）		010－62514148（门市部）
	010－62511173（发行公司）		010－62515275（盗版举报）
网　　址	http://www.crup.com.cn		
经　　销	新华书店		
印　　刷	中煤（北京）印务有限公司		
开　　本	787 mm×1092 mm　1/16	版　　次	2025年9月第1版
印　　张	15.25	印　　次	2025年9月第1次印刷
字　　数	345 000	定　　价	58.00元

PREFACE | 前 言

随着我国市场经济的蓬勃发展，企业对高素质会计人才的需求日益迫切。会计工作作为企业经营管理的重要基石，不仅需要从业者拥有扎实的理论知识，更要求其具备娴熟的实务操作能力。不少会计学习者在面对实际工作时，常常因理论与实践脱节而感到迷茫。正是基于这样的行业现状与人才培养需求，我们精心编写了《企业会计实务》一书，旨在为他们搭建一座从理论学习到实务操作的桥梁。

本书以培养学生会计岗位职业能力为核心，采用新型立体化设计模式。编者在编写过程中严格依据《企业会计准则》，参照行业职业标准，从实际企业会计岗位的真实业务资料中取材，将会计典型工作任务作为教学载体，深度融合理论知识与实践操作，助力学生构建系统的职业能力体系。

本书共设置了七个项目，涵盖了企业会计工作中的日常经济业务核算，从会计要素核算到财务报表编制，形成了一套完整且贴近实际工作流程的内容体系。每个项目下又细分出若干具体工作任务，引导学生循序渐进地掌握会计实务操作技能。值得一提的是，每个项目后的“模拟实训”融入了大量真实的票据资料，包括增值税专用发票、增值税普通发票、出库单、银行业务回单、费用报销单等常见票据类型。通过对这些真实票据的识别、填制、审核等操作训练，学生能够直观感受实际会计工作的场景，熟悉各类票据的规范使用方法，有效弥补以往学习中“纸上谈兵”的不足，切实提升实务操作能力。

本书编写团队成员结构合理，刘福祥为北京市骨干专业群“数字财金专业群”资深教师，王宁和燕宙为“双师型”教师，具有企业实践经验和过硬的专业素养。具体编写分工如下：刘福祥负责整体稿件统筹，王宁编写项目一至项目四，燕宙编写项目五至项目七及附录。厦门科云信息科技有限公司的企业专家卜亮、黄秋香为全书提供了丰富的实训资源和宝贵的编写建议。

本书适用于高等职业院校、职业本科院校、成人高校、民办高校及本科院校举办的二级职业技术学院会计专业及其相关专业的教学，也适合五年制高等职业院校、中等职业院校的学生使用，并可作为社会从业人士的有益参考。

由于编写时间仓促以及编者水平有限，书中难免存在疏漏和不足之处，恳请各位读者批评指正，以便我们在后续修订中不断完善。

编　者

CONTENTS 目录

项目一　会计概述

知识目标

● 掌握会计的概念、会计基本职能、会计扩展职能、会计目标。

● 理解并掌握会计基本假设和会计基础、会计信息质量要求、会计职业道德规范及其内容。

能力目标

● 能够判断企业核算环境和会计基础。

● 能够判断会计核算遵循的规范。

● 能够判断会计职业风险。

素养目标

培养准则意识与国家意识，深入领会《会计人员职业道德规范》中“三坚三守”的内涵：坚持诚信，守法奉公；坚持准则，守责敬业；坚持学习，守正创新。

学习引例

雨林科技有限公司（以下简称雨林科技）是由年轻创业者李明创立的科技公司，专注于智能穿戴设备的研发与销售。随着公司业务的不断扩展，李明意识到需要建立一套完善的会计体系来支撑公司的快速发展。雨林科技的财务团队中有经验丰富的会计师，也有刚从学校毕业的“新人”。“老人”会先带“新人”从会计的基本假设（会计分期、货币计量、持续经营和历史成本）学起。这些假设为公司的会计活动定下了基调。在日常经营中，雨林科技的财务团队遵循权责发生制这一会计基础，精准记录每一笔交易。他们始终将会计信息质量放在首位，着力保障信息的准确性、及时性和透明度。在一次销售高峰后，团队成员小张发现有一笔收入记录错误，他面临着道德考验：是掩盖错误以避免麻烦，还是勇敢地纠正它？小张选择了后者，他的行为得到了李明的赞赏，并引发了全公司对会计职业道德的讨论。随后，财务团队全体成员复习了《会计人员职业道德规范》，重点强调客观公正、诚实守信等原则，并将其切实融入日常工作中。

随着公司业务的增长，内部控制变得越来越重要。财务团队设计了一系列内部控制措施，如审批流程、资产保护等，以确保公司资产的安全性和交易的准确性。

会计不仅仅是记录和报告数据，它还有更广泛的职能。雨林科技的财务团队开始参与预算编制、财务分析等工作，为公司的决策提供了有力的数据支持。

通过一系列的实践和挑战，雨林科技的财务团队不仅提升了专业技能，更培养了高尚的职业素养。他们学会了在压力下保持冷静，以客观公正的态度面对每一个财务决策。雨林科技在财务团队的支持下，不仅实现了业务的稳健增长，更在行业中树立了良好的声誉。

请思考：你是如何理解“会计不仅是数字的记录，更是一种艺术，一种科学，一种对真理和公正的追求”的？

素养启示

一些上市公司财务造假行为严重扰乱了社会主义市场经济秩序，给投资者造成了重大损失。但是原会计法对财务造假当事人处罚标准明显偏低，违法成本与造假获利显著不匹配，如对财务造假企业的处罚上限仅为 10 万元，难以形成有效震慑。第十四届全国人民代表大会常务委员会第十次会议表决通过《全国人民代表大会常务委员会关于修改〈中华人民共和国会计法〉的决定》，自 2024 年 7 月 1 日起施行。2025 年 3 月 8 日，《2025 年全国人民代表大会常务委员会工作报告》提出，修改统计法、会计法，着力解决统计造假、财务造假等突出问题。新会计法加大了对财务造假等会计违法行为的法律责任追究力度，为防范遏制财务造假等会计违法行为提供了有力法治保障，对于进一步提高会计信息质量、维护社会主义市场经济秩序具有重要意义和深远影响。

知识精讲

延伸学习

“三坚三守”新语古说

任务一 会计的概念、职能和目标

【知识点 1】 会计的概念★

一、会计的定义

会计是一种经济管理活动，它使用货币作为主要的计量单位，并通过一系列专业的会计方法和程序，对企业和行政、事业单位的经济活动及其结果进行核算和监督。会计的主要目的是真实反映受托责任的履行情况，并提供有用的经济信息。

知识延伸

会计的历史可以追溯到古代文明时期，如古埃及、古巴比伦和罗马帝国，它们都有记录交易和财产的系统。意大利数学家卢卡·帕乔利（Luca Pacioli）在15世纪末发表了《算术、几何、比及比例概要》，其中详细介绍了复式记账法，这是现代会计的基础。

二、会计的基本特征

基本特征	注意要点
以货币为主要计量单位	(1) 以货币为主要计量单位； (2) 以实物计量尺度、劳动计量尺度、时间计量尺度作为辅助性补充
准确完整性、连续系统性	(1) 准确完整是会计的本质特征； (2) 会计核算和监督的过程也必然是一个连续系统的过程

【知识点2】 会计职能★★

会计职能是指会计在经济活动及其管理过程中所具有的功能。会计作为经济活动"过程的控制和观念总结"，具有会计核算和会计监督两项基本职能，还具有预测经济前景、参与经济决策、评价经营业绩等扩展职能。

一、会计核算

（一）会计核算的概念

会计的核算职能，是指会计以货币为主要计量单位，对特定主体的经济活动进行确认、计量、记录和报告。会计核算贯穿于经济活动的全过程，是会计最基本的职能。

确认	(1) 初始确认：确定应予以记录的会计对象的要素项目； (2) 再确认：进一步确定已记录和加工的会计资料是否应列入财务报告，以及如何列入财务报告
计量	包括计量属性的选择和计量单位的确定
记录	对经过会计确认、会计计量的经济交易或事项，采用一定方法填制会计凭证、登记会计账簿的过程
报告	以会计账簿记录为依据，采用表格和文字等形式，把会计凭证和会计账簿记录的会计资料进一步进行系统性加工、汇总整理形成财务状况、经营成果和现金流量等的结构性表述的过程

（二）会计核算的内容

会计核算的内容包括：款项和有价证券的收付；财物的收发、增减和使用；债权、债务的发生和结算；资本、基金的增减；收入、支出、费用、成本的计算；财务成果的计算和处理；需要办理会计手续、进行会计核算的其他事项。

提示：会计核算的内容不包括：合同的审核、预算的编制、规章制度的制定等。

会计信息生成过程，如图 1－1 所示。

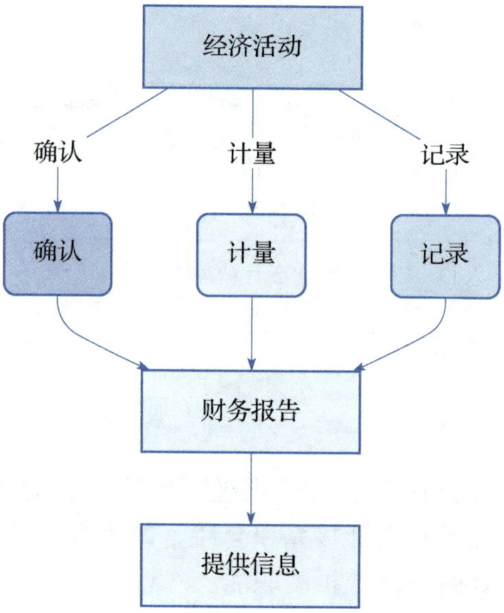

图 1－1　会计信息生成过程

图 1－1 展示了会计核算的主要步骤，覆盖从经济活动的发生到最终的财务报告和信息提供。

二、会计监督

（一）会计监督的概念

会计的监督是指会计机构、会计人员对其特定主体经济活动和相关会计核算的真实性、完整性、合法性和合理性进行审查，使之达到预期经济活动和会计核算目标。

真实性审查	检查各项会计核算是否根据实际发生的经济业务进行，是否如实反映经济交易或事项的真实状况
完整性审查	检查会计核算的范围和内容是否全面，是否有遗漏等不完整的情况
合法性审查	检查各项经济交易或事项及其会计核算是否符合国家有关法律法规，遵守财经纪律，执行国家各项方针政策，以杜绝违法乱纪行为
合理性审查	检查各项财务收支是否符合客观经济规律及经营管理方面的要求，保证各项财务收支符合特定的财务收支计划，实现预算目标，保持会计核算的准确性和科学性

（二）会计监督的主要内容

会计监督的主要内容包括：对原始凭证进行审核和监督；对伪造、变造、故意毁灭会计账簿或者账外设账行为，应当制止和纠正；对实物、款项进行监督，督促建立并严格执行财产清查制度；对指使、强令编造、篡改财务报告的行为，应当制止和纠正；对财务收支进行监督；对违反单位内部会计管理制度的经济活动，应当制止和纠正；对单位制定的预算、财务计划、经济计划、业务计划的执行情况进行监督等。

有时，企业为了掩盖财务问题，通过虚构资产、隐瞒负债等手段，对财务报表进行了造假。会计监督检查发现了财务指标的异常波动和不合理变化，进一步展开调查，最终揭露了企业财务报表造假的行为。

三、会计核算与会计监督的关系

会计核算与会计监督是相辅相成、辩证统一的。会计核算是会计监督的基础，没有核算提供的各种系统性会计资料，监督就失去了依据；会计监督又是会计核算质量的保障，只有核算没有监督，就难以保证核算所提供的信息的质量。这如同写作业和检查作业的关系，检查作业是作业正确的保证，只有正确的记录才能有助于检查。

四、会计职能的扩展

（一）预测经济前景

会计可以根据财务报告等提供的信息，定量或定性地判断和推测经济活动的发展变化规律，以指导和调节经济活动，提高经济效益。例如，通过分析历史销售数据和市场趋势，预测下一季度的销售情况，帮助企业做出库存管理和生产计划的决策。

（二）参与经济决策

会计利用财务报告等提供的信息，运用定量分析和定性分析方法，对备选方案进行经济可行性分析，为企业经营管理等提供决策相关的信息。在企业扩张或投资新项目时，会计部门会提供成本效益分析，帮助管理层作出是否投资的决策。

（三）评价经营业绩

会计利用财务报告等提供的信息，采用适当的方法，对企业一定经营期间的资产运营、经济效益等经营成果，对照相应的评价标准，进行定量及定性对比分析，做出真实、客观、公正的综合评判。例如，通过比较实际业绩与预算目标，评估各部门的绩效，为奖金分配和绩效改进提供依据。

【知识点 3】 会计目标★★

一、会计目标的概念

会计目标，是要求会计工作完成的任务或达到的标准。

会计基本目标	向财务报告使用者提供企业财务状况、经营成果和现金流量等有关的会计资料和信息
	反映企业管理层受托责任履行情况
	有助于财务报告使用者作出经济决策
	达到不断提高企事业单位乃至经济社会整体的经济效益和效率的目的和要求

会计目标还包括规范会计行为，保证会计资料真实、完整，加强经济管理和财务管理，提高经济效益，维护社会主义市场经济秩序，为市场在资源配置中起决定性作用和更好地发挥政府作用提供基础性保障作用，实现经济高质量发展。

二、会计信息的使用者

会计信息的使用者既包括企事业单位的内部使用者，又包括外部使用者，主要包括企业管理者、企业员工、投资者、债权人、政府及其有关部门和社会公众等。

任务二 会计基本假设和会计基础

【知识点 1】 会计基本假设★★★

会计基本假设是对会计核算时间和空间范围以及所采用的主要计量单位等所作的合理假定，是企业会计确认、计量、记录和报告的前提。会计基本假设对于履行会计职能、实现会计目标要求等具有重要的作用和意义。会计基本假设包括会计主体、持续经营、会计分期和货币计量。

会计基本假设	注意要点
会计主体	指会计工作服务的特定对象，是企业会计确认、计量、记录和报告的空间范围
持续经营	企业会计在此基础上进行会计估计并选择相应的会计原则和会计方法
会计分期	会计期间通常分为会计年度和中期。中期，是指短于一个完整的会计年度的报告期间，如月度、季度、半年度等
货币计量	采用货币计量单位进行会计核算和会计监督不排斥采用其他计量单位，其他计量单位可以对货币计量单位进行必要的补充和说明

【知识点 2】 会计基础★★

会计基础，是指会计确认、计量、记录和报告的基础，包括权责发生制和收付实现制。

一、权责发生制

权责发生制，是指以取得收取款项的权利或支付款项的义务为标志来确定本期收入和费用的会计核算基础。

凡是当期已经实现的收入和已经发生或者应当负担的费用，无论款项是否收付，都应当作为当期的收入和费用，计入利润表；凡是不属于当期的收入和费用，即使款项已在当期收付，也不应当作为当期的收入和费用。

二、收付实现制

收付实现制，是指以现金的实际收付为标志来确定本期收入和费用的会计核算基础。

【做中学 1－1】 阳光公司 1 月份支付房租，需要在 1 月份付清 3 个月的房租共计 15 万元。权责发生制下需要每月确认 5 万元费用，体现出权利和义务在时间上的配比，收付实现制下 15 万元需要在实际支付的 1 月份确认。

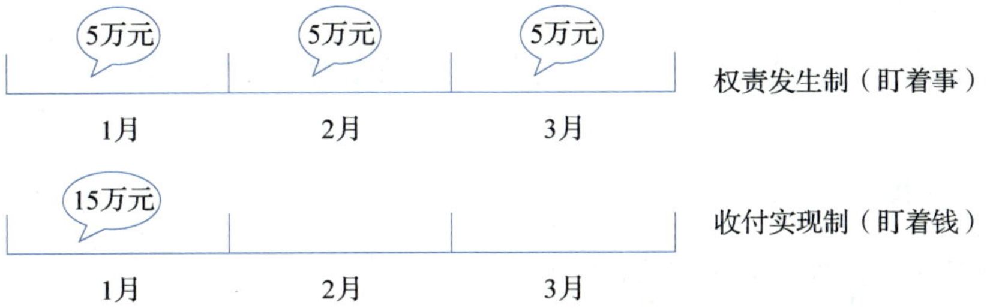

提示： 权责发生制适用于企业会计和政府财务会计。收付实现制适用于政府预算会计。

任务三　会计信息质量

【知识点 1】 会计信息的作用★★★

会计信息是企业和外部利益相关者进行交流的较为直接、重要的信息来源和载体。会计信息的主要作用有：

（1）降低企业和外部利益相关者之间的信息不对称。

（2）有效约束企业管理层的行为，提高治理效率。

（3）帮助投资者甄别其投资的优劣，进而作出投资决策。

（4）有利于债权人作出授信决策。

（5）提高经济和资本市场的运作效率等。

【知识点2】 会计信息质量要求★★★

会计信息质量要求是对企业财务报告所提供会计信息质量的基本要求，是使财务报告所提供的会计信息对投资者等信息使用者决策有用应具备的基本特征，主要包括可靠性、相关性、可理解性、可比性、实质重于形式、重要性、谨慎性和及时性。

一、可靠性

可靠性要求企业应当以实际发生的交易或者事项为依据进行确认、计量、记录和报告，如实反映符合确认和计量要求的各项会计要素及其他相关信息，保证会计信息真实可靠、内容完整。

二、相关性

相关性要求企业提供的会计信息应当与财务会计报告使用者的经济决策需要相关，有助于财务会计报告使用者对企业过去、现在或者未来的情况作出评价或者预测。

三、可理解性

可理解性要求企业提供的会计信息应当清晰明了，便于投资者等财务报告使用者理解和使用。

四、可比性

可比性要求企业提供的会计信息应当相互可比。

（1）同一企业不同时期可比：采用一致的会计政策，不得随意变更。

（2）不同企业相同会计期间可比：采用同一会计政策。

五、实质重于形式

实质重于形式要求企业应当按照交易或者事项的经济实质进行会计确认、计量、记录和报告，不仅仅以交易或事项的法律形式为依据。

六、重要性

重要性要求企业提供的会计信息应当反映与企业财务状况、经营成果和现金流量有关的所有重要交易或事项。

七、谨慎性

谨慎性要求企业对交易或事项进行会计确认、计量、记录和报告应当保持应有的谨慎，不应高估资产或者收益、低估负债或者费用。

八、及时性

及时性要求企业对于已经发生的交易或事项，应当及时进行确认、计量、记录和报告，不得提前或延后。

任务四　会计职业、风险及会计职业道德

【知识点 1】 会计职业及其风险★

一、会计职业的概念

会计职业，是指利用会计专门的知识和技能，为经济社会提供会计服务，获取合理报酬的职业。

二、会计职业风险

会计职业风险，是指会计职业行为产生差错或不良后果应由会计行为人承担责任的可能性。企业会计的职业风险主要产生于以货币作为主要计量单位和公司治理等多方面。

会导致会计职业风险的情况有：采用不同的计量属性，不同会计技术处理、职业判断和选择不当，不当盈余管理甚至会计造假或财务舞弊，会计法律、规章制度和会计准则等规范性文件的变化，以及相应会计处理技术方法改进等。

2024 年 9 月 30 日，由于财务造假，深交所发布关于对恒大地产集团有限公司及相关当事人给予纪律处分的决定，对 8 名恒大地产、中国恒大集团时任高管给予不同程度的纪律处分。

思考：会计职业风险有哪些？为什么会产生这些风险？

【知识点 2】 会计职业道德概述★★★

一、会计职业道德与会计法律制度的联系与区别

（一）会计职业道德与会计法律制度的联系

会计职业道德与会计法律制度在内容上相互渗透、相互吸收；在作用上相互补充、相互协调。会计职业道德是会计法律制度的重要补充，会计法律制度是会计职业道德的最低要求和基本制度保障。

（二）会计职业道德与会计法律制度的区别

项目	会计职业道德	会计法律制度
性质	自律性	他律性
作用范围	外在行为＋内在精神世界	外在行为和结果的合法化
表现形式	成文规定＋不成文规定	成文规定

续表

实施保障机制	依靠行业行政管理部门监管执行，以及职业道德教育、社会舆论、传统习惯和道德评价	国家强制力
评价标准	以行业行政管理规范和道德评价为标准	依法律规定

二、会计职业道德的内容

（一）爱岗敬业

正确认识会计职业，树立职业荣誉感。热爱会计工作，敬重会计职业。安心工作，任劳任怨。严肃认真，一丝不苟。忠于职守，尽心尽力，尽职尽责。

（二）诚实守信

做老实人，说老实话，办老实事，执业谨慎，不弄虚作假。不为利益所诱惑，保密守信，信誉至上。

（三）廉洁自律

树立正确的人生观和价值观。公私分明，清正廉洁，不贪不占，保持清白。遵纪守法，一身正气。坚持职业标准，严格自我约束，自觉抵制不良欲望的侵袭和干扰。

（四）客观公正

端正态度，以客观事实为依据，依法依规办事。实事求是，不偏不倚。公正处理企业利益相关者和社会公众的利益关系，保持应有的独立性。

（五）坚持准则

熟悉准则，遵循准则。维护国家利益、社会公共利益。

（六）提高技能

具有不断提高会计技能的意识和愿望。具有勤学苦练、刻苦钻研的精神和科学的学习方法。

（七）参与管理

会计人员应当广泛宣传财经法律、法规、规章和国家统一会计制度；努力钻研相关业务，全面熟悉本单位经营活动和业务流程；建立健全企业内部控制制度、促进完善企业规章制度和业务流程、保障企业生产经营活动合法合规；主动提出合理化建议，充分发挥决策支持的功能作用，积极参与管理，促进企业可持续高质量健康发展。

（八）强化服务

要求会计人员树立服务意识，提高服务质量，努力维护和提升会计职业的良好社会形象。

思考： 如何加强会计职业道德管理？

提示： 增强会计人员诚信意识；建设会计人员信用档案；进行会计职业道德管理的组织实施；建立健全会计职业联合惩戒机制。

项目练习及答案

模拟实训

请分小组调研、收集不同会计信息使用者所需的数据形式，并讨论他们需要这些信息的目的。

会计信息使用者类型：

1. 企业的投资者；
2. 企业的借贷者；
3. 供应商及客户；
4. 企业内部员工及管理者；
5. 政府部门。

项目二 会计基础

知识目标

- 掌握借贷记账法、会计凭证、会计账簿的概念和账务处理程序。
- 掌握财产清查的概念及方法。
- 了解会计科目和账户的分类。

能力目标

- 熟练应用会计学原理对会计要素进行分类。
- 能够区分不同会计计量属性。
- 能够根据企业业务对会计等式变化进行分析。

素养目标

培养职业道德观和责任感，确保在处理会计信息、编制财务报告时，能坚守诚信、公正、透明的原则，促进知行合一与技能落地。

学习引例

阳光科技有限公司业务发展迅猛，公司的资产、负债、所有者权益、收入、费用（成本）等会计要素不仅数量庞大，而且构成复杂。为了能详细、全面、系统地记录和反映这些经济信息，就需要对会计要素进行分类，为每一类起一个名称，这一名称用会计语言形容就是“会计科目”，即会计要素类别。小美刚开始接触会计基本业务，会计主管让她将公司1月份的业务整理出来，目的是帮助她厘清会计要素的划分以及各要素之间的联系。公司1月份的业务有：

1. 2025年1月1日，获得大光公司200 000元的投资款，当即存入中国工商银行。
2. 2025年1月5日，以10 000元银行存款购买材料。
3. 2025年1月8日，向中国工商银行借入期限为6个月的借款100 000元。
4. 2025年1月8日，从大海公司购进材料，价值20 000元，款项尚未支付。
5. 2025年1月10日，以银行存款8 000元偿还前欠大海公司部分货款。

请思考：小美应如何整理才能够将会计业务核算清楚呢？

素养启示

会计在处理财务信息时应当遵循会计准则，树立合法合规意识，培养批判性思维。学生应当思考如何在实践中坚持诚信、公正的原则。

会计在处理财务信息时应当建立整合思维，会计中的重要等式“资产＝负债＋所有者权益”凸显了这种思维的关键，它强调等式左右的平衡，左侧是拥有的资源，右侧对应其承担的责任和义务，左右两侧始终保持动态平衡。

知识精讲

延伸学习

关于印发《政府会计准则制度解释第7号》的通知

任务一 会计要素及其确认与计量

【知识点1】 会计要素及其确认条件★★

会计要素是根据交易或者事项的经济特征所确定的财务会计对象和基本分类。会计要素按照其性质分为资产、负债、所有者权益、收入、费用和利润。其中，资产、负债和所有者权益要素侧重于反映企业的财务状况，收入、费用和利润要素侧重于反映企业的经营成果。

一、资产

<table>
<tr><td>定义</td><td colspan="2">(1) 资产是由企业过去的交易或者事项形成的，必须是现实的资产，而不能是预期的资产；
(2) 资产是企业拥有或控制的资源；
(3) 资产预期会为企业带来经济利益</td></tr>
<tr><td>确认条件</td><td colspan="2">(1) 与该资源有关的经济利益很可能流入企业；
(2) 该资源的成本或者价值能够可靠地计量</td></tr>
<tr><td rowspan="2">分类</td><td>流动资产</td><td>货币资金、交易性金融资产、衍生金融资产、应收票据、应收账款、应收款项融资、预付款项、其他应收款、存货、合同资产、一年内到期的非流动资产、其他流动资产等</td></tr>
<tr><td>非流动资产</td><td>债权投资、其他债权投资、长期应收款、长期股权投资、其他权益工具投资、其他非流动金融资产、投资性房地产、固定资产、在建工程、生产性生物资产、使用权资产、无形资产、开发支出、长期待摊费用、递延所得税资产、其他非流动资产等</td></tr>
</table>

提示： 资产是会计中重要的概念之一，也是最为重要的会计要素。资产不断参与资源的价值创造：一方面，消耗资产形成了费用；另一方面，资产创造未来价值形成了收入，成了新的资产的回收。

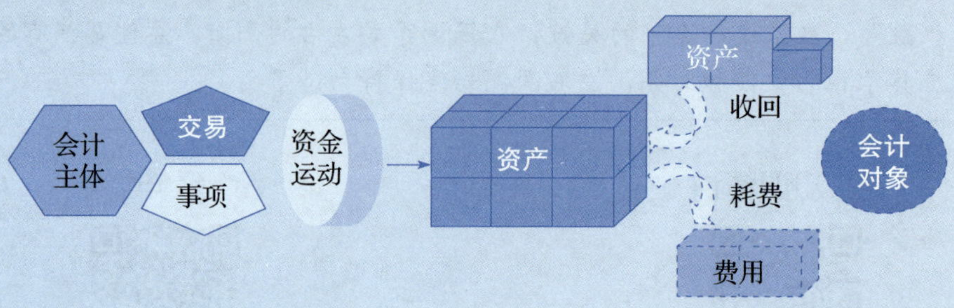

二、负债

定义	(1) 负债是企业承担的现时义务； (2) 负债预期会导致经济利益流出企业； (3) 负债是由过去的交易或者事项形成的	
确认条件	(1) 与该义务有关的经济利益很可能流出企业； (2) 未来流出的经济利益的金额能够可靠地计量	
分类	流动负债	短期借款、交易性金融负债、衍生金融负债、应付票据、应付账款、预收款项、合同负债、应付职工薪酬、应交税费、其他应付款、持有待售负债、一年内到期的非流动负债、其他流动负债
	非流动负债	长期借款、应付债券、租赁负债、长期应付款、预计负债、递延收益、递延所得税负债、其他非流动负债

三、所有者权益

定义	所有者权益是指企业资产扣除负债后，由所有者享有的剩余权益	
来源	所有者投入的资本	股本（或实收资本）；资本公积——股本溢价（或资本溢价）
	其他综合收益	其他综合收益
	留存收益	盈余公积；未分配利润

四、收入

定义	(1) 企业在日常活动中形成的； (2) 会导致所有者权益的增加； (3) 是与所有者投入资本无关的经济利益的总流入

续表

确认条件	(1) 合同各方已批准该合同并承诺将履行各自义务； (2) 该合同明确了合同各方与所转让商品或提供劳务相关的权利和义务； (3) 该合同有明确的与所转让商品或提供劳务相关的支付条款； (4) 该合同具有商业实质； (5) 企业因向客户转让商品或提供劳务而有权取得的对价很可能收回

五、费用

定义	(1) 企业在日常活动中形成的； (2) 会导致所有者权益的减少； (3) 是与向所有者分配利润无关的经济利益的总流出
确认条件	(1) 与费用相关的经济利益很可能流出企业； (2) 经济利益流出企业的结果会导致资产的减少或者负债的增加； (3) 经济利益的流出额能够可靠地计量

六、利润

定义	利润是指企业在一定会计期间的经营成果。通常情况下，如果企业实现了利润，表明企业的所有者权益增加；反之，如果企业发生亏损（即利润为负数），表明企业的所有者权益减少
确认	利润反映的是收入减去费用、利得减去损失后的净额。因此，利润的确认主要依赖于收入和费用，以及利得和损失的确认，其金额的确定也主要取决于收入、费用、利得和损失金额的计量

【知识点 2】 会计要素计量属性★★

会计计量是为了将符合确认条件的会计要素登记入账并列报于财务报表而确定其金额的过程。

会计计量属性主要包括历史成本、重置成本、可变现净值、现值和公允价值。

计量属性	含义	应用
历史成本	又称实际成本，是指取得或制造某项财产物资时所实际支付的现金或者现金等价物的金额	大多数计量
重置成本	又称现行成本，是指在当前市场条件下，重新取得同样一项资产所需支付的现金或者现金等价物的金额	盘盈固定资产

续表

计量属性	含义	应用
可变现净值	指在生产经营过程中，以预计售价减去进一步加工成本和销售所必需的预计税金、费用后的净值	期末，存货按成本和可变现净值孰低计量
现值	指对未来现金流量以恰当的折现率进行折现后的价值，是考虑货币时间价值因素等的一种计量属性	租赁负债的初始计量金额
公允价值	指市场参与者在计量日发生的有序交易中，出售一项资产所能收到或者转移一项负债所需支付的价格	交易性金融资产的后续计量、以公允价值模式计量的投资性房地产的后续计量

【知识点3】 会计等式★★

会计对象、会计要素和会计科目之间的关系如图2－1所示。会计要素是资金运动事项的分类，会计要素按照详细程度还可以分为不同的会计科目。反映财务状况的会计要素的关系是：资产＝负债＋所有者权益，左边表示资源的存在状态，右边反映资金的来源。反映经营成果的会计要素的关系是：利润＝收入－费用。

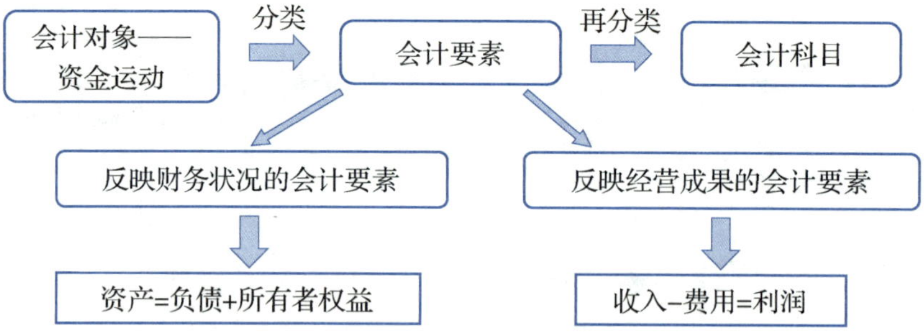

图2－1 会计对象、会计要素和会计科目之间的关系

资产＝负债＋所有者权益	是基本会计等式、财务状况等式、静态会计等式； 是编制资产负债表的依据、余额试算平衡的依据
利润＝收入－费用	是经营成果等式、动态会计等式； 是编制利润表的依据
交易或事项始终不会影响会计等式的平衡关系	会计等式左右两边的金额保持不变； 会计等式左右两边的金额等额增加； 会计等式左右两边的金额等额减少

【做中学 2－1】 2025 年 1 月 1 日阳光公司期初简化资产负债表如图 2－2 所示。

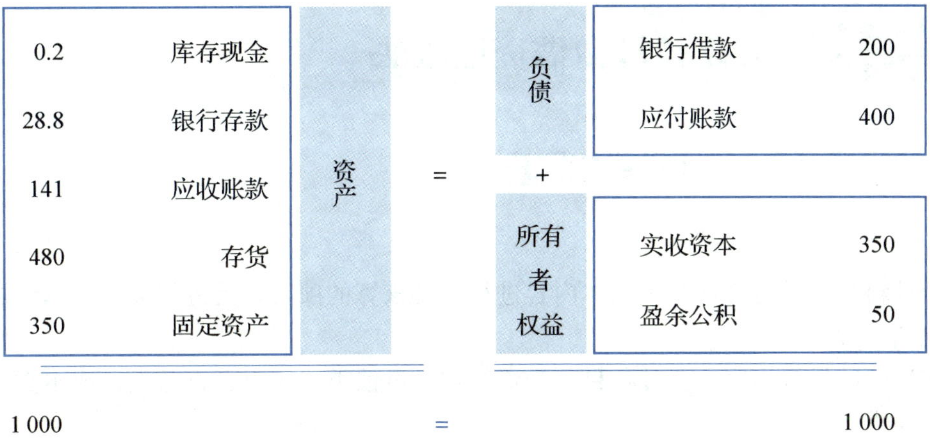

图 2－2　期初简化资产负债表（单位：万元）

阳光公司 1 月份发生的经济业务如下：

（1）从银行提取现金 2 万元。

（2）从银行借入期限为 3 个月的短期借款 8 000 万元，存入银行。

（3）收到投资者投入的机器一台，价值 5 000 万元。

（4）以银行存款 2 000 万元偿还前欠货款。

（5）股东大会决定减少注册资本 3 000 万元，以银行存款向投资者退回其投入的资本。

（6）已到期的应付票据 2 500 万元因无力支付转为应付账款。

（7）宣布向投资者分配利润 1 000 万元。

（8）经批准将已发行的公司债券 5 000 万元转为实收资本。

（9）经批准用资本公积 3 000 万元转为实收资本。

期末简化资产负债表如图 2－3 所示。

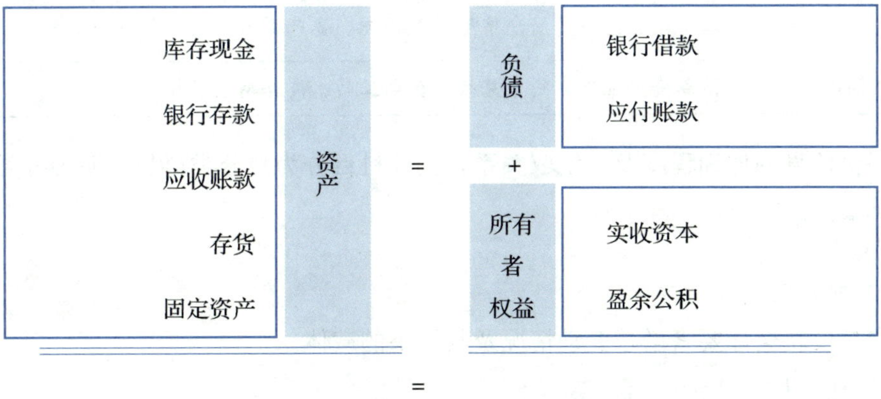

图 2－3　期末简化资产负债表（单位：万元）

任务二 会计科目和借贷记账法

【知识点 1】 会计科目和账户★

一、会计科目

会计科目，是对会计要素具体内容进行分类核算的项目，是进行会计核算和提供会计信息的基础。

按反映的经济内容，会计科目分为资产类、负债类、所有者权益类、成本类、损益类、共同类。

会计科目类别		举例
资产类	流动资产	库存现金、银行存款、应收账款、应收票据、预付账款、交易性金融资产、原材料、库存商品、周转材料、消耗性生物资产等
	非流动资产	在建工程、固定资产、无形资产、使用权资产、生产性生物资产、长期待摊费用等
负债类	流动负债	短期借款、应付账款、应付票据、预收账款、合同负债、应付职工薪酬、应交税费等
	非流动负债	长期借款、租赁负债、长期应付款等
所有者权益类		实收资本（或股本）、资本公积、盈余公积、其他综合收益、库存股、本年利润、利润分配等
成本类		生产成本、制造费用、合同取得成本、合同履约成本、研发支出等
损益类		主营业务收入、其他业务收入、投资收益、公允价值变动损益、资产处置损益、其他收益、营业外收入、其他业务成本、主营业务成本、销售费用、管理费用、财务费用、信用减值损失、资产减值损失、营业外支出等
共同类		清算资金往来、货币兑换、套期工具、被套期项目等

按提供信息的详细程度及其统驭关系，会计科目分为总分类科目、明细分类科目。

二、账户

（一）账户的定义

账户是反映会计要素增减变动情况及其结果的载体。

（二）账户与会计科目的联系

科目是设置账户的依据，分类方式相同。

（三）账户与会计科目的区别

账户具有一定的格式和结构。

（四）账户金额关系式

期末余额＝期初余额＋本期增加发生额－本期减少发生额

思考：企业“银行存款”账户2025年1月31日余额为100 000元。2月，企业相关业务如下：

（1）2月1日从银行提取现金5 000元；

（2）2月10日向银行借款200 000元；

（3）2月20日支付购货款100 000元；

（4）2月23日收到销货款30 000元；

（5）2月25日支付借款利息2 000元。

该企业2月“银行存款”账户增加发生额、减少发生额、月末余额各为多少？

【知识点2】 借贷记账法★★★

一、账户的结构

借贷记账法以“借”和“贷”作为记账符号，左方为借方，右方为贷方。所有账户的借方和贷方按相反方向记录增加数和减少数。至于哪方代表增加或减少，取决于账户的性质和所记录经济内容的性质。

（一）资产类和成本类账户结构

期末余额＝期初余额＋本期借方发生额－本期贷方发生额

资产类和成本类账户结构

借方	贷方
期初余额	
本期增加额 ……	本期减少额 ……
本期借方发生额合计	本期贷方发生额合计
期末余额	

（二）负债类和所有者权益类账户结构

期末余额＝期初余额＋本期贷方发生额－本期借方发生额

负债类和所有者权益类账户结构

借方	贷方
	期初余额
本期减少额 ……	本期增加额 ……
本期借方发生额合计	本期贷方发生额合计
	期末余额

（三）损益类账户结构

收入类账户同负债类和所有者权益类账户方向，费用类账户正好相反。

收入类账户结构

借方	贷方
本期减少额/转出额	本期增加额
……	……
……	……
本期发生额合计	本期发生额合计

费用类账户结构

借方	贷方
本期增加额	本期减少额/转出额
……	……
……	……
本期发生额合计	本期发生额合计

二、记账规则

（1）有借必有贷——账户登记方向。

（2）借贷必相等——账户登记金额。

三、借贷记账法下账户的对应关系与会计分录

（一）账户的对应关系

账户的对应关系指采用借贷记账法对每笔交易或事项进行记录时，相关账户之间形成的应借、应贷的相互关系。存在对应关系的账户称为对应账户。

（二）会计分录

会计分录，是对每项经济业务列示出应借、应贷的账户名称及其金额的记录。会计

分录由应借应贷方向、相互对应的科目及其金额三个要素构成。

【做中学 2-2】 阳光公司购入原材料一批，价款 1 000 元，用银行存款支付。假定不考虑增值税因素。会计分录为：

借：原材料 1 000

　贷：银行存款 1 000

【做中学 2-3】 阳光公司已到期的应付票据 20 000 元因无力支付转为应付账款。会计分录为：

借：应付票据 20 000

　贷：应付账款 20 000

【做中学 2-4】 阳光公司收到投资者投入资本 50 000 元，款项存入银行。会计分录为：

借：银行存款 50 000

　贷：实收资本 50 000

【做中学 2-5】 阳光公司以银行存款 30 000 元偿还到期的长期借款。会计分录为：

借：长期借款 30 000

　贷：银行存款 30 000

（三）会计分录的分类

会计分录按涉及账户数量分类包括两类：仅涉及一借一贷两个账户的简单会计分录和涉及一借多贷、多借一贷或多借多贷的复合会计分录。

提示： 复合会计分录实际上是由若干个简单会计分录复合而成的，但为了保持账户对应关系清晰，一般不应把不同经济业务合并在一起，编制多借多贷的会计分录。

【知识点 3】 试算平衡★★

试算平衡，是指根据借贷记账法的记账规则和“资产＝负债＋所有者权益”的恒等关系，通过对所有账户的发生额和余额的汇总计算与比较，来检查账户记录是否正确的一种方法。

一、试算平衡的分类

（一）发生额试算平衡

全部账户本期借方发生额合计＝全部账户本期贷方发生额合计

依据：记账规则。

（二）余额试算平衡

全部账户借方余额合计＝全部账户贷方余额合计

依据：资产＝负债＋所有者权益。

二、试算平衡表

试算平衡是通过编制试算平衡表进行的。如果试算不平衡，表明记账一定有错误；但试算平衡，也不能表明记账一定正确。

三、不影响借贷双方平衡关系的错误

不影响借贷双方平衡关系的错误包括：漏记某项经济业务；重记某项经济业务；某项经济业务记录的应借、应贷科目正确，但同时多记或者少记金额，且金额一致；某项经济业务记错有关账户；某项经济业务颠倒了记账方向；某借方或贷方发生额中，偶然发生多记和少记并相互抵销，借贷仍然平衡。

任务三 会计凭证和会计账簿

【知识点 1】 会计凭证★★★

一、原始凭证

（一）原始凭证的定义

原始凭证，又称单据，是指在经济业务发生或完成时取得或填制的，用以记录或证明经济业务的发生或完成情况的原始凭据。

（二）原始凭证的种类

分类标准	具体分类	举例
按取得来源	自制原始凭证	领料单、产品入库单、借款单等
	外来原始凭证	增值税专用发票、飞机票、火车票等
按格式	通用凭证	增值税专用发票、银行转账结算凭证等
	专用凭证	领料单、差旅费报销单、折旧计算表、工资费用分配表等
按填制的手续和内容	一次凭证	收据、收料单、发货票、银行结算凭证等
	累计凭证	限额领料单
	汇总凭证	材料汇总表、工资结算汇总表、差旅费报销单等

（三）原始凭证的基本内容

原始凭证的基本内容：凭证的名称；填制凭证的日期；填制凭证的单位名称和填制人姓名；经办人员的签名或者盖章；接受凭证单位名称；经济业务内容；数量、单价和金额。

提示：原始凭证的基本内容不包括记账符号、经济业务摘要等。

（四）原始凭证的填制要求

原始凭证的填制要求：记录真实；内容完整；手续完备；书写清楚、规范；编号连续；不得涂改、刮擦和挖补；填制及时。

提示： 对外开出或从外取得的电子形式的原始凭证必须附有符合《中华人民共和国电子签名法》的电子签名。

一次凭证的填制：填制手续一次完成。

累计凭证的填制：一定时期内不断重复地反映同类经济业务，填制手续在一张凭证中多次进行才能完成。

汇总凭证的填制：只能将类型相同的经济业务进行汇总，不能汇总两类或两类以上的经济业务。

（五）原始凭证的审核

审核原始凭证时应注意其真实性、合法性、合理性、完整性、正确性。比如检查发票是否真实、票据是否齐全、金额是否正确。

提示： 原始凭证金额有错误的，应当由出具单位重开，不得在原始凭证上更正。

二、记账凭证

（一）记账凭证的定义

记账凭证，又称记账凭单，是会计人员根据审核无误的原始凭证，按照经济业务的内容加以归类，并据以确定会计分录后所填制的会计凭证，是登记会计账簿的直接依据。记账凭证的格式，如图 2－4 所示。

记 账 凭 证

年 月 日

总号	
分号	

摘要	一级科目	二级科目	借方	√	贷方	√
			亿 千 百 十 万 千 百 十 元 角 分		亿 千 百 十 万 千 百 十 元 角 分	
合计						

上海立信会计用品总公司出品 139-48

附件 张

财会主管 记账 出纳 复核 制单

图 2－4 记账凭证

【做中学 2－6】 2024 年 8 月 5 日，阳光公司收到上月向光明公司销售 M 产品的货款共计 11 300 元（含增值税），存入银行。记账凭证的填制如图 2－5 所示。

记账凭证

2024—08—05

核算单位:[001] 阳光公司 第 号

摘 要	会 计 科 目	借方金额	贷方金额
收到光明公司前欠M产品货款	银行存款	11,300.00	
收到光明公司前欠M产品货款	应收账款		11,300.00
附单据数 张	合计: 壹万壹仟叁佰元整	11,300.00	11,300.00

图 2－5 填制记账凭证

编制会计分录：

借：银行存款 11 300

　贷：应收账款——光明公司 11 300

(二) 记账凭证的种类

(1) 收款凭证，是指用于记录库存现金和银行存款收款业务的记账凭证。

(2) 付款凭证，是指用于记录库存现金和银行存款付款业务的记账凭证。

(3) 转账凭证，是指用于记录不涉及库存现金和银行存款业务的记账凭证。

提示： 对于涉及“库存现金”和“银行存款”之间的相互划转业务，如将现金存入银行或从银行提取现金，为了避免重复记账，一般只填制付款凭证，不再填制收款凭证。

(三) 记账凭证的基本内容

记账凭证的基本内容包括：填制凭证的日期；凭证编号；经济业务摘要；会计科目；金额；所附原始凭证张数；填制凭证人员、稽核人员、记账人员、会计机构负责人、会计主管人员签名或者盖章。收款和付款记账凭证还应当由出纳人员签名或者盖章。

(四) 记账凭证的填制要求

(1) 除结账和更正错账可以不附原始凭证外，其他记账凭证必须附原始凭证。

(2) 记账凭证可以根据每一张原始凭证填制，或根据若干张同类原始凭证汇总填制，也可根据原始凭证汇总表填制，但不得将不同内容和类别的原始凭证汇总填制在一张记账凭证上。

(3) 记账凭证应连续编号。

(4) 填制记账凭证时若发生错误，应当重新填制。

（5）记账凭证填制完成后，如有空行，应当自金额栏最后一笔金额数字下的空行处至合计数上的空行处划线注销。

（五）记账凭证的审核

（1）是否有原始凭证为依据，所附原始凭证或原始凭证汇总表的内容与记账凭证是否一致。

（2）各项目的填写是否齐全。

（3）应借、应贷科目以及对应关系是否正确。

（4）记账凭证与原始凭证金额是否一致，计算是否正确。

（5）记录是否工整、数字清晰。

（6）出纳人员办理收付款业务后，是否在原始凭证上加盖“收讫”或“付讫”的戳记。

【知识点 2】 会计账簿★★★

一、会计账簿概述

（一）会计账簿的定义

会计账簿是指由一定格式的账页组成的，以经过审核的会计凭证为依据，全面、系统、连续地记录各项经济业务的簿籍。

（二）会计账簿的基本内容

1. 封面

封面主要用来标明账簿的名称，如总分类账、各种明细分类账、库存现金日记账、银行存款日记账等。

2. 扉页

扉页主要用来列明会计账簿的使用信息，如科目索引、账簿启用和经管人员一览表等。

3. 账页

账页是账簿用来记录经济业务的主要载体，包括账户的名称、日期栏、凭证种类和编号栏、摘要栏、金额栏，以及总页次和分户页次等基本内容。

（三）会计账簿的种类

分类标准	具体分类	举例
用途	序时账簿	库存现金日记账、银行存款日记账
	分类账簿	总分类账、明细分类账
	备查账簿	租入固定资产登记簿、代销商品物资登记簿
账页格式	三栏式	日记账、总分类账以及资本、债权、债务明细账
	多栏式	收入、成本、费用明细账
	数量金额式	原材料、库存商品等明细账
外形特征	订本账	总分类账、库存现金日记账和银行存款日记账
	活页账	一般适用于明细分类账
	卡片账	一般适用于固定资产

典型账簿图示 1：银行存款日记账（见图 2－6）。

银行存款日记账

开户银行 中国农业银行郑州支行

账号 [redacted]

2025年		凭证		摘要	对方科目	借方								✓	贷方								✓	借或贷	余额								✓
月	日	字	号			十	万	千	百	十	元	角	分		十	万	千	百	十	元	角	分			十	万	千	百	十	元	角	分	
1	1			上年结转																				借	3	8	6	0	0	0	0	0	

图 2－6 银行存款日记账

典型账簿图示 2：现金日记账（见图 2－7）。

现金日记账

日期			凭证号	摘要	借方金额									贷方金额									方向	余额								
年	月	日			借方	拾	万	仟	佰	拾	元	角	分	贷方	拾	万	仟	佰	拾	元	角	分		余额	拾	万	仟	佰	拾	元	角	分
				年初余额																			借	10,000.00		1	0	0	0	0	0	0
20XX	1	1	记-1	报销差旅费										506.00				5	0	6	0	0	借	9,494.00			9	4	9	4	0	0
20XX	1	14	记-2	购买办公费										800.00				8	0	0	0	0	借	8,694.00			8	6	9	4	0	0
20XX	1	16	记-3	提取现金																			借	8,694.00			8	6	9	4	0	0
20XX	1	18	记-4	报销差旅费										1,000.00			1	0	0	0	0	0	借	7,694.00			7	6	9	4	0	0
20XX	1	19	记-5	报销伙食费										800.00				8	0	0	0	0	借	6,894.00			6	8	9	4	0	0
20XX	1	20	记-6	提取现金	#######		9	0	0	0	0	0	0										借	96,894.00		9	6	8	9	4	0	0
20XX	1	22																					借	96,894.00		9	6	8	9	4	0	0
20XX	1	23																					借	96,894.00		9	6	8	9	4	0	0
20XX	1	31		本期合计	#######		9	0	0	0	0	0	0	3,106.00			3	1	0	6	0	0	借	96,894.00		9	6	8	9	4	0	0

图 2－7 现金日记账

三栏式账簿是指有借方、贷方和余额三个金额栏目的账簿。它主要适用于只登记金额的业务的核算，如日记账、总分类账以及资本、债权、债务明细账都可以采用此账簿。

典型账簿图示 3：应交税费明细账（见图 2－8）。

应交税费明细账

2024	年	凭证	借方			贷方		借或贷	余额
月	日		合计	进项税额	转出未交	合计	销项税额		
10	31	凭-001							0.00
11	1	凭-002	16000.00	16000.00		0.00		借	16000.00
11	2	凭-003	10000.00	10000.00		0.00		借	26000.00
11	3	凭-004	0.00			3600.00	3600.00	贷	22400.00

图 2－8 应交税费明细账

多栏式账簿是在账簿的两个基本栏目——借方或贷方的某一方或两方下面，按需要分设若干栏，详细反映借方、贷方金额组成情况的账簿。它主要适用于成本、费用、收入、增值税的明细分类核算。

典型账簿图示 4：数量金额明细账（见图 2－9）。

数量金额明细账

日期	凭证字号	摘要	期初余额				借方发生额			贷方发生额			期末余额			
			数量	单价	方向	金额	数量	单价	金额	数量	单价	金额	数量	单价	方向	金额
5月1日	记-1	期初库存	365	1.32	借	481.8					0		365	1.32	借	481.8
5月2日	记-2	购入					2600	1.33	3458.00				2965	1.33	借	3939.8
5月3日	记-3	购入					378	1.33	502.74				3343	1.33	借	4442.5
5月4日	记-4	购入					1013	1.33	1347.29				4356	1.33	借	5789.8
5月4日	记-5	购入					2526	1.32	3334.32				6882	1.33	借	9124.2
5月4日	记-6	领出							0.00	2600	1.33	3458	4282	1.32	借	5666.2
5月5日	记-7	购入					526	1.32	694.32				4808	1.32	借	6360.5
本期合计			365	1.32	借	481.8	7043	1.33	9336.67	2600	1.33	3458	4808	1.32	借	6360.5

图 2－9　数量金额明细账

这种账簿的收入、发出和结存三个栏目内，又分设数量、单价和金额等小栏目，借以反映财产物资的实物数量和价值量。它既提供价值指标，又提供数量指标，主要适用于存货类资产的明细核算，如原材料、库存商品的明细账。

典型账簿图示 5：固定资产卡片（见图 2－10）。

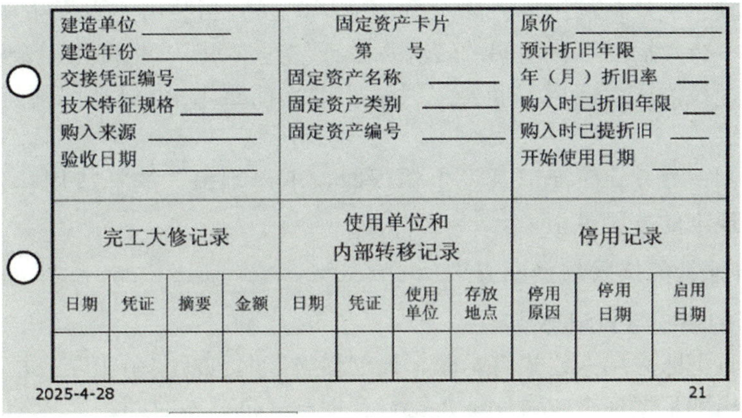

建造单位 建造年份 交接凭证编号 技术特征规格 购入来源 验收日期				固定资产卡片 第　号 固定资产名称 固定资产类别 固定资产编号				原价 预计折旧年限 年（月）折旧率 购入时已折旧年限 购入时已提折旧 开始使用日期		
完工大修记录				使用单位和内部转移记录				停用记录		
日期	凭证	摘要	金额	日期	凭证	使用单位	存放地点	停用原因	停用日期	启用日期

2025-4-28　　21

图 2－10　固定资产卡片

二、会计账簿的启用与登记

（一）会计账簿的启用

启用会计账簿时，应在账簿封面上写明单位名称和账簿名称，扉页上附启用表。启用订本式账簿，应当从第一页到最后一页顺序编定页数，不得跳页、缺号。启用活页式账簿，应当按账户顺序编号，并须定期装订成册。装订后再按实际使用的账页顺序编定页码，另加目录。

（二）会计账簿的登记要求

（1）登记会计账簿时，应当将会计凭证的日期、编号、业务内容摘要、金额和其他有关资料逐项记入账内。

（2）账簿记录中的日期应该填写记账凭证上的日期，以自制原始凭证如收料单、领料单等作为记账依据的，账簿记录中的日期按有关自制原始凭证上的日期填列。

（3）为了保持账簿记录的持久性，防止涂改，登记账簿必须使用蓝黑墨水或碳素墨水书写，不得使用圆珠笔（银行的复写账簿除外）或者铅笔书写。

提示：以下情况可以使用红色墨水记账：

（1）按照红字冲账的记账凭证，冲销错误记录。（2）在不设“借”或“贷”等栏的多栏式账页中，登记减少数。（3）在三栏式账户的“余额”栏前，如未印明余额方向的，在“余额”栏内登记负数余额。

（4）连续编号、顺序登记。记账时发生错误或者隔页、缺号、跳行的，应在空页、空行处用红色墨水画对角线注销，或者注明“此页空白”或“此行空白”字样，并由记账人员和会计机构负责人（会计主管人员）在更正处签章。

（5）注明记账符号。凡需要结出余额的账户，结出余额后，应当在“借”或“贷”栏目内注明“借”或“贷”字样，以示余额的方向；对于没有余额的账户，应在“借”或“贷”栏内写“平”字，并在“余额”栏“元”位处用“0”表示。库存现金日记账和银行存款日记账必须逐日结出余额。

（6）结出发生额及余额。每一账页登记完毕时，应当结出本页发生额合计及余额，在该账页最末一行“摘要”栏注明“转次页”或“过次页”，并将这一金额记入下一页第一行有关金额栏内，在该行“摘要”栏注明“承前页”，以保持账簿记录的连续性，便于对账和结账。

（7）不得刮擦涂改。账簿记录发生错误时，不得刮擦、挖补或用褪色药水更改字迹，而应采用规定的方法更正。

（三）会计账簿的格式与登记方法

1. 日记账的格式与登记方法

库存现金日记账采用三栏式订本账，设“借方”“贷方”“余额”三栏，并增设“对应科目”栏。出纳根据现金收付凭证及银行存取款凭证，按时间顺序逐笔登记。银行存款日记账同样采用三栏式，增加“结算凭证种类及号数”栏。出纳根据银行收付款凭证及现金存取款凭证逐笔登记，需完整记录结算凭证信息以便核对。

2. 总分类账的格式与登记方法

格式以三栏式为主；小型单位业务较少采取逐笔登记，大中型单位可以汇总、定期登记。

3. 明细分类账的格式与登记方法

明细分类账主要采用四种基础格式：三栏式设“借方、贷方、余额”三栏，数量金额式在“收入、发出、结存”三大栏下分设“数量、单价、金额”专栏，适用于需同步记录实物量与价值的存货类科目，如“原材料”和“库存商品”；多栏式按明细项目设置专栏，进一步分为借方多栏式。

登记方法依据科目性质灵活选择。固定资产、债权债务等需精确追踪变动的科目，须根据审核后的记账凭证或原始凭证逐日逐笔登记；而存货类科目因业务量大，可按收发批次定期汇总登记，收入费用类科目则可逐日或按月汇总登记，以平衡效率与核算需求。

（四）总分类账与明细分类账的平行登记

平行登记，是指对所发生的每项经济业务都要以会计凭证为依据，一方面记入有关总分类账户，另一方面记入所辖明细分类账户的方法。平行登记的要点：方向相同；期间一致；金额相等。

三、对账

账证核对	账簿记录与会计凭证核对
账账核对	总分类账簿之间的核对
	总分类账簿与所辖明细分类账簿核对
	总分类账簿与序时账簿核对
	明细分类账簿之间的核对
账实核对	库存现金日记账账面余额与库存现金实际库存数逐日核对是否相符
	银行存款日记账账面余额与银行对账单的余额定期核对是否相符
	各项财产物资明细账账面余额与财产物资的实有数额定期核对是否相符
	有关债权债务明细账账面余额与对方单位债权债务账面记录核对是否相符

四、错账更正方法

前提	更正方法	适用范围
记账凭证没有错误	划线更正法	账簿记录发生错误
记账凭证有错误	红字更正法	记账凭证错误导致账簿错误： （1）科目、方向等文字错误； （2）科目、方向等文字没有错误，只是借贷方金额同时多记
	补充登记法	记账凭证错误导致账簿错误，但只是借贷方金额同时少记

任务四 财产清查

【知识点 1】 财产清查的概念★

财产清查，是指通过对货币资金、实物资产和往来款项等财产物资进行盘点或核对，确定其实存数，查明账存数与实存数是否相符的一种专门方法。

【知识点 2】 财产的清查方法★★★

一、货币资金的清查方法

（一）库存现金的清查方法

（1）清查方法：采用实地盘点法确定库存现金的实存数，然后与库存现金日记账的账面余额相核对，确定账实是否相符。

（2）清查凭证：盘点结束，应填制“库存现金盘点报告表”，作为重要原始凭证。

提示：“库存现金盘点报告表”既是反映现金实存额，也是用于调整账簿记录的原始凭证。

（二）银行存款的清查方法

（1）银行存款的清查是采用与开户银行核对账目的方法进行的，即将本单位银行存款日记账的账簿记录与开户银行转来的对账单逐笔进行核对，查明银行存款的实有数额。银行存款的清查一般在月末进行。

（2）将截至清查日所有银行存款的收付业务都登记入账后，对发生的错账、漏账应及时查清更正，再与银行的对账单逐笔核对。如果二者余额相符，通常说明没有错误；如果二者余额不相符，则可能是企业或银行一方或双方记账过程有错误或者存在未达账项。

提示：未达账项，是指企业和开户银行之间，由于收到凭证时间不一致，发生的一方已经入账，而另一方尚未入账的事项。

未达账项一般分为以下四种情况：

企业已收款记账，银行未收款未记账的款项；

企业已付款记账，银行未付款未记账的款项；

银行已收款记账，企业未收款未记账的款项；

银行已付款记账，企业未付款未记账的款项。

上述任何一种未达账项的存在，都会使企业银行存款日记账的余额与银行开出的对账单的余额不符。所以，在与银行对账时首先应查明是否存在未达账项，如果存在未达账项，应编制“银行存款余额调节表”，据以确定企业银行存款实有数。

提示：“银行存款余额调节表”只是为了核对账目，不能作为调整企业银行存款账面记录的记账依据。

【做中学 2－7】 阳光公司 2024 年 12 月 31 日银行存款日记账的余额为 5 400 000 元，银行转来对账单的余额为 8 300 000 元。

（1）企业送存转账支票 6 000 000 元，并已登记银行存款增加，但银行尚未记账。

（2）企业开出转账支票 4 500 000 元，并已登记银行存款减少，但持票单位尚未到银行办理转账，银行尚未记账。

（3）企业委托银行代收某公司购货款 4 800 000 元，银行已收妥并登记入账，但企业未收到收款通知，尚未记账。

（4）银行代企业支付水电费 400 000 元，银行已登记减少企业银行存款，但企业未收到银行付款通知，尚未记账。

银行存款余额调节表，如表 2－1 所示。

表 2－1 银行存款余额调节表

2024 年 12 月 31 日

项目	金额	项目	金额
银行存款日记账余额	5 400 000	银行对账单余额	8 300 000
加：银行已收、企业未收	4 800 000	加：企业已收、银行未收	6 000 000
减：银行已付、企业未付	400 000	减：企业已付、银行未付	4 500 000
调节后的存款余额	9 800 000	调节后的存款余额	9 800 000

二、实物资产的清查方法

（1）实地盘点法：通过点数、过磅、量尺等方法来确定实物资产的实有数量。（多数财产物资清查可采用）

（2）技术推算法：对那些大量成堆，难以逐一清点的物品，利用一定的技术方法对财产物资的实存数进行推算的一种方法。（露天堆放的煤炭等）

提示：盘存单既是记录盘点结果的书面证明，也是反映财产物资实存数的原始凭证。根据盘存单和有关账簿记录，编制实存账存对比表。实存账存对比表是用以调整账簿记录的重要原始凭证。

三、往来款项的清查方法

（1）清查方法：发函询证法是指企业在清查往来款项时，向对方单位发送“往来款项对账单”，请求对方核对并反馈结果，以此确认双方记录是否一致的方法。

（2）清查凭证：往来款项对账单和往来款项清查报告单。

任务五 会计账务处理程序

【知识点 1】 会计账务处理程序的应用★★★

一、记账凭证账务处理程序

登记总账的依据：记账凭证。

优点：操作流程简单明了，易于理解和执行。

缺点：由于需要逐笔登记，因此登记总分类账的工作量相对较大。

适用场景：适合规模较小、经济业务量较少的单位使用。

二、汇总记账凭证账务处理程序

登记总账的依据：汇总记账凭证。

优点：通过汇总多笔相同类型的经济业务，有效减轻了会计人员的工作量。

缺点：需要编制汇总转账凭证，增加了一定的工作量。

适用场景：适用于规模较大、经济业务量较多的单位，以提高会计工作效率。

三、科目汇总表账务处理程序

登记总账的依据：科目汇总表（记账凭证汇总表）。

优点：不仅减轻了工作量，还能通过汇总表进行试算平衡，确保账目的准确性。

缺点：汇总表无法反映各个账户之间的对应关系，可能会影响对账和审计的透明度。

适用场景：适合经济业务量较多的单位，可以帮助会计人员更高效地管理账务。

【知识点 2】 信息化环境下的会计账务处理★★★

一、会计信息化

会计信息化，是指企业利用计算机、网络通信等现代信息技术手段开展会计核算，以及利用上述技术手段将会计核算与其他经营管理活动有机结合的过程。

二、会计软件

会计软件，是指企业使用的、专门用于会计核算和财务管理的计算机软件、软件系统或者其功能模块。会计软件一般具有以下功能：（1）为会计核算和财务管理直接采集数据。（2）生成会计凭证、账簿、报表等会计资料。（3）对会计资料进行转换、输出、分析、利用。

三、会计信息系统

会计信息系统，是指由会计软件及其运行所依赖的软硬件环境组成的集合体。

企业所处阶段	发展方向
会计核算信息化阶段	逐步实现资金管理、资产管理、预算控制、成本管理等财务管理信息化
财务管理信息化阶段	逐步实现财务分析、全面预算管理、风险控制、绩效考核等决策支持信息化
企业财务数字化转型阶段	逐步建立财务共享服务中心

项目练习及答案

模拟实训

实训任务一

目的：理解会计要素的含义和相互之间的关系。

资料：2022年冬奥会在北京圆满举行，巴赫主席在闭幕式所做的报告表示北京冬奥会在2025年的时候将会达到市值1 500亿美元，北京冬奥会推动了冰雪运动的发展，并且其所建设的场馆设施可以继续用于比赛，提高国民对冰雪项目的热情。在可持续的办奥规划中，所有冬奥会场馆都将被持续利用、反复利用、综合利用，全面向社会公众开放。

根据官方公开数据：北京冬奥组委收入153.9亿元人民币，折合约22.89亿美元；支出150.4亿元人民币，折合约22.37亿美元；结余3.5亿元人民币，折合约0.52亿美元。收入的主要来源，一是国际奥委会资助37.8亿元人民币；二是市场开发收入111.3亿元人民币；三是其他收入4.8亿元人民币。由于疫情防控的原因，冬奥会未销售门票，因此没有票务收入。北京冬奥会的支出则包括八个方面：一是体育竞赛支出13.3亿元人民币；二是场馆设施支出18.7亿元人民币；三是技术系统支出23.2亿元人民币；四是赛时服务支出23.6亿元人民币；五是仪式、宣传和文化活动支出15.7亿元人民币；六是办赛保障支出15.5亿元人民币；七是人力资源相关支出28亿元人民币；八是赛事运营支出12.4亿元人民币。2022年冬奥会的预算规模为15.6亿美元，其中7 900万美元专项用于冬残奥会。15.6亿美元中，政府补贴占6%，为9 400万美元，国际奥委会给予资金3.38亿美元，其他费用将来自赞助商、门票、品牌授权等。场馆建设预算约为15.1亿美元，其中有65%来源于社会投资，三个奥运村建设全部由企业投资。

要求：资料中有哪些会计要素，确认的依据是什么？你认为北京冬奥会为什么能取得成功？

实训任务二

目的：理解会计要素的含义和相互间的关系。

资料：北京优乐电器有限公司8月31日资产总计600 000元，负债总计200 000元，所有者权益总计400 000元。9月发生如下经济业务：

1. 3日，购入设备一台，价款15 000元，以银行存款支付。
2. 6日，投资者投入货币资金100 000元，存入银行。

3. 8 日，归还短期借款 50 000 元。

4. 10 日，从银行提取现金 2 000 元备用。

5. 14 日，以银行存款偿还前欠供应单位货款 100 000 元。

6. 19 日，职工王飞出差预借差旅费 1 000 元，以现金支付。

7. 22 日，向银行借入长期借款 100 000 元。

8. 28 日，收到购货单位前欠货款 60 000 元，存入银行。

要求：请按照会计业务填写表 2 - 2。

表 2 - 2 会计业务表

单位：元

时间	资产	负债	所有者权益
8 月 31 日			
9 月 3 日			
9 月 6 日			
9 月 8 日			
9 月 10 日			
9 月 14 日			
9 月 19 日			
9 月 22 日			
9 月 28 日			
9 月 30 日			

项目三 流动资产业务核算

知识目标

了解各种流动资产的管理及核算。

能力目标

- 掌握库存现金的核算与清查，银行存款的核算，其他货币资金的核算，交易性金融资产的核算，各种应收及预付款项的核算，应收款项减值的核算，存货成本的确定，发出存货的计价方法，存货清查。
- 掌握原材料、周转材料、库存商品和存货跌价准备的核算。
- 掌握存货计划成本、委托加工物资的核算。

素养目标

培养识别、评估和应对流动资产相关的各种风险，包括市场风险、信用风险、流动性风险等，以保障企业的财务安全和稳定。

学习引例

2014 年 G 公司上市，它是 A 股第一家运动品牌上市公司。由于运动鞋服行业同质化竞争过于激烈，产能扩张过快导致普遍的库存积压，G 公司经营层面的困境越来越突出。2024 年 2 月份以来，G 公司连续 20 个交易日收盘价低于 1 元，触发了退市规则。2024 年 3 月 29 日，因市场有效需求不足和计提大额资产减值损失，G 公司正式告别 A 股。G 公司的业务涵盖运动鞋服业务、招商及代运营业务和粮食业务。董事会拟调整公司经营业务，以粮食业务作为公司未来主要经营发展方向，优先、重点做大做强粮食业务，并逐步退出运动鞋服业务。表 3-1 为 G 公司截至 2024 年 4 月近 12 个月列报的流动资产金额。

表 3-1 G 公司流动资产

流动资产	金额（亿元）
货币资金	0.34
交易性金融资产	0.13
应收账款	5.22

续表

流动资产	金额（亿元）
其他应收款	0.13
预付款项	0.61
存货	4.57
合计	11

请思考：G 公司的流动资产主要有哪些项目？资产发生减值的原因有哪些？

素养启示

在服装行业中，库存与应收账款的科学管理是企业核心资产运营的关键环节。有效的库存管理和应收账款管理可以确保产品的供应与需求之间的平衡，有效减少坏账损失，提高资金回笼速度，确保企业资金的流动性和稳定性。企业应当提高风险防范意识，识别、评估和应对与流动资产相关的各种风险。

知识精讲

延伸学习

预期信用损失法应用案例——以内部评价体系为基础

关于印发修订《企业会计准则第 2 号——长期股权投资》的通知

任务一　货币资金业务

【知识点 1】 库存现金★★★

一、库存现金的含义

库存现金是指企业存放于企业财会部门，由出纳人员经管的货币。

二、现金管理制度

企业可用现金支付的款项有：(1) 职工工资、津贴，个人劳动报酬；(2) 根据国家规定颁发给个人的科学技术、文化艺术、体育比赛等各种奖金；(3) 各种劳保、福利费用以及国家规定的对个人的其他支出；(4) 向个人收购农副产品和其他物资的价款；(5) 出差人员必须随身携带的差旅费；(6) 结算起点 (1 000 元) 以下的零星支出。

提示：向个人支付的零星小额款项（如差旅费、小额劳务费等）通常无须考虑 1 000 元的现金支付限额，其他款项必须考虑限额，超过限额的部分，应当以支票或者银行本票等方式支付。

现金的限额一般按照单位 3～5 天日常零星开支所需确定。边远地区和交通不便地区，按照 5～15 天日常零星开支的需要确定。开户单位支付现金，可以从本单位库存现金限额中支付或从开户银行提取，不得从本单位的现金收入中直接支付（即坐支现金）。

三、现金的账务处理

企业应设置“库存现金”科目，借方代表库存现金增加，贷方代表库存现金减少，余额在借方。

企业内部各部门周转使用的备用金，可以单独设置“备用金”科目进行核算，不通过“库存现金”科目。

四、现金的清查

为了保证现金的安全完整，企业应当按规定对库存现金进行定期和不定期的清查，一般采用实地盘点法。

如果账款不符，发现有待查明原因的现金短缺或溢余，应先通过“待处理财产损溢”科目核算。

（一）现金短缺（也称为盘亏、短款）的账务处理

1. 发现时

借：待处理财产损溢
　贷：库存现金

2. 处理时

借：其他应收款（应收赔款）
　　管理费用（无法查明原因）
　贷：待处理财产损溢

（二）现金溢余（也称为盘盈、长款）的账务处理

1. 发现时

借：库存现金
　贷：待处理财产损溢

2. 处理时

借：待处理财产损溢
　贷：其他应付款（应支付给有关人员或单位）
　　　营业外收入（无法查明原因）

【知识点2】 其他货币资金★★★

其他货币资金是指企业除库存现金、银行存款以外的其他各种货币资金，主要包括银行汇票存款、银行本票存款、信用卡存款、信用证保证金存款、存出投资款和外埠存款等。

一、银行汇票存款

（一）汇款单位账务处理

（1）企业填写“银行汇票申请书”、将款项交存银行时：

借：其他货币资金——银行汇票

　贷：银行存款

（2）企业持银行汇票购货、收到有关发票账单时：

借：材料采购/原材料/库存商品等

　　应交税费——应交增值税（进项税额）

　贷：其他货币资金——银行汇票

（3）采购完毕收回剩余款项时：

借：银行存款

　贷：其他货币资金——银行汇票

（二）收款单位账务处理

销货单位收到银行汇票、填制进账单到开户银行办理款项入账手续时：

借：银行存款

　贷：主营业务收入

　　应交税费——应交增值税（销项税额）

【做中学3-1】 阳光公司为增值税一般纳税人，2024年9月5日向银行申请办理银行汇票用于购买原材料，将款项300 000元交存银行转作银行汇票存款。根据银行盖章退回的申请书存根联，阳光公司应编制如下会计分录：

借：其他货币资金——银行汇票　　300 000

　贷：银行存款　　300 000

2024年9月10日，阳光公司购入原材料一批已验收入库，取得的增值税专用发票上注明的价款为200 000元，增值税税额为26 000元，已用银行汇票办理结算，多余款项74 000元退回开户银行，公司已收到开户银行转来的银行汇票第四联（多余款收账通知）。阳光公司应编制如下会计分录：

（1）用银行汇票结算材料价款和增值税款时：

借：原材料　　200 000

　　应交税费——应交增值税（进项税额）　　26 000

　贷：其他货币资金——银行汇票　　226 000

（2）收到退回的银行汇票多余款项时：

借：银行存款　　74 000

　贷：其他货币资金——银行汇票　　74 000

二、银行本票存款

（一）汇款单位账务处理

（1）企业填写“银行本票申请书”、将款项交存银行时：

借：其他货币资金——银行本票

　贷：银行存款

（2）企业持银行本票购货、收到有关发票账单时：

借：材料采购/原材料/库存商品等

　　应交税费——应交增值税（进项税额）

　贷：其他货币资金——银行本票

（二）收款单位账务处理

销货单位收到银行本票、填制进账单到开户银行办理款项入账手续时：

借：银行存款

　贷：主营业务收入

　　应交税费——应交增值税（销项税额）

【做中学3-2】 阳光公司为增值税一般纳税人，为取得银行本票，向银行提交了“银行本票申请书”，并将11 300元银行存款转作银行本票存款。公司取得银行本票后，应根据银行盖章退回的银行本票申请书存根联填制银行付款凭证。阳光公司应编制如下会计分录：

借：其他货币资金——银行本票　　11 300

　贷：银行存款　　11 300

阳光公司用银行本票购买办公用品10 000元，增值税专用发票上注明的增值税税额为1 300元。阳光公司应编制如下会计分录：

借：管理费用　　10 000

　　应交税费——应交增值税（进项税额）　　1 300

　贷：其他货币资金——银行本票　　11 300

三、信用卡存款

（一）信用卡存款的概念

信用卡存款是指企业为取得信用卡而存入银行信用卡专户的款项。

（二）账务处理

（1）企业申领信用卡时：

借：其他货币资金——信用卡

　贷：银行存款

（2）企业用信用卡购物或支付有关费用时：

借：管理费用等

　　应交税费——应交增值税（进项税额）

　贷：其他货币资金——信用卡

（3）企业信用卡在使用过程中向其账户续存资金时：

借：其他货币资金——信用卡

　贷：银行存款

（4）信用卡销卡时：

借：银行存款

　贷：其他货币资金——信用卡

【做中学 3-3】 阳光公司于 2024 年 8 月 24 日向银行申领信用卡，并交存 50 000 元。2024 年 9 月 10 日，该公司用信用卡支付购书款 3 000 元，增值税专用发票上注明的增值税税额为 270 元。阳光公司应编制如下会计分录：

借：其他货币资金——信用卡	50 000	
贷：银行存款		50 000
借：管理费用	3 000	
应交税费——应交增值税（进项税额）	270	
贷：其他货币资金——信用卡		3 270

四、信用证保证金存款

（一）信用证保证金存款的概念

信用证保证金存款是指采用信用证结算方式的企业为开具信用证而存入银行信用保证金专户的款项。

（二）账务处理

（1）企业将信用证保证金交存银行时：

借：其他货币资金——信用证保证金

　贷：银行存款

（2）企业接到开证行通知，根据供货单位信用证结算凭证及所附发票账单：

借：材料采购/原材料/库存商品等

　　应交税费——应交增值税（进项税额）

　贷：其他货币资金——信用证保证金

（3）将未用完的信用证保证金存款余额转回开户银行时：

借：银行存款

　贷：其他货币资金——信用证保证金

五、存出投资款

（一）存出投资款的概念

存出投资款是指企业为购买股票、债券、基金等根据有关规定存入在证券公司指定银行开立的投资款专户的款项。

（二）账务处理

（1）企业向证券公司划出资金时：

借：其他货币资金——存出投资款

　贷：银行存款

（2）购买股票、债券、基金时：

借：交易性金融资产等

　贷：其他货币资金——存出投资款

六、外埠存款

（一）外埠存款的概念

外埠存款是指企业为了到外地进行临时或零星采购，而汇往采购地银行开立采购专户的款项。

提示： 该账户的存款不计利息、只付不收、付完清户，除了采购人员可从中提取少量现金外，一律采用转账结算。

（二）账务处理

（1）企业将款项汇往外地时：

借：其他货币资金——外埠存款

　贷：银行存款

（2）收到采购人员转来供应单位发票账单等报销凭证时：

借：材料采购/原材料/库存商品等

　　应交税费——应交增值税（进项税额）

　贷：其他货币资金——外埠存款

任务二 交易性金融资产业务

【知识点 1】 金融资产★★

一、金融资产的概念

金融资产是指企业持有的现金、其他方的权益工具以及符合下列条件之一的资产：

（1）从其他方收取现金或其他金融资产的合同权利。例如，企业的银行存款、应收账款、应收票据和贷款等均属于金融资产。但是，预付账款产生的未来经济利益是商品或服务，不是收取现金或其他金融资产的权利，不是金融资产。

（2）在潜在有利条件下，与其他方交换金融资产或金融负债的合同权利。例如，企业持有的看涨期权或看跌期权等。

(3) 将来须用或可用企业自身权益工具进行结算的非衍生工具合同，且企业根据该合同将收到可变数量的自身权益工具。例如，企业的普通债券合同或普通股等。

(4) 将来须用或可用企业自身权益工具进行结算的衍生工具合同，但以固定数量的自身权益工具交换固定金额的现金或其他金融资产的衍生工具合同除外。

二、金融资产的分类

(一) 以摊余成本计量的金融资产

以收取合同现金流量为目标。在特定日期产生的现金流量仅为对本金和未偿付本金金额为基础的利息的支付。

(二) 以公允价值计量且其变动计入其他综合收益的金融资产

既以收取合同现金流量为目标，又以出售该金融资产为目标。在特定日期产生的现金流量仅为对本金和未偿付本金金额为基础的利息的支付。

(三) 以公允价值计量且其变动计入当期损益的金融资产

除上述两类金融资产之外的所有金融资产，均归为此类。

【知识点2】 交易性金融资产★★★

一、取得交易性金融资产

账务处理如下：

借：交易性金融资产——成本（公允价值）
　　应收股利/应收利息
　　投资收益（交易费用）
　　应交税费——应交增值税（进项税额）
　贷：其他货币资金——存出投资款

【做中学3-4】 2024年6月1日，阳光公司从上海证券交易所购入A上市公司股票100万股，该股票投资在购买日的公允价值为1 000万元，另支付相关交易费用金额为2.5万元，取得的增值税专用发票上注明的增值税税额为0.15万元。阳光公司将其划分为交易性金融资产进行管理和核算。

(1) 2024年6月1日，购买A上市公司股票时：

借：交易性金融资产——成本	10 000 000	
贷：其他货币资金——存出投资款		10 000 000

(2) 2024年6月1日，支付相关交易费用时：

借：投资收益	25 000	
应交税费——应交增值税（进项税额）	1 500	
贷：其他货币资金——存出投资款		26 500

【做中学3-5】 2024年6月1日，阳光公司从上海证券交易所购入A上市公司股

票 100 万股，支付价款 1 000 万元（其中包括已宣告但尚未发放的现金股利 60 万元），另支付相关交易费用 2.5 万元，取得的增值税专用发票上注明的增值税税额为 0.15 万元。阳光公司将其划分为交易性金融资产进行管理和核算。

（1）2024 年 6 月 1 日，购买 A 上市公司股票时：

借：交易性金融资产——成本　　9 400 000

　　应收股利　　600 000

　贷：其他货币资金——存出投资款　　10 000 000

（2）2024 年 6 月 1 日，支付相关交易费用时：

借：投资收益　　25 000

　　应交税费——应交增值税（进项税额）　　1 500

　贷：其他货币资金——存出投资款　　26 500

二、持有交易性金融资产

（一）持有期内的股利收益和利息收益

1. 收到支付价款中的股利或利息（该应收股利/应收利息在投资时点前就已宣告或存在）时的账务处理

借：其他货币资金

　贷：应收股利/应收利息

2. 现金股利收益或利息收益（该应收股利/应收利息在投资时点后宣告或产生）的账务处理

（1）宣告股利或产生利息时：

借：应收股利/应收利息

　贷：投资收益

（2）收到股利或利息时：

借：其他货币资金

　贷：应收股利/应收利息

【做中学 3-6】 2024 年 6 月 1 日，阳光公司从上海证券交易所购入 A 上市公司股票 100 万股，支付价款 1 000 万元（其中包括已宣告但尚未发放的现金股利 60 万元），阳光公司将其划分为交易性金融资产进行管理和核算。假定 2024 年 6 月 20 日，阳光公司收到 A 上市公司向其发放的现金股利 60 万元，并存入银行。假定不考虑相关税费。2024 年 6 月 20 日，阳光公司应编制如下会计分录：

借：其他货币资金——存出投资款　　600 000

　贷：应收股利　　600 000

【做中学 3-7】 2024 年 6 月 1 日，阳光公司从上海证券交易所购入 A 上市公司股票 100 万股，支付价款 1 000 万元（其中包括已宣告但尚未发放的现金股利 60 万元），阳光公司将其划分为交易性金融资产进行管理和核算。假定 2025 年 3 月 20 日，A 上市公司宣告发放 2024 年现金股利，阳光公司按其持有 A 上市公司股份计算确定的应分得的现金股利为 80 万元。假定不考虑相关税费。2025 年 3 月 20 日，阳光公司应编制如下会计分录：

借：应收股利　　800 000

　贷：投资收益　　800 000

2025 年 3 月 30 日，阳光公司收到 A 上市公司向其发放的现金股利 80 万元，并存入银行。假定不考虑相关税费，阳光公司应编制如下会计分录：

借：其他货币资金——存出投资款　　800 000

　贷：应收股利　　800 000

（二）交易性金融资产的期末公允价值变动

交易性金融资产采用公允价值进行后续计量，公允价值的变动计入当期损益。

（1）价值上升，公允价值>账面余额时：

借：交易性金融资产——公允价值变动

　贷：公允价值变动损益

（2）价值下降，公允价值<账面余额时：

借：公允价值变动损益

　贷：交易性金融资产——公允价值变动

【做中学 3-8】 2024 年 6 月 1 日，阳光公司从上海证券交易所购入 A 上市公司股票 100 万股，支付价款 1 000 万元（其中包括已宣告但尚未发放的现金股利 60 万元），阳光公司将其划分为交易性金融资产进行管理和核算。假定 2024 年 6 月 30 日，阳光公司持有 A 上市公司股票的公允价值为 860 万元；2024 年 12 月 31 日，阳光公司持有 A 上市公司股票的公允价值为 1 240 万元。

（1）6 月 30 日，确认 A 上市公司股票的公允价值变动损益时：

借：公允价值变动损益　　800 000

　贷：交易性金融资产——公允价值变动　　800 000

（2）12 月 31 日，确认 A 上市公司股票的公允价值变动损益时：

借：交易性金融资产——公允价值变动　　3 800 000

　贷：公允价值变动损益　　3 800 000

三、出售交易性金融资产

账务处理如下：

借：其他货币资金——存出投资款

　　投资收益（损失记借方）

　贷：交易性金融资产——成本

　　　　　　　　　　——公允价值变动（或借方，根据余额方向确定）

　　　　　　　　　　——投资收益（收益记贷方）

【做中学 3-9】 承做中学 3-8，假定 2025 年 5 月 31 日，阳光公司出售了所持有的全部 A 上市公司股票，价款为 1 210 万元。不考虑相关税费和其他因素，阳光公司应编制如下会计分录：

借：其他货币资金——存出投资款　12 100 000
　　投资收益　300 000
　贷：交易性金融资产——成本　9 400 000
　　　　　　　　　　——公允价值变动　3 000 000

【做中学 3 - 10】 2024 年 6 月 1 日，阳光公司购入光明公司发行的公司债券，支付价款 2 600 万元（其中包含已到期但尚未领取的债券利息 50 万元），另支付交易费用 30 万元，取得的增值税专用发票上注明的增值税税额为 1.8 万元。该笔光明公司债券于 2022 年 7 月 1 日发行，面值为 2 500 万元。2024 年 6 月 10 日，阳光公司收到该笔债券利息 50 万元。阳光公司将其划分为交易性金融资产核算。

（1）2024 年 6 月 1 日，购入光明公司债券时：

借：交易性金融资产——成本　25 500 000
　　应收利息　500 000
　　投资收益　300 000
　　应交税费——应交增值税（进项税额）　18 000
　贷：其他货币资金——存出投资款　26 318 000

（2）2024 年 6 月 10 日，收到购买价款中包含的已到付息期而尚未领取的利息。

借：其他货币资金——存出投资款　500 000
　贷：应收利息　500 000

假定 2024 年 6 月 30 日，阳光公司购买的光明公司债券的公允价值为 2 670 万元，2024 年 12 月 31 日，光明公司债券的公允价值为 2 580 万元。

（1）2024 年 6 月 30 日，确认债券的公允价值变动损益时：

借：交易性金融资产——公允价值变动　1 200 000
　贷：公允价值变动损益　1 200 000

（2）2024 年 12 月 31 日，确认债券的公允价值变动损益时：

借：公允价值变动损益　900 000
　贷：交易性金融资产——公允价值变动　900 000

假定 2025 年 3 月 15 日，阳光公司出售了所持有的全部光明公司债券，售价为 3 550 万元。

借：其他货币资金——存出投资款　35 500 000
　贷：交易性金融资产——成本　25 500 000
　　　交易性金融资产——公允价值变动　300 000
　　　投资收益　9 700 000

四、转让金融商品应交增值税

金融商品转让按照卖出价扣除买入价（不需要扣除已宣告未发放现金股利和已到付息期未领取的利息）后的余额作为销售额计算增值税，即转让金融商品以盈亏相抵后的余额为销售额。若相抵后出现负差，可结转下一纳税期与下期转让金融商品销售额互抵，但年末仍出现负差的，不得转入下一个会计年度。

转让金融资产当月月末，如产生转让收益，则按应纳税额，借记“投资收益”等科目，贷记“应交税费——转让金融商品应交增值税”科目；如产生转让损失，则按可结转下月抵扣税额，借记“应交税费——转让金融商品应交增值税”科目，贷记“投资收益”等科目。

产生收益的账务处理：

借：投资收益

　贷：应交税费——转让金融商品应交增值税

发生损失的账务处理：

借：应交税费——转让金融商品应交增值税

　贷：投资收益

年末，如果“应交税费——转让金融商品应交增值税”科目有借方余额，说明本年度的金融商品转让损失无法弥补，且本年度的金融资产转让损失不可转入下年度继续抵减转让金融资产的收益，因此，应借记“投资收益”等科目，贷记“应交税费——转让金融商品应交增值税”科目，将“应交税费——转让金融商品应交增值税”科目的借方余额转出。

借：投资收益

　贷：应交税费——转让金融商品应交增值税

转让金融资产应交增值税＝(卖出价－买入价)÷(1＋6%)×6%

【做中学 3－11】 阳光公司为增值税一般纳税人，2024 年 8 月份销售一批债券，卖出价为 805.6 万元，该批债券买入价为 795 万元，除此之外无其他金融商品买卖业务。上一纳税期金融商品买卖销售额为正差且已纳税。已知，金融商品转让的增值税税率为 6%。计算阳光公司 2024 年 8 月份金融商品买卖业务应缴纳的增值税税额，并编制会计分录。

转让金融商品应交增值税＝(805.6－795)÷(1＋6%)×6%＝0.6(万元)

会计分录如下：

借：投资收益	6 000	
贷：应交税费——转让金融商品应交增值税		6 000

取得交易性金融资产时发生交易费用产生的进项税额与转让交易性金融资产时的转让金融商品应交增值税之间无联系。发生交易费用取得增值税专用发票的，进项税额经认证后可从当月销项税额中扣除。转让交易性金融资产时的转让金融商品应交增值税属于增值税的余额计税，不是常规的一般计税方法。

提示：

1. 出售资产时投资收益快速计算

出售资产时投资收益＝实际收到的金额－账面余额－转让金融商品应交增值税

2. 计算投资活动影响的损益（营业利润）的计算

凡是涉及损益类科目金额发生变动，都会对当期利润产生影响；“投资收益”科目借方代表减少，贷方代表增加。

具体涉及科目如下，(1) 购买时："投资收益"(借方)；(2) 持有期间："投资收益"(贷方)＋"公允价值变动损益"(借方或贷方)；(3) 出售时："投资收益"(借方或贷方)。

任务三　应收及预付款项业务

【知识点1】 应收票据★★

一、应收票据的概念

应收票据是指企业因销售商品、提供服务等而收到的商业汇票。

二、应收票据的分类

根据承兑人不同，应收票据分为银行承兑汇票和商业承兑汇票。

三、应收票据的账务处理

(一) 因债务人抵偿前欠货款而取得的应收票据

借：应收票据
　贷：应收账款

(二) 因企业销售商品、提供服务等而收到的商业汇票

借：应收票据
　贷：主营业务收入/其他业务收入
　　应交税费——应交增值税（销项税额）

(三) 商业汇票到期收回款项

借：银行存款
　贷：应收票据

(四) 商业汇票到期不能收回款项（通常指的是商业承兑汇票）

借：应收账款
　贷：应收票据

(五) 应收票据的转让

借：原材料/库存商品等
　应交税费——应交增值税（进项税额）
　贷：应收票据（票面金额）
　　银行存款（差额）

（六）商业汇票贴现

借：银行存款（实际收到的金额）
　　财务费用（差额）
　贷：应收票据（票面金额）

【做中学 3-12】 阳光公司为增值税一般纳税人，2024 年 9 月 1 日向光明公司（为增值税一般纳税人）销售一批产品，价款为 1 500 000 元，尚未收到货款，已办妥托收手续。已发货，对方已取得商品的控制权。适用增值税税率为 13%。阳光公司应编制如下会计分录：

借：应收账款	1 695 000	
贷：主营业务收入		1 500 000
应交税费——应交增值税（销项税额）		195 000

2024 年 9 月 15 日，阳光公司收到光明公司寄来的一张期限为 3 个月的银行承兑汇票，面值为 1 695 000 元，抵付产品的价款和增值税额。阳光公司应编制如下会计分录：

借：应收票据	1 695 000	
贷：应收账款		1 695 000

2024 年 12 月 15 日，阳光公司上述应收票据到期，收回金额 1 695 000 元存入银行。阳光公司应编制如下会计分录：

借：银行存款	1 695 000	
贷：应收票据		1 695 000

【做中学 3-13】 承做中学 3-12，假定阳光公司于 2024 年 10 月 15 日将上述应收票据背书转让，以取得生产经营所需的 A 种材料，该材料价款为 1 500 000 元，适用的增值税税率为 13%。阳光公司应编制如下会计分录：

借：原材料	1 500 000	
应交税费——应交增值税（进项税额）	195 000	
贷：应收票据		1 695 000

【知识点 2】 应收账款★★

一、应收账款的概念

应收账款是指企业因销售商品、提供劳务等经营活动，应向购货单位或接受服务单位收取的款项。

二、应收账款的核算内容

应收取的价款、增值税销项税额、代购货单位垫付的包装费和运杂费等。

三、应收账款的账务处理

（一）企业实现收入，未收到款项

借：应收账款
　贷：主营业务收入/其他业务收入
　　　应交税费——应交增值税（销项税额）

（二）企业收回应收款项

借：银行存款
　贷：应收账款

（三）企业应收账款改用应收票据结算

收到承兑的商业汇票时：
借：应收票据
　贷：应收账款

【做中学 3-14】 阳光公司为增值税一般纳税人，采用托收承付结算方式向光明公司（为增值税一般纳税人）销售商品一批，取得的增值税专用发票上注明的价款为 300 000 元，增值税税额为 39 000 元，已办理托收手续。阳光公司应编制如下会计分录：

借：应收账款	339 000	
贷：主营业务收入		300 000
应交税费——应交增值税（销项税额）		39 000

阳光公司实际收到款项时，应编制如下会计分录：

借：银行存款	339 000	
贷：应收账款		339 000

【做中学 3-15】 承做中学 3-14，如果阳光公司委托银行收取的款项改为应收票据结算，收到光明公司交来的商业承兑汇票一张，面值 339 000 元，用以偿还其前欠价款。阳光公司应编制如下会计分录：

借：应收票据	339 000	
贷：应收账款		339 000

【知识点 3】 预付账款★

一、预付账款的概念

预付账款是指企业按照合同规定预付的款项。

提示： 企业应当设置“预付账款”科目。预付款项情况不多的企业，可以不设置“预付账款”科目，而将预付的款项通过“应付账款”科目核算。

二、预付账款的账务处理

（一）预付货款时

借：预付账款

　贷：银行存款

（二）收到货物时

借：原材料等

　　应交税费——应交增值税（进项税额）

　贷：预付账款

（三）补付货款时

借：预付账款

　贷：银行存款

（四）收回多余款时

借：银行存款

　贷：预付账款

【做中学 3-16】 阳光公司为增值税一般纳税人，向光明公司（为增值税一般纳税人）采购材料 5 000 千克，每千克单价 10 元，所需支付的价款总计 50 000 元。按照合同规定向光明公司预付价款的 50%，验收货物后补付其余款项。阳光公司应编制如下会计分录：

预付 50%的价款时：

借：预付账款——光明公司	25 000	
贷：银行存款		25 000

收到光明公司发来的 5 000 千克材料，验收无误，增值税专用发票上注明的价款为 50 000 元，增值税税额为 6 500 元。阳光公司以银行存款补付所欠款项 31 500 元。阳光公司应编制如下会计分录：

借：原材料	50 000	
应交税费——应交增值税（进项税额）	6 500	
贷：预付账款——光明公司		56 500
借：预付账款——光明公司	31 500	
贷：银行存款		31 500

【做中学 3-17】 承做中学 3-16，假设阳光公司预付款项情况不多，用“应付账款”科目代替“预付账款”科目。阳光公司应编制如下会计分录：

预付 50%的价款时：

借：应付账款——光明公司	25 000	
贷：银行存款		25 000

收到货物，补付款项时：

借：原材料　50 000
　　应交税费——应交增值税（进项税额）　6 500
　贷：应付账款——光明公司　56 500
借：应付账款——光明公司　31 500
　贷：银行存款　31 500

【知识点 4】 应收股利和应收利息★

一、应收股利

（一）应收股利的概念

应收股利是指企业应收取的现金股利或应收取其他单位分配的利润。

（二）应收股利的账务处理

1. 企业持有交易性金融资产期间，被投资单位宣告发放现金股利时

借：应收股利
　贷：投资收益

2. 企业在持有长期股权投资期间，被投资单位宣告发放现金股利或利润时

（1）成本法核算：
借：应收股利
　贷：投资收益
（2）权益法核算：
借：应收股利
　贷：长期股权投资——损益调整

3. 实际收到现金股利或利润时

借：其他货币资金——存出投资款（上市公司股票）/银行存款（非上市公司股票）
　贷：应收股利

二、应收利息

（一）应收利息的概念

应收利息是企业根据合同或协议规定应向债务人收取的利息。

（二）应收利息的账务处理

1. 确认应收利息时

借：应收利息
　贷：投资收益

2. 收到利息时

借：其他货币资金——存出投资款
　贷：应收利息

【知识点 5】 其他应收款★★★

一、其他应收款的概念

其他应收款是指企业除应收票据、应收账款、预付账款、应收股利和应收利息以外的其他各种应收及暂付款项。

二、其他应收款的内容

（1）应收的各种赔款、罚款、违约金。例如：出纳人员的赔款、保险公司的赔偿等。

（2）应收的出租包装物租金。

（3）应向职工收取的各种垫付款项。例如：为职工代垫的水电费，应由职工负担的医药费、房租费等。

（4）存出保证金。例如：租入包装物支付的押金等。

三、其他应收款的账务处理

【做中学 3-18】 阳光公司以银行存款替职工王某垫付应由其个人负担的医疗费 5 000 元，拟从其工资中扣回。阳光公司应编制如下会计分录：

垫付时：

借：其他应收款——王某	5 000	
贷：银行存款		5 000

扣款时：

借：应付职工薪酬	5 000	
贷：其他应收款——王某		5 000

【做中学 3-19】 阳光公司向丁公司租入包装物一批，以银行存款向丁公司支付押金 10 000 元。阳光公司应编制如下会计分录：

借：其他应收款——丁公司	10 000	
贷：银行存款		10 000

阳光公司按期如数向丁公司退回所租包装物，并收到丁公司退还的押金 10 000 元，已存入银行。阳光公司应编制如下会计分录：

借：银行存款	10 000	
贷：其他应收款——丁公司		10 000

【知识点 6】 应收款项减值★★★

企业的各项应收款项，可能会因债务人拒付、破产、死亡等信用缺失原因而使部分或全部无法收回。这类无法收回的应收款项通常称为坏账。企业因坏账而遭受的损失称为坏账损失。

应收款项减值有两种核算方法，即直接转销法和备抵法。

我国《企业会计准则》规定，应收款项减值的核算应采用备抵法。《小企业会计准则》规定，应收款项减值采用直接转销法。

一、直接转销法

采用直接转销法时，日常核算中应收款项可能发生的坏账损失不进行会计处理，只有在实际发生坏账时，才作为坏账损失计入当期损益。

（一）坏账损失的确认

小企业应收及预付款项符合下列条件之一的，减除可收回的金额后确认的无法收回的应收及预付款项，作为坏账损失：

债务人依法宣告破产、关闭、解散、被撤销，或者被依法注销、吊销营业执照，其清算财产不足清偿的。债务人死亡，或者依法被宣告失踪、死亡，其财产或者遗产不足清偿的。债务人逾期 3 年以上未清偿，且有确凿证据证明已无力清偿债务的。与债务人达成债务重组协议或法院批准破产重整计划后，无法追偿的。因自然灾害、战争等不可抗力导致无法收回的。国务院财政、税务主管部门规定的其他条件。

（二）坏账损失的账务处理

借：银行存款（收回金额）

　　营业外支出（差额）

　贷：应收账款

（三）直接转销法的优缺点

优点	账务处理简单，将坏账损失在实际发生时确认为损失符合其偶发性特征和小企业经营管理的特点
缺点	不符合权责发生制会计基础
	与资产定义存在一定的冲突
	只有坏账实际发生时，才将其确认为当期损益，导致资产和各期损益不实
	在资产负债表上，应收账款是按账面余额而不是按账面价值反映，这在一定程度上高估了期末应收款项

二、备抵法

备抵法是采用一定的方法按期确定预期信用损失计入当期损益，作为坏账准备，待坏账损失实际发生时，冲销已计提的坏账准备和相应的应收款项。采用这种方法，需要对预期信用损失进行复杂的评估和判断，履行预期信用损失的确定程序。

（一）预期信用损失的概念

预期信用损失是指以发生违约的风险为权重的金融工具信用损失的加权平均值。

信用损失是指企业按照实际利率折现的、根据合同应收的所有合同现金流量与预期收取的所有现金流量之间的差额。

（二）预期信用损失的确定方法

企业对于《企业会计准则第 14 号——收入》规范的交易形成且不含重大融资成分

的应收款项，始终按照相当于整个存续期内预期信用损失的金额计量其损失准备。

考虑到应收款项的流动性特征，实务中通常按照应收款项的账面余额和预计可收回金额的差额确定预计信用减值损失。即按照在应收款项初始确认时所确定的预计存续期内的违约概率与该应收款项在资产负债表日所确定的预计存续期内的违约概率，来判定应收款项信用风险是否显著增加。应收款项坏账准备可以分项分类计算确定。

（三）坏账准备的账务处理

当期应计提的坏账准备＝当期按应收款项计算的坏账准备金额（期末余额）－“坏账准备”科目的余额（当期计提前已有余额）

1. 计提坏账准备时

借：信用减值损失

　贷：坏账准备

2. 冲减多计提的坏账准备时

借：坏账准备

　贷：信用减值损失

3. 转销坏账时

借：坏账准备

　贷：应收账款

4. 收回已确认坏账并转销应收款项时

借：应收账款

　贷：坏账准备

借：银行存款

　贷：应收账款

【做中学 3－20】 2024 年 12 月 31 日，阳光公司对应收丙公司的账款进行减值测试。应收账款余额合计为 1 000 000 元，阳光公司对该应收账款计算的坏账准备金额为 100 000 元，即 2024 年 12 月 31 日阳光公司“坏账准备”科目应保持的贷方余额为 100 000 元。阳光公司 2024 年坏账准备的期初余额为 30 000 元，故应编制如下会计分录：

2024 年 12 月 31 日计提坏账准备时：

借：信用减值损失——计提的坏账准备　　70 000

　贷：坏账准备　　70 000

【做中学 3－21】 承做中学 3－20，若阳光公司本年坏账准备的期初余额为 120 000 元，阳光公司应编制如下会计分录：

2024 年 12 月 31 日冲减多计提的坏账准备时：

借：坏账准备　　20 000

　贷：信用减值损失——计提的坏账准备　　20 000

【做中学 3－22】 2024 年 6 月，阳光公司应收丙公司的应收账款实际发生坏账损失 30 000 元。阳光公司应编制如下会计分录：

借：坏账准备　　30 000

　贷：应收账款　　30 000

【做中学 3－23】 假定阳光公司 2024 年 12 月 31 日应收丙公司的账款余额为 1 200 000 元，阳光公司对该应收账款计算的坏账准备金额为 120 000 元，即 2024 年 12 月 31 日阳光公司"坏账准备"科目应保持的贷方余额为 120 000 元。2024 年坏账准备的年初余额为 100 000 元，2024 年 6 月应收丙公司的应收账款实际发生坏账损失为 30 000 元。阳光公司应编制如下会计分录：

借：信用减值损失——计提的坏账准备　50 000

　贷：坏账准备　50 000

【做中学 3－24】 阳光公司 2025 年 1 月 20 日，收回 2024 年 6 月已作坏账转销的应收账款 30 000 元，已存入银行。阳光公司应编制如下会计分录：

借：银行存款　30 000

　贷：坏账准备　30 000

思考：这个分录可以拆成什么？

（四）备抵法的优缺点

优点	符合权责发生制和会计谨慎性要求
	资产负债表中列示应收款项的净额，使财务报表使用者能了解企业应收款项预期可收回的金额和谨慎的财务状况
	在利润表中作为营业利润项目列示，有利于落实企业管理者的经管责任，有利于企业外部利益相关者如实评价企业的经营业绩，作出谨慎的决策
缺点	对会计职业判断的要求较高
	客观存在企业管理者平滑利润进行盈余管理甚至利润操纵与舞弊的可能性

任务四　存货业务

【知识点 1】 存货★

一、存货的概念

存货是指企业在日常活动中持有以备出售的产品或商品、处在生产过程中的在产品、在生产过程或提供劳务过程中储备的材料或物料等。

企业持有存货的最终目的是销售，包括可供直接销售的商品和需要经过进一步加工后销售的原材料、在产品等，以及在生产经营管理过程中使用的包装物和低值易耗品等。

二、存货的核算内容

存货必须在符合定义的前提下，同时具备与该存货有关的经济利益很可能流入企业和该存货的成本能够可靠地计量两个条件，才能予以确认。企业的存货通常包括各类材料、在产品、半成品、产成品、商品以及周转材料、委托代销商品等。

【知识点 2】 存货的初始计量★★★

企业取得存货应当按照成本计量。存货成本包括采购成本、加工成本和其他成本，以及自制存货的成本等。

一、存货的采购成本

存货的采购成本，包括购买价款、相关税费、运输费、装卸费、保险费，以及其他可归属于存货采购成本的费用。

（1）存货的购买价款是指企业购入的材料或商品的发票账单上列明的价款，但不包括按照规定可以抵扣的增值税进项税额。

（2）存货的相关税费是指企业购买存货发生的进口关税、消费税、资源税、不能抵扣的增值税进项税额，以及相应的教育费附加等应计入存货采购成本的税费。

（3）其他可归属于存货采购成本的费用是指采购成本中除上述各项以外的可归属于存货采购的费用，如在存货采购过程中发生的仓储费、包装费、运输途中的合理损耗、入库前的挑选整理费用（包括挑选整理中发生的工、费支出和挑选整理过程中发生的数量损耗，并扣除回收的下脚废料价值）等。运输途中的合理损耗，是指商品在运输过程中，因商品性质、自然条件及技术设备等因素，所发生的自然的或不可避免的损耗。例如，汽车在运输煤炭、化肥等的过程中的自然散落以及易挥发产品在运输过程中的自然挥发等。

商品流通企业在采购商品过程中发生的运输费、装卸费、保险费以及其他可归属于存货采购成本的费用等进货费用，应当计入所购商品成本。企业也可以对这部分成本先进行归集，期末根据所购商品的存、销情况进行分摊。对于已售商品的进货费用，计入当期主营业务成本；对于未售商品的进货费用，计入期末存货成本。企业采购商品的进货费用金额较小的，可以在发生时直接计入当期销售费用。

按照《小企业会计准则》的规定，小企业（批发业、零售业）在购买商品过程中发生的费用（包括：运输费、装卸费、包装费、保险费、运输途中的合理损耗和入库前的挑选整理费等）也构成销售费用。

二、存货的加工成本

存货的加工成本是指在存货的加工过程中发生的追加费用，包括直接人工以及按照一定方法分配的制造费用。

三、存货的其他成本

为特定客户设计产品所发生的、可直接认定的产品设计费用应计入存货的成本，但是企业设计产品发生的设计费用通常应计入当期损益。

四、企业自制存货的成本

企业自制的存货，包括自制原材料、自制包装物、自制低值易耗品、自制半成品及库存商品等，其成本包括直接材料、直接人工和制造费用等各项实际支出。

五、下列费用不应计入存货成本，而应在其发生时计入当期损益

非正常消耗的直接材料、直接人工和制造费用，应在发生时计入当期损益，不应计入存货成本。例如，因自然灾害而发生的直接材料、直接人工和制造费用。由于这些费用的发生无助于使该存货达到目前场所和状态，因此不应计入存货成本，而应确认为当期损益。

仓储费用指企业在存货采购入库后发生的储存费用，应在发生时计入当期损益。但是，在生产过程中为达到下一个生产阶段所必需的仓储费用应计入存货成本。例如，某种酒类产品生产企业为使生产的酒达到规定的产品质量标准而必须发生的仓储费用，应计入酒的成本，而不应计入当期损益。

【知识点3】 发出存货的计价方法★★★

一、发出存货计价方法的管理

实务中，企业发出的存货可以按实际成本核算，也可以按计划成本核算。如采用计划成本核算，会计期末应调整为实际成本。在实际成本核算方式下，企业可以采用的发出存货成本的计价方法有个别计价法、先进先出法、月末一次加权平均法和移动加权平均法。按照小企业会计准则的规定，小企业应当采用先进先出法、加权平均法或者个别计价法确定发出存货的实际成本。计价方法一经选用，不得随意变更。

二、实际成本法下存货的发出计量

（一）个别计价法

实物流转与成本流转一致；成本计算准确，工作量大；适用于珠宝、名画等贵重物品。

（二）先进先出法

先购入的存货先发出；随时结转发出存货成本，但工作量较大。

物价持续上升，期末存货成本接近于市价，会高估企业当期利润和库存存货价值；反之，会低估企业存货价值和当期利润。

【做中学3－25】 阳光公司库存材料采用实际成本法核算，按先进先出法计算发出材料成本。2025年3月1日结存B材料3 000千克，每千克实际成本为10元；3月5日和3月20日分别购入该材料9 000千克和6 000千克，每千克实际成本为11元和12元；3月10日和3月25日分别发出B材料10 500千克和6 000千克，全部用于生产车间生产产品。采用先进先出法计算发出材料的成本。

阳光公司原材料明细账如表3－2所示。

表 3-2 原材料明细账（先进先出法）

数量单位：千克
金额单位：元

日期		摘要	收入			发出			结存		
月	日		数量	单价	金额	数量	单价	金额	数量	单价	金额
3	1	期初余额							3 000	10	30 000
	5	购入	9 000	11	99 000				3 000 9 000	10 11	30 000 99 000
	10	发出				3 000 7 500	10 11	30 000 82 500	1 500	11	16 500
	20	购入	6 000	12	72 000				1 500 6 000	11 12	16 500 72 000
	25	发出				1 500 4 500	11 12	16 500 54 000	1 500	12	18 000
	31	合计	15 000	—	171 000	16 500	—	183 000	1 500	12	18 000

3 月 10 日发出 B 材料成本＝3 000×10＋7 500×11＝112 500(元)

3 月 25 日发出 B 材料成本＝(9 000－7 500)×11＋4 500×12＝70 500(元)

3 月份发出 B 材料成本合计＝112 500＋70 500＝183 000(元)

3 月份结存 B 材料成本合计＝(6 000－4 500)×12＝18 000(元)

（三）月末一次加权平均法

月末计算加权平均单位成本；简化了成本计算工作；平时不能提供发出和结存存货成本。

【做中学 3-26】 承做中学 3-25，阳光公司库存 B 材料采用月末一次加权平均法计算发出材料成本，如表 3-3 所示。

表 3-3 原材料明细账（月末一次加权平均法）

数量单位：千克
金额单位：元

日期		摘要	收入			发出			结存		
月	日		数量	单价	金额	数量	单价	金额	数量	单价	金额
3	1	期初余额							3 000	10	30 000
	5	购入	9 000	11	99 000				12 000	—	129 000
	10	发出				10 500	—	—	1 500	—	—
	20	购入	6 000	12	72 000				7 500	—	201 000
	25	发出				6 000	—	—	1 500	—	—
	31	合计	15 000	—	171 000	16 500	11.17	184 305	1 500		16 695

B 材料平均单位成本＝(30 000＋171 000)÷(3 000＋15 000)＝11.17(元)

本月发出 B 材料的成本＝16 500×11.17＝184 305(元)

本月结存 B 材料的成本＝30 000＋171 000－184 305＝16 695(元)

（四）移动加权平均法

每次进货时计算平均单位成本；及时了解存货的发出和结存情况；计算工作量大。

【做中学 3－27】　承做中学 3－25，阳光公司库存 B 材料采用移动加权平均法计算发出材料成本，如表 3－4 所示。

表 3－4　原材料明细账（移动加权平均法）

数量单位：千克
金额单位：元

日期		摘要	收入			发出			结存		
月	日		数量	单价	金额	数量	单价	金额	数量	单价	金额
3	1	期初余额							3 000	10	30 000
	5	购入	9 000	11	99 000				12 000	10.75	129 000
	10	发出				10 500	10.75	112 875	1 500	10.75	16 125
	20	购入	6 000	12	72 000				7 500	11.75	88 125
	25	发出				6 000	11.75	70 500	1 500	11.75	17 625
	31	合计	15 000	—	171 000	16 500		183 375	1 500	11.75	17 625

3 月 5 日收货后材料平均单位成本＝(30 000＋99 000)÷(3 000＋9 000)
＝10.75(元)

3 月 10 日发出材料的成本＝10 500×10.75＝112 875(元)

3 月 20 日收货后材料平均单位成本＝(16 125＋72 000)÷(1 500＋6 000)
＝11.75(元)

3 月 25 日发出材料的成本＝6 000×11.75＝70 500(元)

【知识点 4】　原材料的核算★★★

一、采用实际成本核算

（一）购进材料

1. 材料已验收入库，货款已经支付或开出、承兑商业汇票

借：原材料
　　应交税费——应交增值税（进项税额）
　贷：银行存款/其他货币资金/应付票据等

【做中学 3－28】　阳光公司购入 C 材料一批，增值税专用发票上注明的价款为 500 000 元，增值税税额为 65 000 元，款项已用转账支票付讫，材料已验收入库。阳光公司为增值税一般纳税人，采用实际成本进行材料日常核算，应编制如下会计分录：

借：原材料——C 材料　　500 000
　　应交税费——应交增值税（进项税额）　　65 000
　贷：银行存款　　565 000

【做中学 3－29】　阳光公司持银行汇票 1 808 000 元购入 D 材料一批，增值税专用发票上注明的价款为 1 600 000 元，增值税额为 208 000 元，采用实际成本进行材料日常核算，应编制如下会计分录：

借：原材料——D 材料　　1 600 000
　　应交税费——应交增值税（进项税额）　　208 000
　贷：其他货币资金——银行汇票　　1 808 000

2. 货款已经支付或已开出、承兑商业汇票，材料尚未到达或尚未验收入库

材料入库前：

借：在途物资
　　应交税费——应交增值税（进项税额）
　贷：银行存款/其他货币资金/应付票据等

材料入库时：

借：原材料
　贷：在途物资

【做中学 3-30】 阳光公司采用汇兑结算方式购入 F 材料一批，发票及账单已收到，取得的增值税专用发票上注明的价款为 20 000 元，增值税税额为 2 600 元，材料尚未到达。阳光公司为增值税一般纳税人，采用实际成本进行材料日常核算，应编制如下会计分录：

借：在途物资　　20 000
　　应交税费——应交增值税（进项税额）　　2 600
　贷：银行存款　　22 600

上述购入的 F 材料已收到，并验收入库。阳光公司应编制如下会计分录：

借：原材料——F 材料　　20 000
　贷：在途物资　　20 000

3. 材料已经验收入库，货款尚未支付

（1）有专用发票和结算凭证，款项尚未支付：

借：原材料
　　应交税费——应交增值税（进项税额）
　贷：应付账款

【做中学 3-31】 阳光公司采用托收承付结算方式购入 G 材料一批，增值税专用发票上注明的价款为 50 000 元，增值税税额为 6 500 元。银行转来的结算凭证已到，款项尚未支付，材料已验收入库。阳光公司为增值税一般纳税人，采用实际成本进行材料日常核算。

借：原材料——G 材料　　50 000
　　应交税费——应交增值税（进项税额）　　6 500
　贷：应付账款　　56 500

（2）发票账单未到，需要暂估入账价值。月末暂估：

借：原材料
　贷：应付账款——暂估应付账款

下月初，用红字冲销原暂估入账金额：

借：原材料（红字）

　　贷：应付账款——暂估应付账款（红字）

【做中学 3-32】 阳光公司购入 H 材料一批，材料已验收入库，月末发票账单尚未收到也无法确定其实际成本，暂估价值为 30 000 元。阳光公司为增值税一般纳税人，采用实际成本进行材料日常核算，应编制如下会计分录：

借：原材料——H 材料　　30 000

　　贷：应付账款——暂估应付账款　　30 000

下月初，红字冲销原暂估入账的金额：

借：原材料——H 材料　　30 000（红字）

　　贷：应付账款——暂估应付账款　　30 000（红字）

上述购入的 H 材料于次月收到发票账单，增值税专用发票上注明的价款为 31 000 元，增值税税额为 4 030 元，已用银行存款付讫。阳光公司应编制如下会计分录：

借：原材料——H 材料　　31 000

　　应交税费——应交增值税（进项税额）　　4 030

　　贷：银行存款　　35 030

（二）发出材料

借：生产成本（生产产品领用）

　　制造费用（车间一般耗用）

　　研发支出（研究开发无形资产）

　　管理费用（管理部门一般耗用）

　　销售费用（销售部门一般耗用）

　　其他业务成本（出售原材料结转成本）

　　营业外支出（对外捐赠）

　　委托加工物资（委托外单位加工物资）

　　在建工程（建造固定资产耗用）

　　贷：原材料

【做中学 3-33】 阳光公司为增值税一般纳税人，根据“发料凭证汇总表”的记录，1 月份基本生产车间领用 K 材料 500 000 元，辅助生产车间领用 K 材料 40 000 元，车间管理部门领用 K 材料 5 000 元，销售机构领用 K 材料 1 000 元，企业行政管理部门领用 K 材料 4 000 元，总计 550 000 元。阳光公司采用实际成本进行材料日常核算，应编制如下会计分录：

借：生产成本——基本生产成本　　500 000

　　　　　　——辅助生产成本　　40 000

　　制造费用　　5 000

　　销售费用　　1 000

　　管理费用　　4 000

　　贷：原材料——K 材料　　550 000

二、采用计划成本核算

（一）设置的科目

“原材料”科目——核算原材料的计划成本。

“材料采购”科目——核算原材料的实际成本。

“材料成本差异”科目——核算实际成本与计划成本的差异。

提示： 小企业也可以在“原材料”“周转材料”等科目下设置“成本差异”明细科目进行材料成本差异的核算。

（二）账务处理

1. 购进原材料

借：材料采购（实际成本）
　　应交税费——应交增值税（进项税额）
　贷：银行存款/其他货币资金/应付票据/应付账款等

借：原材料（计划成本）
　　材料成本差异（超支差异）
　贷：材料采购（实际成本）
　　　材料成本差异（节约差异）

2. 发出原材料

借：生产成本/制造费用/管理费用等［实际成本＝计划成本×(1＋差异率)］
　　材料成本差异（节约差，倒挤出结果）
　贷：原材料（计划成本）
　　　材料成本差异（超支差，倒挤出结果）

$$\text{材料成本差异率}=\left(\text{期初结存材料成本差异}+\text{本期验收入库材料的成本差异}\right)\Big/\left(\text{期初结存材料的计划成本}+\text{本期验收入库材料的计划成本}\right)$$

提示：（1）“材料成本差异”是资产类科目（或成本调整科目），用于核算企业采用计划成本法核算存货时，实际成本与计划成本之间的差异。借方表示入库材料的超支差异（实际成本$>$计划成本），贷方表示入库材料的节约差异（实际成本$<$计划成本），期末余额可能在借方或贷方，表示期末原材料的材料成本差异。

（2）发出材料应负担的成本差异应当按期（月）分摊，不得在季末或年末一次计算。

（3）如果企业的材料成本差异率各期之间是比较均衡的，也可以采用期初材料成本差异率分摊本期的材料成本差异。年度终了，应对材料成本差异率进行核实调整。

【做中学 3－34】 某企业采用计划成本进行材料的日常核算。月初结存材料的计划成本为 80 万元，成本差异为超支 20 万元。当月购入材料一批，实际成本为 110 万元，计划成本为 120 万元。当月生产领用材料的计划成本为 100 万元，做相关分录（假设不考虑增值税的影响）。

（1）购进原材料时：

借：材料采购	1 100 000	
贷：银行存款		1 100 000
借：原材料	1 200 000	
贷：材料采购		1 100 000
材料成本差异		100 000

（2）计算材料成本差异率：

材料成本差异率＝(20－10)÷(80＋120)＝5%

（正数，代表超支差，实际成本＞计划成本）

（3）发出原材料时：

借：生产成本	1 050 000	
贷：原材料		1 000 000
材料成本差异		50 000

（4）期末原材料的实际成本：

期末原材料的计划成本＝80＋120－100＝100(万元)

期末原材料的实际成本＝100×(1＋5%)＝105(万元)

【知识点 5】 周转材料★★

一、包装物

（一）包装物的内容

包装物是指为了包装商品而储备的各种包装容器，如桶、箱、瓶、坛、袋等。具体包括：生产过程中用于包装产品作为产品组成部分的包装物；随同商品出售而不单独计价的包装物；随同商品出售单独计价的包装物；出租或出借给购买单位使用的包装物。

按照《小企业会计准则》的规定，小企业的各种包装材料，如纸、绳、铁丝、铁皮等，应在“原材料”科目内核算；用于储存和保管产品、材料而不对外出售的包装物，应按照价值大小和使用年限长短，分别在“固定资产”科目或“原材料”科目核算。

（二）包装物的账务处理

1. 生产领用的包装物

借：生产成本

　　材料成本差异（节约差）

　贷：周转材料——包装物

　　　材料成本差异（超支差）

2. 随同商品出售的包装物

（1）随同商品出售不单独计价的包装物。

借：销售费用

　　材料成本差异（节约差）

　贷：周转材料——包装物

　　　材料成本差异（超支差）

（2）随同商品出售而单独计价的包装物。

1）确认收入：

借：银行存款等

　贷：其他业务收入

　　　应交税费——应交增值税（销项税额）

2）结转包装物成本：

借：其他业务成本

　　材料成本差异（节约差）

　贷：周转材料——包装物

　　　材料成本差异（超支差）

3. 出租或出借包装物

（1）出租或出借包装物的押金和租金。

1）收取押金：

借：库存现金/银行存款等

　贷：其他应付款——存入保证金

2）退还押金：

借：其他应付款——存入保证金

　贷：库存现金/银行存款等

3）确认租金收入：

借：库存现金/银行存款/其他应收款

　贷：其他业务收入

（2）出租或出借包装物发生的相关费用。

1）包装物的摊销费用：

借：其他业务成本（出租）

　　销售费用（出借）

　贷：周转材料——包装物——包装物摊销

2）包装物的维修费用：

借：其他业务成本（出租）

　　销售费用（出借）

　贷：库存现金/银行存款/原材料/应付职工薪酬

【做中学 3-35】 阳光公司为增值税一般纳税人，对包装物采用计划成本核算。某月生产产品领用包装物的计划成本为100 000元，材料成本差异率为－2%。阳光公司应编制如下会计分录：

借：生产成本　98 000
　　材料成本差异　2 000
　贷：周转材料——包装物　100 000

【做中学 3-36】 阳光公司为增值税一般纳税人，对包装物采用计划成本核算。某月销售商品领用不单独计价包装物的计划成本为 50 000 元，材料成本差异率为 2%。阳光公司应编制如下会计分录：

借：销售费用　51 000
　贷：周转材料——包装物　50 000
　　　材料成本差异　1 000

【做中学 3-37】 阳光公司为增值税一般纳税人，对包装物采用计划成本核算。某月销售商品领用单独计价包装物的计划成本为 80 000 元。销售收入为 100 000 元，增值税税额为 13 000 元，款项已存入银行。包装物的材料成本差异率为－2%。阳光公司应编制如下会计分录：

出售单独计价包装物：

借：银行存款　113 000
　贷：其他业务收入　100 000
　　　应交税费——应交增值税（销项税额）　13 000

结转所售单独计价包装物的成本：

借：其他业务成本　78 400
　　材料成本差异　1 600
　贷：周转材料——包装物　80 000

二、低值易耗品

（一）低值易耗品的内容

低值易耗品通常被视同存货，作为流动资产进行核算和管理，一般划分为一般工具、专用工具、替换设备、管理用具、劳动保护用品、其他用具等，设置“周转材料——低值易耗品”科目。

（二）低值易耗品的账务处理

1. 分次摊销

低值易耗品等企业的周转材料符合存货定义和条件的，按照使用次数分次计入成本费用。采用分次摊销法摊销低值易耗品，低值易耗品在领用时摊销其账面价值的单次平均摊销额。设置“在库”“在用”“摊销”三级明细科目核算。

【做中学 3-38】 阳光公司为增值税一般纳税人，对低值易耗品采用实际成本核算，某月基本生产车间领用专用工具一批，实际成本为 100 000 元，不符合固定资产定义，采用分次摊销法进行摊销。该专用工具的估计使用次数为 2 次。

领用专用工具时：

借：周转材料——低值易耗品——在用 100 000

　贷：周转材料——低值易耗品——在库 100 000

第一次领用时摊销其价值的一半：

借：制造费用 50 000

　贷：周转材料——低值易耗品——摊销 50 000

第二次领用时摊销其价值的一半：

借：制造费用 50 000

　贷：周转材料——低值易耗品——摊销 50 000

同时：

借：周转材料——低值易耗品——摊销 100 000

　贷：周转材料——低值易耗品——在用 100 000

2. 一次摊销

金额较小的，可在领用时一次计入成本费用，以简化核算。为加强实物管理，应当在备查簿上进行登记。

【知识点6】 委托加工物资★★★

一、委托加工物资的概念

委托加工物资是指企业委托外单位加工的各种材料、商品等物资。

二、委托加工物资入账成本

<table>
<tr><td rowspan="6">委托加工物资入账成本</td><td colspan="3">加工中实际耗用物资的成本（计划成本＋材料成本差异）</td></tr>
<tr><td colspan="3">加工费用、运杂费</td></tr>
<tr><td rowspan="4">税费</td><td rowspan="2">增值税</td><td>一般纳税人：计入应交增值税（进项税额），不计入物资成本</td></tr>
<tr><td>小规模纳税人：计入物资成本</td></tr>
<tr><td rowspan="2">消费税</td><td>收回后用于直接销售：记入“委托加工物资”的借方</td></tr>
<tr><td>收回后用于继续加工：记入“应交税费——应交消费税”的借方</td></tr>
</table>

三、委托加工物资账务处理

（一）发出物资

借：委托加工物资

　贷：原材料

提示： 如果采用计划成本核算，需要结转材料成本差异。

（二）支付加工费、运费

借：委托加工物资
　　应交税费——应交增值税（进项税额）
　贷：银行存款等

（三）委托加工应税消费品

借：委托加工物资（收回后直接出售）
　　应交税费——应交消费税（收回后连续生产应税消费品）
　贷：银行存款等

（四）加工完成验收入库

借：原材料/周转材料/库存商品等
　贷：委托加工物资

提示： 如果采用计划成本核算，需要结转材料成本差异。

【做中学 3－39】 阳光公司对材料和委托加工物资采用计划成本核算，5 月委托某量具厂加工一批量具，发出材料的计划成本为 70 000 元，材料成本差异率为 4%。阳光公司应编制如下会计分录：

借：委托加工物资	72 800	
贷：原材料		70 000
材料成本差异		2 800

阳光公司以银行存款支付相关运费 1 000 元，增值税专用发票注明的增值税税额为 90 元。阳光公司应编制如下会计分录：

借：委托加工物资	1 000	
应交税费——应交增值税（进项税额）	90	
贷：银行存款		1 090

阳光公司以银行存款支付上述量具的加工费用 20 000 元，增值税专用发票上注明的增值税税额为 2 600 元。阳光公司应编制如下会计分录：

借：委托加工物资	20 000	
应交税费——应交增值税（进项税额）	2 600	
贷：银行存款		22 600

阳光公司收回由某量具厂（为增值税一般纳税人）代加工的量具，以银行存款支付运费 3 000 元，增值税专用发票上注明的增值税税额为 270 元。该量具已验收入库，其计划成本为 98 000 元。阳光公司应编制如下会计分录：

支付运费时：

借：委托加工物资	3 000	
应交税费——应交增值税（进项税额）	270	
贷：银行存款		3 270

量具入库时：

借：周转材料——低值易耗品　98 000

　贷：委托加工物资　96 800

　　材料成本差异　1 200

【做中学 3－40】 阳光公司委托光明公司代为加工一批应交消费税的材料（非金银首饰）。阳光公司的材料成本为 200 万元，加工费为 40 万元，增值税税率为 13%，由光明公司代收代缴的消费税为 16 万元。材料已经加工完成，并由阳光公司收回验收入库，加工费尚未支付。阳光公司采用实际成本法进行原材料的核算。阳光公司应编制如下会计分录：

如果委托加工物资收回继续用于生产应税消费品：

借：委托加工物资　2 000 000

　贷：原材料　2 000 000

借：委托加工物资　400 000

　　应交税费——应交增值税（进项税额）　52 000

　　　　　　——应交消费税　160 000

　贷：应付账款　612 000

借：原材料　2 400 000

　贷：委托加工物资　2 400 000

（2）如果委托加工物资收回直接对外销售：

借：委托加工物资　2 000 000

　贷：原材料　2 000 000

借：委托加工物资　560 000

　　应交税费——应交增值税（进项税额）　52 000

　贷：应付账款　612 000

借：原材料　2 560 000

　贷：委托加工物资　2 560 000

【知识点 7】 库存商品★★

一、库存商品的内容

库存商品包括：库存产成品、外购商品、存放在门市部准备出售的商品、发出展览的商品、寄存在外的商品、接受来料加工制造的代制品和为外单位加工修理的代修品等。

不属于库存商品的内容：已完成销售手续但购买单位在月末未提取的产品，不应作为企业的库存商品，而应作为代管商品处理，单独设置“代管商品”备查簿进行登记。

二、库存商品的账务处理

（一）验收入库

借：库存商品

　贷：生产成本

（二）发出商品

借：主营业务成本
　贷：库存商品

三、商品流通企业核算

（一）毛利率法

毛利率法是指根据本期销售净额乘以上期实际（或本期计划）毛利率匡算本期销售毛利，并据以计算发出存货和期末存货成本的一种方法。

本期销售成本＝本期销售净额－本期销售毛利
本期销售净额＝商品销售收入－销售退回和折让
本期销售毛利＝本期销售净额×上期毛利率
上期毛利率＝上期销售毛利÷上期销售额×100％
期末存货成本＝期初存货成本＋本期购货成本－本期销售成本

【做中学3-41】 某商场采用毛利率法进行核算，2025年4月1日针织品存货1 800万元，本月购进3 000万元。本月销售收入3 400万元，上季度该类商品毛利率为25％。本月已销商品和月末库存商品的成本计算如下：

本月销售成本＝3 400×(1－25％)＝2 550(万元)
月末存货成本＝1 800＋3 000－2 550＝2 250(万元)

（二）售价金额核算法

售价金额核算法是指平时商品的购入、加工收回、销售均按售价记账，售价与进价的差额通过“商品进销差价”科目核算，期末计算进销差价率和本期已销售商品应分摊的进销差价，并据以调整本期销售成本的一种方法。

1. 计算公式

$$\text{商品进销差价率}=\left(\text{期初库存商品进销差价}+\text{本期购入商品进销差价}\right)\div\left(\text{期初库存商品售价}+\text{本期购入商品售价}\right)\times 100\%$$

本期销售商品应分摊的商品进销差价＝本期商品销售收入×商品进销差价率
本期销售商品的成本＝本期商品销售收入－本期销售商品应分摊的商品进销差价
＝本期商品销售收入×(1－商品进销差价率)

$$\text{期末结存商品的成本}=\text{期初库存商品的进价成本}+\text{本期购进商品的进价成本}-\text{本期销售商品的成本}$$

2. 账务处理

（1）购入商品。

借：库存商品（售价）
　　应交税费——应交增值税（进项税额）
　贷：银行存款/在途物资/委托加工物资等
　　　商品进销差价

（2）结转销售成本。

借：主营业务成本

　贷：库存商品（售价）

借：商品进销差价

　贷：主营业务成本

【做中学 3-42】 某商场采用售价金额核算法进行核算，2025 年 7 月初库存商品的进价成本为 100 万元，售价总额为 110 万元，本月购进该商品的进价成本为 75 万元，售价总额为 90 万元，本月销售收入为 120 万元。假设不考虑增值税的因素。有关计算如下：

商品进销差价率＝(10＋15)÷(110＋90)×100%＝12.5%

已销商品应分摊的商品进销差价＝120×12.5%＝15(万元)

本期销售商品的实际成本＝120－15＝120×(1－12.5%)＝105(万元)

期末结存商品的实际成本＝100＋75－105＝70(万元)

本月购进商品验收入库，按售价金额入账，编制如下会计分录：

借：库存商品	900 000	
贷：银行存款		750 000
商品进销差价		150 000

确认本月商品销售收入，编制如下会计分录：

借：银行存款	1 200 000	
贷：主营业务收入		1 200 000

同时，按售价结转销售成本，编制如下会计分录：

借：主营业务成本	1 200 000	
贷：库存商品		1 200 000

月末，将平时按售价结转的销售成本调整为实际成本，编制如下会计分录：

借：商品进销差价	150 000	
贷：主营业务成本		150 000

调整后本月实际的商品销售成本为 105 万元。

【知识点 8】 存货清查★★

一、存货盘盈的账务处理

（一）批准处理前

借：原材料等

　贷：待处理财产损溢

（二）批准处理后

借：待处理财产损溢

　贷：管理费用

二、存货盘亏及毁损的账务处理

（一）批准处理前

借：待处理财产损溢

　贷：原材料等

　　应交税费——应交增值税（进项税额转出）

（二）批准处理后

借：原材料（收回残料价值）

　其他应收款（保险公司和过失人赔偿）

　管理费用（一般经营损失）

　营业外支出（非常损失）

　贷：待处理财产损溢

【做中学3-43】阳光公司在财产清查中发现毁损L材料300千克，实际成本为30 000元，相关增值税专用发票注明的增值税税额为3 900元。经查属于材料保管员的过失造成的，按规定由其个人赔偿20 000元。

批准处理前：

借：待处理财产损溢　　33 900

　贷：原材料　　30 000

　　应交税费——应交增值税（进项税额转出）　　3 900

批准处理后：

借：其他应收款　　20 000

　管理费用　　13 900

　贷：待处理财产损溢　　33 900

【做中学3-44】 阳光公司为增值税一般纳税人，因台风造成一批库存材料毁损，实际成本70 000元，相关增值税专用发票上注明的增值税税额为9 100元。根据保险合同规定，应由保险公司赔偿50 000元。

（1）批准处理前：

借：待处理财产损溢　　70 000

　贷：原材料　　70 000

（2）批准处理后：

借：其他应收款　　50 000

　营业外支出——非常损失　　20 000

　贷：待处理财产损溢　　70 000

提示：根据现行增值税政策，因自然灾害（如台风、洪水等不可抗力）属于不可抗力造成的存货毁损，不需要做进项税额转出处理。

三、小企业存货清查处理

小企业存货发生毁损，按取得的处置收入、可收回的责任人赔偿和保险赔款，扣除其成本、相关税费后的净额，应当计入营业外支出或营业外收入。发生的存货盘盈，按实现的收益计入营业外收入；发生的存货盘亏损失应当计入营业外支出。

【知识点9】 存货减值★★

一、处理原则

资产负债表日，存货应当按照成本与可变现净值孰低计量。当存货成本＜可变现净值时，存货按成本计价；当存货成本＞可变现净值时，存货按可变现净值入账。

提示：成本是指期末存货的实际成本。

可变现净值＝估计的售价－至完工时估计将要发生的成本－估计的销售费用－相关税费

存货账面价值＝存货账面余额－存货跌价准备

二、账务处理

（一）计提

借：资产减值损失

　贷：存货跌价准备

（二）转回

借：存货跌价准备

　贷：资产减值损失

（三）成本结转

借：主营业务成本

　　存货跌价准备

　贷：库存商品

或者：

借：主营业务成本

　贷：库存商品

借：存货跌价准备

　贷：主营业务成本

【做中学3-45】 2024年12月31日，阳光公司A商品的账面余额（成本）为100 000元。由于市场价格下跌，预计可变现净值为80 000元。A商品以前未计提减值准备。2025年6月30日，A商品的账面余额（成本）为100 000元，已计提存货跌价准备20 000元。由于市场价格有所上升，A商品的预计可变现净值为95 000元。2025

年 12 月 31 日，A 商品的账面余额（成本）为 100 000 元，已计提存货跌价准备 5 000 元。由于市场价格有所上升，A 商品的预计可变现净值为 120 000 元。相关分录如下：

2024 年 12 月 31 日：

借：资产减值损失——计提的存货跌价准备 20 000

贷：存货跌价准备 20 000

2025 年 6 月 30 日：

借：存货跌价准备 15 000

贷：资产减值损失——计提的存货跌价准备 15 000

2025 年 12 月 31 日：

借：存货跌价准备 5 000

贷：资产减值损失——计提的存货跌价准备 5 000

项目练习

模拟实训

实训任务一　货币资金业务

请根据阳光公司 2024 年 1 月的业务单据进行账务处理，补充原始凭证信息并填写记账凭证。

1. 2024 年 1 月 9 日销售部员工陆明玉参加展会预借差旅费，借款方式为现金。

借款单

年　月　日

借款人	陆明玉	部门		职务	销售人员
借款事由	参加展会　现金付讫			支付方式	
借款金额	人民币（大写）　贰仟捌佰元整				
财务主管：程誉	出纳：孟妤	部门审批：关强		借款人：陆明玉	

白联财务联　红联借款人联

2. 2024 年 1 月 12 日，陆明玉报销差旅费。

航空运输电子客票行程单
ITINERARY/RECEIPT OF E-TICKET FOR AIR TRANSPORT

印刷序号：90196436932
SERIAL NUMBER:

姓名 NAME OF PASSENGER	有效身份证件号码ID.NO.					签注 ENDORSEMENTS/RESTRICTIONS(CARBON)			
陆明玉	[illegible]					不得签转			
机票记录编号	承运人 CARRIER	航班号 FLIGHT	座位等级 CLASS	日期 DATE	时间 TIME	客票级别/客票类别 FARE BASIS	客票生效日期 NOTVAID BEFORE	有效截止日期 NOTVAID AFTER	免费行李 ALLOW
自 FROM 北京BEIJING		HU7815	P	2024-01-10	08:20	YAB003L2		10Jan	20KG
至 TO 广州GUANGZHOU		VOID							
至 TO VOID									
至 TO VOID									
至 TO VOID	票价 FARE CNY 950.00		机场建设费 AIRPORT TAX CNY CN 0.00		燃油附加费FUEL SURCHARGE EXEMPT YQ 50.00	其他税费 OTHER tAXES 0.00	合计TOTAL CNY 1000.00		
电子客票号码 E-TICKET NO. 8802184840191	验证码 CK. 1130			提示信息 INFORMATION				保险费 INSURANCE	
销售单位代号 AGENT CODE 00001812	填开单位 ISSUED BY 首都国际机场						填开日期 DATE OF ISSUE	2024-01-10	

付款凭证 RECEIPT　手写无效 INVALID IN HANDWRITING

安全印务公司 电话：010-63543596

（印章：中国民航电子客票行程单 发票专用章）

验真网址：WWW.TRAVELSKY.COM　服务热线：400-815-8888　短信验真：发送JP至10669018　请旅客乘机前认真阅读《旅客须知》及承运人的运输总条件内容

4400363130　**广东增值税专用发票**　№09611076　4400363130

发票联　　09611076

开票日期：2024年01月12日

购买方	名　　称：阳光公司 纳税人识别号：91110000562624588M 地址、电话：北京市海淀区西环南路18号 010-51572552 开户行及账号：中国工商银行北京分行 1100006513145662686	密码区	4</73**8-/+7+358/3*1761*6448 241<38*91<457<66812003+0/651 8/863<*55>*+4752+32/48<11*4/ 9++4/<*311<+*227-1398689495-

货物或应税劳务、服务名称	规格型号	单位	数量	单价	金额	税率	税额
*住宿服务*住宿费		天	2	350.00	700.00	6%	42.00
合　计					¥700.00		¥42.00
价税合计（大写）	⊗ 柒佰肆拾贰圆整				（小写）¥742.00		

销售方	名　　称：七天连锁商务酒店有限公司广州分公司 纳税人识别号：914406005846902353 地址、电话：广州市南山路878号 020-85174214 开户行及账号：中国工商银行广州天河支行 4406006904870892576	备注	

收款人：付亚娟　　复核：李冰冰　　开票人：石远望　　销售方：（章）

税总函[2019]117号北京印钞有限公司

第三联：发票联　购买方记账凭证

七天连锁商务酒店有限公司广州分公司 914406005846902353 发票专用章

航空运输电子客票行程单

ITINERARY/RECEIPT OF E-TICKET FOR AIR TRANSPORT

印刷序号：10194436435 SERIAL NUMBER:

姓名 NAME OF PASSENGER	有效身份证件号码ID.NO.	签注 ENDORSEMENTS/RESTRICTIONS(CARBON)
陆明玉	350101198512015542	不得签转

机票记录编号	承运人 CARRIER	航班号 FLIGHT	座位等级 CLASS	日期 DATE	时间 TIME	客票级别/客票类别 FARE BASIS	客票生效日期 NOTVAID BEFORE	有效截止日期 NOTVAID AFTER	免费行李 ALLOW
自 FROM 广州GUANGZHOU	CZ	东航MU401	R	2024-01-12	10:00	YAB003L1		12Jan	20KG
至 TO 北京BEIJING		VOID							
至 TO VOID									
至 TO VOID									
至 TO VOID	票价 FARE CNY 950.00		机场建设费 AIRPORT TAX CNY CN 0.00		燃油附加费 FUEL SURCHARGE EXEMPT YQ 50.00	其他税费 OTHER tAXES 0.00	合计 TOTAL CNY 1000.00		
电子客票号码 E-TICKET NO. 8802184442196	验证码 CK. 1035				提示信息 INFORMATION			保险费 INSURANCE	
销售单位代号 AGENT CODE 00001704	填开单位 ISSUED BY 新白云国际机场						填开日期 DATE OF ISSUE 2024-01-12		

验真网址：WWW.TRAVELSKY.COM　服务热线：400-815-8888　短信验真：发送JP至10669018　请旅客乘机前认真阅读《旅客须知》及承运人的运输总条件内容

安全印务公司 电话：010-63543596

付款凭证 RECEIPT　手写无效 INVALID IN HANDWRITING

中国民航电子客票行程单 发票专用章

差旅费报销单

部门：销售部　　日期：2024年01月12日

出差人	陆明玉						出差事由		业务拓展				
出发			到达				交通		出差补助			其他费用	
月	日	地点	月	日	地点	人数	工具	金额	天数	补助标准	金额	项目	金额
01	10	北京	01	10	广州	1	飞机	1000.00	3	50.00	150.00	住宿费用	742.00
01	12	广州	01	12	北京	1	飞机	1000.00				市区交通	
合计								2000.00			150.00		742.00
报销总额	人民币（大写）	贰仟捌佰玖拾贰元整					¥2892.00		预借金额	¥2800.00			
									退/补金额	¥92.00	支付方式	现金	

现金付讫

财务主管 程誉　　部门主管 关强　　会计 苏玫　　出纳 孟妤　　领款人 陆明玉

3. 2024 年 1 月 31 日盘查现金，库存现金盘点表如下所示。

库存现金盘点表

单位名称： 清查基准日 币种：人民币

清查日清点现金（清查日：			核对账目	
货币面额	张数	金额	项目	金额
100元	176	17600.00	基准日现金账面余额：	17590.00
50元	2	100.00	加：清查基准日至清查日的现金收入	0.00
20元	3	60.00	减：清查基准日至清查日的现金支出	0.00
10元			调整后现金余额：	17590.00
5元	1	5.00	实点现金：	17770.00
2元			长款金额：	180.00
1元	5	5.00	短款金额：	
5角			清查结果盘盈，先做账务调整，待查明原因再做处理。	
2角				
1角				
5分				
2分				
1分				
实点合计：	17770.00			

会计主管：程誉 监盘人：苏玫 出纳员：孟妤

4. 2024 年 1 月 31 日处理现金盘点，总经理签字后的盘点结果处理说明如下。

盘点结果处理说明

我公司于 2024 年01月31日盘点库存现金，经盘查实存金额与账面金额不符（盘盈180元），经核查后，120元应支付给员工郑鸣，60元仍无法查明长款原因，经领导批准，将其转为企业的营业外收入。

实训任务二 采购与存货业务

1. 2024 年 1 月 2 日，阳光公司采购材料，请根据相关单据进行账务处理。

1101203130 北京增值税专用发票 №09612217 1101203130

发 票 联 09612217

开票日期：2024年01月02日

购买方	名称：阳光公司 纳税人识别号：91110000562624588M 地址、电话：北京市海淀区西环南路18号 010-51572552 开户行及账号：中国工商银行北京分行 110000651314566268 6			密码区	4</73**8-/+7+358/3*1761*6448 241<38*91<457<66812003+0/651 8/863<*55>*+4752+32/48<11*4/ 9++4/<*311<+*227-1398689495-		
货物或应税劳务、服务名称	规格型号	单位	数量	单价	金额	税率	税额
*运输服务*运输费		次	1	1800.00	1800.00	9%	162.00
合计					¥1800.00		¥162.00
价税合计（大写）	⊗ 壹仟玖佰陆拾贰圆整				（小写）¥1962.00		
销售方	名称：北京宏顺物流有限公司 纳税人识别号：9111000048803356 5X 地址、电话：北京市通州区张采路53号 010-87234674 开户行及账号：中国工商银行北京分行 '110000609043325897 9			备注	运输起讫点：石家庄-北京		

收款人：宋文明 复核：蒋子文 开票人：胡文文 销售方：（章）

税总函[2019]117号北京印钞有限公司

第三联：发票联 购买方记账凭证

销售单

客户名称：阳光公司　　2024 年 01 月02 日　　№: 63012987

品名	规格	单位	单价	数量	金额
照明灯		个	35.03	2000	70060.00
总计金额（大写）：	柒万零陆拾元整				¥70060.00

第一联：存根(白)　第二联：客户(红)

信用审批：王海军　　业务主管：张富贵　　经办人：张森

1300173130　　河北增值税专用发票　　№09618392　1300173130

发票联　　09618392

开票日期：2024年01月02日

购买方	
名　　称：	阳光公司
纳税人识别号：	91110000562624588M
地址、电话：	北京市海淀区西环南路18号 010-51572552
开户行及账号：	中国工商银行北京分行 1100006513145662686

密码区：
4</73**8-/+7+358/3*1761*6448
241<38*91<457<66812003+0/651
8/863<*55>*+4752+32/48<11*4/
9++4/<*311<+*227-1398689495-

货物或应税劳务、服务名称	规格型号	单位	数量	单价	金额	税率	税额
*照明装置*照明灯		个	2000	31.00	62000.00	13%	8060.00
合　计					¥62000.00		¥8060.00
价税合计（大写）	⊗ 柒万零陆拾圆整				（小写）¥70060.00		

销售方	
名　　称：	石家庄腾兴商贸有限公司
纳税人识别号：	91130103250783765X
地址、电话：	石家庄市裕华区槐安路56号宝翠商务A座1001室 0311-
开户行及账号：	中国农业银行石家庄西城支行 '50356001040035188

备注：

收款人：刘磊　　复核：李松　　开票人：方鉴栋　　销售方：（章）

税总函[2019]117号北京印钞有限公司

第三联：发票联　购买方记账凭证

（印章：石家庄腾兴商贸集团有限公司 91130103250783765X 发票专用章）

入库单

№ 7031177

交货单位：石家庄腾兴商贸有限公司　　2024 年 1 月 2 日

品名	单位	数量	单价	千	百	十	万	千	百	十	元	角	分
照明灯	个	2000											
合计大写	仟 佰 拾 万 仟 佰 拾 元 角 分 ¥												

第二联　会计联

记账：　　保管：　　制票：

2. 2024 年 1 月 15 日，材料验收入库，存货按计划成本法核算，实际成本单价 15 元，计划成本单价 15.5 元，请根据相关单据进行账务处理。

材料计划单价表

单位：元

材料编号	分类	材料名称	单位	计划单价	备注
1001	主要材料	温控器	个	22.50	
1002	主要材料	干燥过滤器	个	15.50	
1003	主要材料	制冷剂	KG	138.00	
1004	主要材料	蒸发器	个	78.00	
1005	主要材料	照明灯	个	32.00	

审核：程誉　　　　制表：林珑

材料成本计算表

材料类别：主要材料　　　　日期：2024年01月15日

材料名称	计量单位	数量		实际进价		计划价格		材料成本差异
		应收	实收	单价	金额	单价	金额	
干燥过滤器	个	1000	1000	15.00	15000.00	15.50	15500.00	-500.00
合计								

审核：程誉　　　　制表：林珑

入 库 单　　№ 7031178

交货单位：石家庄腾兴商贸有限公司　　　　2024 年 1 月 15 日

品名	单位	数量	单价	金额									
				千	百	十	万	千	百	十	元	角	分
干燥过滤器	个	1000											
合计大写	仟 佰 拾 万 仟 佰 拾 元 角 分 ¥												

第二联 会计联

记账：　　　　保管：　　　　制票：

3. 2024年1月，阳光公司根据照明灯的购进、发出和结存资料，采用先进先出法计算发出成本和月末结存成本。

存货明细表

品名：原材料—照明灯　　　　计价方法：先进先出法

项目		收入			发出			结存		
日期	摘要	数量（个）	单价（元）	金额（元）	数量（个）	单价（元）	金额（元）	数量（个）	单价（元）	金额（元）
2024年01月01日	期初结存							500.00	30.00	15000.00
2024年01月04日	购入	1000.00	31.00	31000.00				1500.00		
2024年01月10日	领用				1100.00	—		400.00		
2024年01月15日	购入	1500.00	30.50	45750.00				1900.00		
2024年01月26日	领用				1500.00	—		400.00		
2024年01月31日	期末结存		—			—				

4. 2024年1月，阳光公司根据温控器的购进、发出和结存资料，采用月末一次加

权平均法计算本月加权平均单位成本，以及本月发出和月末结存成本。

存货明细表

品名：原材料—温控器　　　　计价方法：月末一次加权平均法

项目		收入			发出			结存		
日期	摘要	数量（个）	单价（元）	金额（元）	数量（个）	单价（元）	金额（元）	数量（个）	单价（元）	金额（元）
2024年01月01日	期初结存							300.00	20.00	6000.00
2024年01月04日	购入	1200.00	20.10					1500.00		
2024年01月10日	领用				1000.00			500.00		
2024年01月13日	购入	2500.00	19.60					3000.00		
2024年01月15日	领用				1200.00			1800.00		
2024年01月26日	领用				1600.00			200.00		
2024年01月31日	本月合计		—			—		200.00		

5. 2024 年 1 月，阳光公司根据排水管的购进、发出和结存资料，采用移动加权平均法计算本月移动加权平均单位成本及本月发出和月末结存成本。

存货明细表

品名：原材料—排水管　　　　计价方法：移动加权平均法

项目		收入			发出			结存		
日期	摘要	数量（根）	单价（元）	金额（元）	数量（根）	单价（元）	金额（元）	数量（根）	单价（元）	金额（元）
2024年01月01日	期初结存							500.00	17.00	8500.00
2024年01月03日	购入	1100.00	16.20	17820.00				1600.00		
2024年01月10日	领用				1200.00			400.00		
2024年01月12日	购入	2100.00	16.70	35070.00				2500.00		
2024年01月15日	领用				1000.00			1500.00		
2024年01月25日	领用				1200.00			300.00		
2024年01月31日	期末结存	3200.00	—	52890.00	3400.00	—		300.00		

6. 2024 年 1 月 15 日，阳光公司采购材料，存货按计划成本法核算，照明灯的计划单价为 32 元，请根据相关单据进行账务处理。

ICBC 中国工商银行　　业务回单（付款）

日期：2024年01月15日
回单编号：20010048769
付款人户名：阳光公司　　付款人开户行：中国工商银行北京分行
付款人账号（卡号）：1100006513145662686
收款人户名：石家庄腾兴商贸有限公司　　收款人开户行：中国农业银行石家庄西城支行
收款人账号（卡号）：50356001040035188
金额：柒万零陆拾元整　　小写：70,060.00元
业务（产品）种类：跨行发报 凭证种类：000000000　　凭证号码：00000000000000000
摘要：采购款　用途：采购款　　币种：人民币
交易机构：0410000298 记账柜员：00023 交易代码：52062　　渠道：网上银行

附言：
支付交易序号：23076094 报文种类：普通贷记业务 委托日期：2024年01月15日
业务类型（种类）：普通汇兑 指令编号：HQP1122126134 提交人：13775551526.c.4100
最终授权人：0920007080300001.c.4100

中国工商银行北京分行 自助回单机专用章 (003)

本回单为第1次打印，注意重复　打印日期：2024年01月15日　打印柜员：9　验证码：1B5FB9A63002

1300173130 河北增值税专用发票 №09619530 1300173130

发票联 09619530

开票日期：2024年01月15日

购买方	名称：阳光公司 纳税人识别号：91110000562624588M 地址、电话：北京市海淀区西环南路18号 010-51572552 开户行及账号：中国工商银行北京分行 1100006513145662686	密码区	4</73**8-/+7+358/3*1761*6448 241<38*91<457<66812003+0/651 8/863<*55>*+4752+32/48<11*4/ 9++4/<*311<+*227-1398689495-

货物或应税劳务、服务名称	规格型号	单位	数量	单价	金额	税率	税额
*通用设备*照明灯		个	2000	31.00	62000.00	13%	8060.00
合计					¥62000.00		¥8060.00
价税合计（大写）	⊗柒万零陆拾圆整				（小写）¥70060.00		

销售方	名称：石家庄腾兴商贸有限公司 纳税人识别号：91130103250783765X 地址、电话：石家庄市裕华区槐安路56号宝翠商务A座1001室 0311- 开户行及账号：中国农业银行石家庄西城支行 50356001040035188	备注	

收款人：刘磊　复核：李松　开票人：方鉴栋　销售方：（章）

税总函[2019]117号北京印钞有限公司

第三联：发票联　购买方记账凭证

（印章：石家庄腾兴商贸集团有限公司 91130103250783765X 发票专用章）

付款申请单									
申请部门	采购部			2024	年	1	月	15	日
收款单位名称（全称）		付款事由（用途）		金额		付款方式			
石家庄腾兴商贸有限公司		采购材料		70060		网银转账			
备注	采购材料								
合计金额（大写）	柒万零陆拾圆整			合计金额（小写）	¥：	70060			
发票种类	增值税专用发票			2024	年	1	月		
总经理：吴磊	审批：程誉	财务：林珑	出纳：孟妤	主管：华逸		经办：余小悦			

7. 阳光公司根据相关资料，计算材料成本差异率。

材料成本差异率计算表							
单位：	阳光公司					日期：	2024年1月31日
材料类别	期初差异	本月入库差异	差异合计	期初材料计划成本	本月入库材料计划成本	计划成本合计	材料成本差异率（保留4位小数）
原材料	23800	3265	27065	642630	991500	1634130	0.0166
周转材料	-1580	400	-1180	127661	40700	168361	-0.007

8. 2024年1月31日，阳光公司月末计提存货跌价准备，请根据相关单据进行账务处理。

材料减值准备计算表				
单位：	阳光公司		日期：	2024年1月31日
材料名称	账面价值	可变现净值	存货跌价准备科目余额	本次计提金额
原材料-温控器	105,000.00	102,500.00	0.00	2,500.00
周转材料-小号纸箱	68,100.00	65,100.00	900.00	2,100.00
审核：			制表：	

9. 2024 年 2 月 18 日，阳光公司对因自然灾害导致的材料短缺进行说明，请根据相关单据进行账务处理。

材料短缺处理说明

2024年02月18日，我公司处理因洪水灾害造成短缺的一批材料，中国阳光保险股份有限公司已确认赔偿的损失为5000元（赔偿款正在办理中），剩余损失2000元由公司承担。

库存物品盘点表

单位：　　　　仓库：第一仓库　　　　日期：2024年02月18日

编号	类别	库存物品名称	单位	单价	账存		盘点		盘盈		盘亏		进项转出	合计损失
					数量	金额	数量	金额	数量	金额	数量	金额		
3002	包装物	大号纸箱	个	35	400	14000	200	7000			200	7000		

监盘人：程誉　　　　盘点人：林珑

实训任务三　交易性金融资产业务

阳光公司取得股票，划分为交易性金融资产，请根据相关单据进行账务处理。

1. 2023 年 9 月 1 日购入北京宏达股份有限公司股票 100 000 股，单价 6.5 元，将其划分为交易性金融资产，另发生交易费用 4 770 元，所有款项已用银行存款支付。

1101203130　　北京增值税专用发票　　№69518386　1101203130

发 票 联　　69518386

开票日期：2023年09月01日

购买方	名　　称：阳光公司 纳税人识别号：91110000562624588M 地 址、电 话：北京市海淀区西环南路18号 010-51572552 开户行及账号：中国工商银行北京分行 1100006513145662686	密码区	4</73**8-/+7+358/3*1761*6448 241<38*91<457<66812003+0/651 8/863<*55>*+4752+32/48<11*4/ 9++4/<*311<+*227-1398689495-

货物或应税劳务、服务名称	规格型号	单位	数量	单价	金额	税率	税额
*金融服务*交易费用		次	1	4500.00	4500.00	6%	270.00
合　计					¥4500.00		¥270.00
价税合计（大写）	⊗ 肆仟柒佰柒拾圆整				（小写）¥4770.00		

销售方	名　　称：北京银河证券交易所 纳税人识别号：91100804561546612D 地 址、电 话：北京市海淀区88号 010-88662278 开户行及账号：中国工商银行北京分行 1100076090432450916	备注	

收款人：黄娇　　复核：明昱　　开票人：林小雨　　销售方：（章）

税总函[2019]117号北京印钞有限公司

第三联：发票联　购买方记账凭证

（印章：北京银河证券交易所 91100804561546612D 发票专用章）

业务回单（付款）

ICBC 中国工商银行

日期：2023 年09月01日
回单编号：10371665643
付款人户名：阳光公司
付款人账号（卡号）：1100006513145662686
收款人户名：北京银河证券交易所
收款人账号（卡号）：1100076090432450916
金额：陆拾伍万肆仟柒佰柒拾元整
业务（产品）种类：同行发报 凭证种类：000000000
摘要：购买股票 用途：购买股票
交易机构：0410000298 记账柜员：00023 交易代码：52062

付款人开户行：中国工商银行北京分行
收款人开户行：中国工商银行北京分行
小写：654,770.00元
凭证号码：0000000000000000
币种：人民币
渠道：网上银行

附言：
支付交易序号：23076092 报文种类：普通贷记业务 委托日期 2023 年09月01
业务类型（种类）：普通汇兑 指令编号：HQP1109126134
最终授权人：0920007080300001.c.4100

中国工商银行北京分行 自助回单机专用章 (003)

本回单为第1次打印，注意重复 打印日期：2023 年09月01日 打印柜员：9 验证码：1B5FB9A63001

2. 2023 年 12 月 31 日，确认交易性金融资产公允价值变动。

资金股份对账单

营业部名称：北京银河证券交易所
用户名：阳光公司
资金账号：10007609048708096666
查询日期：2023 年 12 月 31 日 至 2023 年 12 月 31 日

证券代码	证券名称	证券数量	可卖数量	成本价	当前价	最新市值	浮动盈亏估算	盈亏比例（%）	股东代码
001186	北京宏达股份有	100000	100000	6.50	6.90	690000	40000	6.15	108578804

北京银河证券交易所

3. 2024 年 1 月 15 日，北京宏达股份有限公司宣告发放现金股利。

股利发放公告

公告日期 2024 年 01 月 15 日

北京宏达股份有限公司发放上年度股利公告

本公司上年度的利润分配方案经 2024 年 01 月 15 日召开的第二次会议通过，股利发放方案公布如下：

一、本公司从税后利润提取 240 万元发放现金股利，每股（面值一元）发放股利 0.24 元。

二、2024 年 01 月 18 日为股东的股权登记日，01 月 19 日作为除息交易日。

三、公司委托北京银河证券交易所代理发放现金股利。

现金股利发放日：2024 年 02 月 10 日

特此公告。

北京宏达股份有限公司
2024 年 01 月 15 日

4. 2024 年 2 月 10 日，收到北京宏达股份有限公司发放的现金股利。

现金股利到账说明

经查询，我司的银行账户已收到北京宏达股份有限公司发放的现金股利，可以确认入账，特此说明！

5. 2024 年 5 月 31 日，出售持有的北京宏达股份有限公司的股票（不考虑转让金融商品应交增值税）。

金融资产备查登记簿

资金账号：1100076090487080966　　币别：人民币

序号	日期	证券代码	证券名称	证券持有数	当日价格	证券金额	当年公允价值变动损益	累计公允价值变动损益	备注
1	2023-09-01	001186	北京宏达股份有限公司	100000	6.50	650000.00			购入
2	2023-12-31	001186	北京宏达股份有限公司	100000	6.90	690000.00	40000.00		
3	2024-05-31	001186	北京宏达股份有限公司	100000	7.00	700000.00			卖出

业务回单（收款）

ICBC 中国工商银行

日期：2024年05月31日
回单编号：12300000122
付款人户名：北京银河证券交易所　　付款人开户行：中国工商银行北京分行
付款人账号（卡号）：1100076090432450916
收款人户名：阳光公司　　收款人开户行：中国工商银行北京分行
收款人账号（卡号）：1100076090487080966
金额：柒拾万元整　　小写：700,000.00元
业务（产品）种类：同行收报　凭证种类：000000000　　凭证号码：0000000000000000
摘要：出售股票　用途：　　币种：人民币
交易机构：0410000298　记账柜员：00023 交易代码：52110　　渠道：其他

附言：
支付交易序号：23076193　报文种类：普通贷记业务　委托日期：2024年05月31日
业务类型（种类）：普通汇兑

中国工商银行北京分行 自助回单机专用章 (003)

本回单为第1次打印，注意重复　打印日期：2024年05月31日　打印柜员：9　验证码：536FE9A71003

项目四　非流动资产业务核算

知识目标

- 掌握长期股权投资，投资性房地产，在建工程，固定资产折旧、减值，无形资产的概念。
- 了解债权投资、使用权资产。

能力目标

- 能够正确核算长期股权投资。
- 能够熟练应用固定资产初始计量、后续计量、后续支出及处置的核算。
- 能够熟练应用无形资产的初始计量、后续计量及处置的核算。

素养目标

培养系统掌握长期股权投资、固定资产及无形资产的全周期核算能力，具备严谨的职业判断力与业财融合的视角，从而为企业资产安全、效益最大化及合规运营筑牢屏障。

学习引例

经过40年多的发展，Y公司逐步确立了以品牌服装为主业，涉足地产开发、金融投资领域，多元并进、专业化发展的经营格局，2024上半年，Y公司完成营业收入60亿元，净利润21亿元。Y公司对长期股权投资尤为重视。起初，Y公司的投资基本是围绕自身业务展开的，集中在服装零售、龙头百货等领域，后来逐渐扩大范围。2024年，Y公司在长期股权投资和其他权益工具投资项下共列出了60家企业。其中仅上市公司就涵盖银行、金融、建材等十余家，期末账面价值超200亿元，同时覆盖了金融、化妆品、材料、医疗卫生应用软件等多个领域，成功起到分散风险的效果。表4-1为近12个月Y公司的主要非流动资产金额。

表4-1　Y公司主要非流动资产金额

非流动资产科目	金额（亿元）
其他权益工具投资	81.14
其他非流动金融资产	26.31

续表

非流动资产科目	金额（亿元）
投资性房地产	22.98
长期股权投资	209.1
长期应收款	568.52
固定资产	90.66
在建工程	7.04
无形资产	3.2

请思考：Y 公司非流动资产构成是否合理？存在哪些风险？

素养启示

非流动资产代表着一个企业在长期经营中所拥有的资源和能力。非流动资产通常不易转化为现金，但对企业的长期发展和盈利具有重要作用。合理管理非流动资产可以帮助企业提高资产利用率、降低成本、增强竞争力，从而实现可持续发展。Y 公司持有长期股权投资较多，且多为跨行业，Y 公司的房地产业务及投资业务占比较大，投资收益存在较大不确定性，需加强风险监控，合理运用投资战略，增强风险防范意识。

知识精讲

延伸学习

财政部会计司有关负责人就印发《企业数据资源相关会计处理暂行规定》答记者问

任务一　长期投资业务

【知识点 1】 长期投资概述★

一、长期投资的概念

长期投资是指企业投资期限在 1 年（含 1 年）以上的对外投资。

二、长期投资的内容

企业的长期投资包括债权投资、其他债权投资、长期股权投资、其他权益工具投资等对外投资。

（1）债权投资是指以摊余成本计量的金融资产中的债权投资。

（2）其他债权投资属于以公允价值计量且其变动计入其他综合收益的金融资产。

（3）长期股权投资，包括对联营企业、合营企业和子公司的投资。

（4）其他权益工具投资属于以公允价值计量且其变动计入其他综合收益的其他权益工具投资，如非交易性股权、长期战略持股。

【知识点 2】 长期股权投资★★★

一、长期股权投资的确认和计量的范围

被投资方性质	计量方法
投资方能够对被投资单位实施控制的权益性投资，即对子公司投资	成本法
投资方与其他合营方一同对被投资单位实施共同控制且对被投资单位净资产享有权利的权益性投资，即对合营企业投资	权益法
投资方对被投资单位具有重大影响的权益性投资，即对联营企业投资	
小企业准备长期持有的权益性投资	成本法

二、长期股权投资的初始计量

（一）以合并方式取得的长期股权投资

同一控制	应在合并日按取得被合并方所有者权益在最终控制方合并财务报表中的账面价值的份额作为初始投资成本计量
非同一控制	购买方以支付现金、转让非现金资产或承担债务方式等作为合并对价的，按照确定的企业合并成本进行初始计量；购买方以发行权益性证券作为合并对价的，应在购买日按照发行的权益性证券的公允价值作为初始投资成本计量
提示：企业为企业合并发生的审计、法律服务、评估咨询等中介费用以及其他相关管理费用应作为当期损益计入管理费用	

账务处理	同一控制下	非同一控制下
支付现金方式	借：长期股权投资 　　资本公积——股本溢价 　　盈余公积 　　利润分配——未分配利润 　贷：银行存款 　　　资本公积——股本溢价（贷方差额）	借：长期股权投资 　贷：银行存款

续表

账务处理	同一控制下	非同一控制下
转让存货方式	借：长期股权投资 　　资本公积——股本溢价 　　　　　　盈余公积 　　利润分配——未分配利润 　贷：库存商品等 　　　应交税费——应交增值税（销项税额） 　　　资本公积——股本溢价（贷方差额）	借：长期股权投资 　贷：主营业务收入等 　　　应交税费——应交增值税（销项税额） 借：主营业务成本等 　贷：库存商品等
转让固定资产	借：固定资产清理 　　累计折旧 　　固定资产减值准备 　贷：固定资产 借：长期股权投资 　　资本公积——股本溢价 　　　　　　盈余公积 　　利润分配——未分配利润 　贷：固定资产清理 　　　应交税费——应交增值税（销项税额） 　　　资本公积——股本溢价（贷方差额）	借：固定资产清理 　　累计折旧 　　固定资产减值准备 　贷：固定资产 借：长期股权投资（公允价值） 　贷：固定资产清理 　　　应交税费——应交增值税（销项税额） 借：固定资产清理 　贷：资产处置损益（处置损益）
转让无形资产	借：长期股权投资 　　资本公积——股本溢价 　　盈余公积 　　利润分配——未分配利润 　　累计摊销 　　无形资产减值准备 　贷：无形资产 　　　应交税费——应交增值税（销项税额） 　　　资本公积——股本溢价（贷方差额）	借：长期股权投资（公允价值） 　　累计摊销 　　无形资产减值准备 　贷：无形资产 　　　应交税费——应交增值税（销项税额） 　　　资产处置损益（或借方）
发行股票方式	借：长期股权投资 　　资本公积——股本溢价 　　盈余公积 　　利润分配——未分配利润 　贷：股本（面值） 　　　资本公积——股本溢价（贷方差额）	借：长期股权投资（发行权益证券的公允价值） 　贷：股本（面值） 　　　资本公积——股本溢价 支付股票发行相关税费： 借：资本公积——股本溢价 　贷：银行存款

【做中学 4－1】 阳光公司和光明公司为同一母公司最终控制下的两家公司。2025 年 6 月 30 日，假定阳光公司向其母公司发行 1 000 万股普通股（每股面值为 1 元，每股公允价值为 4.34 元），取得母公司所拥有的光明公司 100%的股权，于当日起能够对光明公司实施控制。合并后光明公司仍维持其法人地位继续经营。2025 年 6 月 30 日母公

司合并报表中光明公司的净资产的账面价值为 4 000 万元。两公司合并前采用的会计政策相同。假定不考虑相关税费等其他因素影响。合并日，阳光公司应作账务处理如下：

借：长期股权投资——光明公司	40 000 000	
贷：股本		10 000 000
资本公积——股本溢价		30 000 000

【做中学 4-2】 阳光公司和光明公司为非同一控制下的两家独立公司。2025 年 6 月 30 日，阳光公司以其拥有的固定资产对光明公司投资，取得光明公司 60%的股权。该固定资产原值为 1 500 万元，已累计计提折旧 400 万元，已计提减值准备 50 万元，投资日该固定资产的公允价值为 1 250 万元。2025 年 6 月 30 日光明公司的可辨认净资产公允价值为 2 000 万元。假定不考虑相关税费等其他因素影响。

投资日，阳光公司应作账务处理如下：

借：固定资产清理	10 500 000	
累计折旧	4 000 000	
固定资产减值准备	500 000	
贷：固定资产		15 000 000
借：长期股权投资——光明公司	12 500 000	
贷：固定资产清理		12 500 000
借：固定资产清理	2 000 000	
贷：资产处置损益		2 000 000

【做中学 4-3】 阳光公司和光明公司为非同一控制下的两家独立公司。2025 年 6 月 30 日，阳光公司以发行普通股 9 000 万股取得光明公司 60%的有表决权的股份。该股票面值为每股 1 元，市场发行价格为 5 元。向证券承销机构支付股票发行相关税费 1 350 万元。假定不考虑其他因素影响。

（1）购买日，阳光公司应作账务处理如下：

借：长期股权投资——光明公司	450 000 000	
贷：股本		90 000 000
资本公积——股本溢价		360 000 000

（2）支付发行相关税费：

借：资本公积——股本溢价	13 500 000	
贷：银行存款		13 500 000

（二）以非合并方式取得的长期股权投资

初始计量	以支付现金、非现金资产等其他方式取得的长期股权投资，应按公允价值作为初始投资成本计量	借：长期股权投资——投资成本（公允价值） 贷：银行存款等 提示：类似于非同一控制的企业合并的初始计量
	以发行股票取得的长期股权投资，应当按照发行股票的公允价值作为初始投资成本计量	

续表

根据被投资单位可辨认净资产公允价值调整	初始投资成本＞投资时应享有被投资单位可辨认净资产公允价值份额的	不调整已确认的初始投资成本
	初始投资成本＜投资时应享有被投资单位可辨认净资产公允价值份额的	借：长期股权投资——投资成本 　贷：营业外收入

【做中学 4－4】 阳光公司于 2025 年 1 月 2 日取得光明公司 30％的股权，支付价款 3 000 万元。第一种情况：假定取得投资时光明公司可辨认净资产公允价值为 7 500 万元。假定在光明公司的董事会中，所有股东均以其持股比例行使表决权。阳光公司在取得对光明公司的股权后，派人参与了光明公司的财务和生产经营决策。因能够对光明公司的生产经营决策施加重大影响，阳光公司对该项投资采用权益法核算。取得投资时，阳光公司应进行的账务处理为：

借：长期股权投资——投资成本　30 000 000

　贷：银行存款　30 000 000

长期股权投资的成本 3 000 万元大于取得投资时应享有光明公司可辨认净资产公允价值的份额 2 250（7 500×30％）万元，不对其初始投资成本进行调整。

第二种情况：假定取得投资时光明公司可辨认净资产公允价值为 12 000 万元，阳光公司按持股比例 30％计算确定应享有 3 600 万元，则初始投资成本与应享有光明公司可辨认净资产公允价值份额之间的差额 600 万元应计入取得投资当期的损益。

借：长期股权投资——投资成本　30 000 000

　贷：银行存款　30 000 000

借：长期股权投资——投资成本　6 000 000

　贷：营业外收入　6 000 000

三、长期股权投资的后续计量

业务	成本法	权益法
被投资企业实现净利润或净亏损	×	借：长期股权投资——损益调整 　贷：投资收益 （或相反分录）
被投资企业宣告分配现金股利	借：应收股利 　贷：投资收益	借：应收股利 　贷：长期股权投资——损益调整
被投资企业其他综合收益变动	×	借：长期股权投资——其他综合收益 　贷：其他综合收益 （或相反分录）
被投资企业除净损益、其他综合收益以及利润分配以外的所有者权益的其他变动	×	借：长期股权投资——其他权益变动 　贷：资本公积——其他资本公积 （或相反分录）

【做中学 4-5】 阳光公司取得光明公司 30%的股权，对光明公司的生产经营活动有重大影响。假定在阳光公司长期股权投资的成本大于取得投资时光明公司可辨认净资产公允价值份额的情况下，2024 年光明公司实现净利润 800 万元。阳光公司、光明公司均以公历年度作为会计年度，采用相同的会计政策。阳光公司应确认的投资收益为 240 万元。

阳光公司的会计处理如下：

借：长期股权投资——损益调整　　2 400 000

　贷：投资收益　　2 400 000

【做中学 4-6】 2024 年 12 月 31 日，阳光公司持有光明公司发行在外普通股为 15 000 万股，拥有光明公司 30%的股份。经审计的年度利润表中当年实现净利润 45 000 万元。阳光公司应确认投资收益 13 500（45 000×30%）万元。阳光公司应编制如下会计分录：

借：长期股权投资——损益调整　　135 000 000

　贷：投资收益　　135 000 000

2025 年 3 月 20 日，光明公司经股东大会批准，宣告 2024 年度现金股利分配方案为每 10 股 2 元。不考虑所得税等相关因素影响。

2025 年 3 月 20 日，阳光公司确认应分配的现金股利为 1 000（5 000×0.2）万元，应编制如下会计分录：

借：应收股利　　10 000 000

　贷：长期股权投资——损益调整　　10 000 000

2025 年 4 月 20 日，阳光公司收到现金股利，应编制如下会计分录：

借：银行存款　　10 000 000

　贷：应收股利　　10 000 000

四、权益法核算下的超额亏损（长期股权投资和长期应收款账面价值减记至零为限）

不承担额外损失	承担额外损失
借：投资收益 　贷：长期股权投资——损益调整 　　　长期应收款	借：投资收益 　贷：长期股权投资——损益调整 　　　长期应收款 　　　预计负债
提示：除上述情况，仍未确认的应分担的被投资单位的损失，应在账外备查登记。 发生亏损的被投资单位以后实现净利润的，应按与上述相反的顺序进行处理。	

假设阳光公司持有光明公司的长期股权投资成本 1 600 万元，持股比例为 30%，投资当年光明公司发生亏损 6 000 万元。

首先将阳光公司持有光明公司的长期股权投资 1 600 万元冲减至 0，剩余的 200 万元部分冲减阳光公司应收光明公司的长期债权，则阳光公司因该项长期股权投资应确认的投资损失为 1 800 万元。会计分录如下：

借：投资收益	18 000 000
贷：长期股权投资	16 000 000
长期应收款	2 000 000

五、长期股权投资的减值

企业	借：资产减值损失 　贷：长期股权投资减值准备
小企业	借：银行存款（实际收到款项） 　　营业外支出 　贷：长期股权投资

六、长期股权投资的处置

（一）成本法下的处置

借：银行存款
　　长期股权投资减值准备
　贷：长期股权投资
　　　投资收益（倒挤差额，或借）

（二）权益法下的处置

1. 终止确认长期股权投资

借：银行存款
　　长期股权投资减值准备
　贷：长期股权投资——投资成本
　　　　　　　　　——损益调整（或借）
　　　　　　　　　——其他综合收益（或借）
　　　　　　　　　——其他权益变动（或借）
　　　投资收益（倒挤差额，或借）

2. 将“资本公积——其他资本公积”“其他综合收益”转入投资收益

借：资本公积——其他资本公积
　　其他综合收益
　贷：投资收益
或作相反分录。

【做中学 4-7】 阳光公司拥有光明公司有表决权股份的 30%，对光明公司有重大影响。当年 12 月 30 日，阳光公司出售光明公司的全部股权，所得价款 2 300 万元存入银行。截至当年年底，该项长期股权投资的账面价值为 2 000 万元，其中投资成本为 1 500 万元，损益调整为 400 万元，其他综合收益为 100 万元（依据光明公司其他债权投资公允价值变动的份额确认），其他权益变动为 200 万元，长期股权投资减值准备为 200 万元。假设不考虑相关税费。阳光公司应作如下会计处理：

借：银行存款　23 000 000
　　长期股权投资减值准备　2 000 000
　贷：长期股权投资——投资成本　15 000 000
　　　　　　　　　——损益调整　4 000 000
　　　　　　　　　——其他综合收益　1 000 000
　　　　　　　　　——其他权益变动　2 000 000
　　　投资收益　3 000 000

同时将原记入“其他综合收益”“资本公积——其他资本公积”科目的金额转入投资收益。

借：其他综合收益　1 000 000
　　资本公积——其他资本公积　2 000 000
　贷：投资收益　3 000 000

任务二 固定资产业务

【知识点 1】 固定资产★

一、固定资产的概念

固定资产，是指同时具有下列特征的有形资产：

(1) 为生产商品、提供劳务、出租或经营管理而持有的。

(2) 使用寿命一般超过一个会计年度。

二、固定资产的分类

按经济用途分类	生产经营用固定资产
	非生产经营用固定资产
综合分类	生产经营用固定资产
	非生产经营用固定资产
	租出固定资产（指企业在经营租赁方式下出租给外单位使用的固定资产）
	不需用固定资产
	未使用固定资产
	土地（指过去已经估价单独入账的土地）

三、设置的会计科目

（一）“固定资产”科目

核算企业固定资产的原价，借方登记企业增加的固定资产原价，贷方登记企业减少的固定资产原价，期末借方余额，反映企业期末固定资产的账面原价。

（二）“累计折旧”科目

属于固定资产的调整科目，核算企业固定资产的累计折旧，贷方登记企业计提的固定资产折旧，借方登记处置固定资产转出的累计折旧，期末贷方余额，反映企业固定资产的累计折旧额。

（三）“在建工程”科目

核算企业基建、更新改造等在建工程发生的支出，借方登记企业在建工程的实际支出，贷方登记完工工程转出的成本，期末借方余额，反映企业未达到预定可使用状态的在建工程的成本。

（四）“工程物资”科目

核算企业为在建工程而准备的各种物资的实际成本，借方登记企业购入工程物资的成本，贷方登记领用工程物资的成本，期末借方余额，反映企业为在建工程准备的各项物资的成本。

（五）“固定资产清理”科目

核算企业因出售、报废、毁损、对外投资、非货币性资产交换、债务重组等原因转入清理的固定资产价值以及在清理过程中发生的清理费用和清理收益。期末有余额（借方或贷方），说明尚未清理完毕；期末无余额，说明清理完毕。

（六）各项“减值准备”科目

企业固定资产、在建工程、工程物资发生减值的，应设置“固定资产减值准备”“在建工程减值准备”“工程物资减值准备”等科目进行核算。

【知识点 2】 取得固定资产★★★

一、外购固定资产

（一）固定资产的取得成本

外购固定资产的成本，包括购买价款，相关税费，使固定资产达到预定可使用状态前所发生的可归属于该项资产的运输费、装卸费、安装费和专业人员服务费等。

（二）一般纳税人购入固定资产的账务处理

借：固定资产（不需要安装）

　　在建工程（需要安装）

　　应交税费——应交增值税（进项税额）

　贷：银行存款等

借：在建工程（需要安装）

　贷：银行存款/原材料/应付职工薪酬等

借：固定资产（安装完毕）

　贷：在建工程

1. 购入多项没有单独标价的固定资产

以一笔款项购入多项没有单独标价的固定资产，企业应当按照各项固定资产公允价值比例对总成本进行分配，分别确定各项固定资产的成本。

2. 小规模纳税人购买固定资产

购入固定资产发生的增值税应计入固定资产成本。

二、建造固定资产

（一）基本要求

企业自行建造固定资产，应当按照建造该项资产达到预定可使用状态前所发生的必要支出，作为固定资产的成本。企业自行建造固定资产，应先通过“在建工程”科目核算，工程达到预定可使用状态时，再从“在建工程”科目转入“固定资产”科目。

（二）自营工程

1. 购买工程物资并用于工程建设的账务处理

借：工程物资

　　应交税费——应交增值税（进项税额）

　贷：银行存款等

借：在建工程

　贷：工程物资

2. 建造过程中的账务处理

借：在建工程

　贷：原材料/库存商品/银行存款/应付职工薪酬等

3. 工程完工的账务处理

借：固定资产

　贷：在建工程

提示：自营工程领用存货，属于内部使用，并未产生流转，不涉及“应交税费——应交增值税（销项税额）”。同时，最终建造的固定资产，将来会产生“销项税额”，外购的存货可以抵扣“进项税额”，因此，也不涉及“应交税费——应交增值税（进项税额转出）”。

（三）出包工程

出包工程是指企业通过招标方式将工程项目发包给建造承包商，由建造承包商组织施工的建筑工程和安装工程。企业支付给建造承包商的工程价款作为工程成本，通过“在建工程”科目核算，不通过“预付账款”科目核算工程成本。

账务处理如下：

1. 支付工程款

借：在建工程

　　应交税费——应交增值税（进项税额）

　贷：银行存款等

2. 工程完工

借：固定资产

　贷：在建工程

【知识点3】 固定资产折旧★★★

一、固定资产折旧概述

（一）影响固定资产折旧的因素

（1）固定资产原价，即购买时的历史成本。

（2）预计净残值，是指假定固定资产预计使用寿命已满并处于使用寿命终了时的预期状态，企业目前从该项资产处置中获得的扣除预计处置费用后的金额。

（3）固定资产减值准备，账面价值与可回收金额的差额。

（4）固定资产的使用寿命，预计可以使用的年数。

提示： 固定资产折旧方法不属于影响固定资产折旧的因素。

（二）固定资产的折旧范围

1. 空间范围

企业应当对所有固定资产计提折旧，已提足折旧仍继续使用的固定资产和单独计价入账的土地除外。已达到预定可使用状态但未办理竣工决算的固定资产，应当按照估计价值确定其成本，并计提折旧；待办理竣工结算后，再按实际成本调整原来的暂估价值，但不需要调整原已计提的折旧额。

2. 时间范围

（1）固定资产应按月计提折旧：当月增加，当月不提，下月计提；当月减少，当月照提，下月不计提。

（2）提足折旧、提前报废，不再计提折旧。

3. 应计折旧额

应计折旧额，是指应当计提折旧的固定资产的原价扣除其预计净残值后的金额。已计提减值准备的固定资产，还应当扣除已计提的固定资产减值准备累计金额。

二、固定资产的折旧方法

企业应当根据与固定资产有关的经济利益的预期实现方式，合理选择固定资产折旧方法。

（一）年限平均法

年限平均法也称直线法，指将固定资产应计折旧额均匀分摊至固定资产预计使用寿命内。采用这种方法计算的每期折旧额是相等的。计算公式如下：

方法（1）：

年折旧额＝[固定资产原价×(1－预计净残值率)]÷预计使用寿命(年)

月折旧额＝年折旧额÷12

方法（2）：

年折旧率＝(1－预计净残值率)÷预计使用寿命(年)×100%

月折旧率＝年折旧率÷12

月折旧额＝固定资产原价×月折旧率

试着算一算月折旧额吧

【做中学 4－8】 阳光公司 2024 年 6 月自用固定资产折旧表（年限平均法）如表 4－2 所示。

表 4－2 自用固定资产折旧表（年限平均法）

2024 年 6 月 单位：元

使用部门	项目	固定资产原价	折旧年限	净残值	月折旧额
管理部门	办公楼	500 000	10	20 000	
生产部门	机器设备	150 000	10	10 000	
	厂房	500 000	10	20 000	
在建工程	汽车	10 000	5	0	
研发部门	研发设备	50 000	5	0	
销售部	办公家具	40 000	5	0	

企业采用年限平均法计算 2024 年 6 月各项固定资产的月折旧额。管理部门办公楼的月折旧额为 4 000[(500 000－20 000)÷(10×12)] 元；生产部门机器设备的月折旧额为 1 166.67 元，厂房月折旧额为 4 000 元；在建工程中汽车的月折旧额为 166.67 元（需确认是否已投入使用）；研发部门设备的月折旧 833.33 元；销售部办公家具的月折旧额为 666.67 元。

（二）工作量法

工作量法是指根据实际工作量计算固定资产每期应计提的折旧额。计算公式如下：

单位工作量折旧额＝[固定资产原价×(1－预计净残值率)]÷预计总工作量

某项固定资产月折旧额＝该项固定资产当月工作量×单位工作量折旧额

【做中学 4－9】 某企业的一辆运货卡车的原价为 600 000 元，预计总行驶里程为 500 000 千米，预计报废时的净残值率为 5%，本月行驶 4 000 千米。该辆汽车的月折旧额为多少？

首先确定单位里程折旧额为 1.14[(600 000－600 000×5%)÷500 000] 元/千米，然后根据本月实际行驶 4 000 千米计算得出本月应计提折旧额 4 560 元。若当月车辆未投入使用，则不计提折旧。

（三）双倍余额递减法

双倍余额递减法是指在不考虑固定资产预计净残值的情况下，根据每期期初固定资产原价减去累计折旧后的余额和双倍的直线法折旧率计算固定资产折旧的一种方法。

采用双倍余额递减法计提固定资产折旧，一般应在固定资产使用寿命到期前两年内，将固定资产账面净值扣除预计净残值后的余额平均摊销。

计算公式如下：

年折旧率＝2÷预计使用寿命(年)×100%

年折旧额＝每个折旧年度年初固定资产账面净值×年折旧率

月折旧额＝年折旧额÷12

提示：“折旧年度”是指“以固定资产开始计提折旧的月份为始计算的 1 个年度期间”，如果公司 3 月取得某项固定资产，其折旧年度为“从本年 4 月至第二年 3 月的期间”。

【做中学 4-10】 2023 年 12 月 20 日，某企业购入一台设备，其原价为 2 000 万元，预计使用年限为 5 年，预计净残值为 5 万元，该企业采用双倍余额递减法计提折旧。

首先确定年折旧率为 40%(2/5×100%)。2023 年 12 月 20 日购入设备，当月不计提折旧，2023 年应计提折旧金额为 0 元。2024 年为第一个折旧年度，应计提折旧金额为 800（2 000 × 40%） 万元，2025 年计提 480（1 200 × 40%） 万元，2026 年计提 288(720×40%) 万元，2027 年和 2028 年转为直线法计提 254.2(432－172.8－5) 万元。整个使用期间累计应计提折旧总额为 1 995(2 000－5) 万元，各年折旧金额合计正好等于应计提折旧总额。

（四）年数总和法

年数总和法是指将固定资产的原价减去预计净残值后的余额，乘以一个逐年递减的分数计算每年的折旧额。

该分数的分子代表固定资产尚可使用寿命（从年初计算），分母代表预计使用寿命逐年数字总和。

计算公式如下：

年折旧率＝尚可使用年限÷预计使用寿命的年数总和×100%

年折旧额＝(固定资产原价－预计净残值)×年折旧率

月折旧额＝年折旧额÷12

三、固定资产折旧的账务处理

借：在建工程（自行建造固定资产过程中使用）
　　制造费用（基本生产车间使用）
　　管理费用（管理部门使用）
　　销售费用（销售部门使用）
　　其他业务成本（经营租出）
　　研发支出（用于无形资产研究使用）
　贷：累计折旧

【知识点 4】 固定资产后续支出★★★

固定资产的后续支出，是指固定资产在使用过程中发生的更新改造支出、修理费用等。

一、费用化支出

（一）确认方式

与固定资产有关的后续支出，不符合固定资产的确认条件的，应当在发生时计入当期损益。

（二）账务处理

借：管理费用（行政管理部门日常修理）
　　销售费用（专设销售机构日常修理）
　　应交税费——应交增值税（进项税额）
　贷：银行存款

思考： 2024 年 12 月，车间生产线日常维修支出 3 000 元，行政管理部门办公设备日常维修支出 2 000 元。不考虑其他因素，该企业固定资产后续支出计入当期损益的金额为多少元？

二、资本化支出

（一）确认方式

更新改造后价值＝生产线原账面价值＋改扩建生产线发生支出－被替换旧部件的账面价值

提示： 固定资产账面余额＝固定资产原价
固定资产账面价值＝固定资产原价－累计折旧－固定资产减值准备

（二）账务处理

1. 转入在建工程

借：在建工程
　　累计折旧
　　固定资产减值准备
　贷：固定资产

2. 购入新零件并安装

借：工程物资
　　应交税费——应交增值税（进项税额）
　贷：银行存款
借：在建工程
　贷：工程物资

3. 支付安装费用

借：在建工程
　　应交税费——应交增值税（进项税额）
　贷：银行存款等

4. 终止旧零件

借：营业外支出
　贷：在建工程

5. 更新结束，入账

借：固定资产
　贷：在建工程

【做中学 4-11】 企业对生产设备进行改良，发生资本化支出共计 45 万元，被替换旧部件的账面价值为 10 万元，该设备原价为 500 万元，已计提折旧 300 万元，不考虑其他因素，设备改良后的入账价值为多少？

设备改良后的入账价值＝45－10＋500－300＝235（万元）

【知识点 5】 处置固定资产★★

一、设置科目

（一）“固定资产清理”科目

（1）只要涉及固定资产的处置，都有此科目。
（2）该科目为资产类科目，实质上为过渡科目，最终余额为零。

（二）“资产处置损益”科目

本科目核算企业因出售、转让原因产生的利得或损失。

（三）“营业外收入”“营业外支出”科目

本科目核算企业因报废或毁损等原因产生的利得或损失。

二、账务处理

（一）将固定资产清理时的账面价值转入“固定资产清理”

借：固定资产清理
　　累计折旧
　　固定资产减值准备
　贷：固定资产

（二）支付清理费

借：固定资产清理
　　应交税费——应交增值税（进项税额）
　贷：银行存款等

（三）固定资产处置回收价款

借：银行存款
　贷：固定资产清理
　　　应交税费——应交增值税（销项税额）

（四）残料入库

借：原材料
　贷：固定资产清理

（五）确认应收责任单位（或个人）赔偿损失

借：其他应收款
　贷：固定资产清理

（六）固定资产出售、转让实现盈余时

借：固定资产清理
　贷：资产处置损益

（七）固定资产出售、转让形成亏损时

借：资产处置损益
　贷：固定资产清理

（八）固定资产发生毁损或报废，实现盈余时

借：固定资产清理
　贷：营业外收入

（九）固定资产发生毁损或报废，形成亏损时

借：营业外支出
　贷：固定资产清理

【做中学 4－12】 阳光公司为增值税一般纳税人，2024 年 12 月 30 日，出售一座建

筑物（2020 年 6 月 30 日自建完工），原价（成本）为 200 万元，已计提折旧 150 万元，未计提减值准备，实际出售价格为 120 万元，增值税税率为 9%，增值税税额为 10.8 万元，款项已存入银行。

（1）将固定资产账面价值转入清理：

借：固定资产清理	500 000	
累计折旧	1 500 000	
贷：固定资产		2 000 000

（2）收到出售价款：

借：银行存款	1 308 000	
贷：固定资产清理		1 200 000
应交税费——应交增值税（销项税额）		108 000

（3）结转清理净收益：

借：固定资产清理	700 000	
贷：资产处置损益		700 000

提示：快速计算清理净损益的方法：

清理净损益＝(不含税出售价款＋残料价值＋变价收入)－(账面价值＋清理费用)

该等式不含增值税。

【知识点 6】 固定资产清查★★

一、盘盈

固定资产的盘盈根据准则要求要按照以前期间会计差错更正处理，因此不能进入当期损益，需要通过“以前年度损益调整”科目拟算。

账务处理如下：

借：固定资产（重置成本）

　贷：以前年度损益调整

借：以前年度损益调整

　贷：应交税费——应交所得税

借：以前年度损益调整

　贷：盈余公积

　　　利润分配——未分配利润

二、盘亏

固定资产的盘亏会影响当期损益，最终处理会影响“营业外支出”科目。

账务处理如下：

借：待处理财产损溢

　　累计折旧

　　固定资产减值准备

　贷：固定资产

借：待处理财产损溢

　贷：应交税费——应交增值税（进项税额转出）（账面净值×适用税率）

借：其他应收款（可收回的保险赔偿或过失人赔偿）

　　营业外支出（实际损失）

　贷：待处理财产损溢

项目	现金	存货	固定资产
盘盈	借：待处理财产损溢 　贷：其他应付款 　　　营业外收入（无法查明原因）	借：待处理财产损溢 　贷：管理费用 注：管得好财产物资才会多出来	借：固定资产 　贷：以前年度损益调整
盘亏	借：其他应收款（责任人赔偿） 　　管理费用（无法查明原因） 　贷：待处理财产损溢	借：原材料（残料） 　　其他应收款（赔偿） 　　营业外支出（自然灾害） 　　管理费用（自然损耗、管理不善） 　贷：待处理财产损溢 注意：是否进项税额转出	借：其他应收款 　　营业外支出（净损失） 　贷：待处理财产损溢

【知识点 7】 固定资产减值★

资产负债表日，固定资产存在可能发生减值迹象时，其可收回金额低于账面价值的，应当将账面价值减计至可收回金额，减计的金额确认为减值损失，计入当期损益，同时计提减值准备。

借：资产减值损失

　贷：固定资产减值准备

提示： 固定资产减值损失一经确认，在以后会计期间不得转回。

【做中学 4－13】 2023 年 12 月 31 日，丁公司的某条生产线存在可能发生减值的迹象。

（1）情况一：该机器的可收回金额合计为 123 万元，固定资产原价为 160 万元，累计折旧为 10 万元，减值准备为 10 万元。

（2）情况二：经计算，该机器的可收回金额合计为 165 万元，固定资产原价为 160 万元，累计折旧为 20 万元，减值准备为 27 万元，以前年度对该生产线计提减值准备 27 万元。

请计算并编写会计分录。

（1）2023 年底生产线账面价值 140(160－10－10）万元。由于可收回金额低于账面价值 17(140－123）万元，因此需提减值准备 17 万元。会计分录为：

借：资产减值损失　　170 000

　贷：固定资产减值准备　　170 000

补提后累计减值准备为 27 万元，调整后账面价值为 123(160－10－27）万元。

（2）2024 年底生产线可收回金额回升至 165 万元。此时固定资产原价为 160 万元，累计折旧 20 万元，减值准备余额 27 万元，账面价值 113(160－20－27）万元。固定资产减值准备不得转回（即使可收回金额高于账面价值），仅需在报表附注中披露资产价值恢复的情况，不作任何会计处理。

任务三　无形资产和长期待摊费用业务

【知识点 1】 无形资产★★★

一、无形资产的概念

无形资产是指企业拥有或者控制的没有实物形态的可辨认非货币性资产。

二、无形资产的特征

无形资产具有资产的基本特征，不具有实物形态，但具有可辨认性。无形资产属于非货币性资产。

三、无形资产的内容

无形资产主要包括专利权、非专利技术、商标权、著作权、土地使用权、特许权等。

四、无形资产的科目设置

（一）“无形资产”科目

本科目用于核算企业持有的无形资产成本，借方登记取得无形资产的成本，贷方登记处置无形资产、转出无形资产的账面余额。

（二）“累计摊销”科目

本科目用于核算企业对使用寿命有限的无形资产计提的累计摊销，该科目属于“无形资产”的调整科目。

（三）“无形资产减值准备”科目

本科目用于核算无形资产因可收回金额低于账面价值而计提的减值准备。

五、无形资产的账务处理

（一）外购无形资产

借：无形资产

　　应交税费——应交增值税（进项税额）

　贷：银行存款等

（二）自行研究开发无形资产

<table>
<tr><td>研究阶段</td><td colspan="2">记入“研发支出——费用化支出”科目</td><td rowspan="2">期末，转入“管理费用”科目</td></tr>
<tr><td rowspan="2">开发阶段</td><td>不满足资本化条件</td><td>记入“研发支出——费用化支出”科目</td></tr>
<tr><td>满足资本化条件</td><td>记入“研发支出——资本化支出”科目</td><td>达到预定用途，转入“无形资产”科目</td></tr>
<tr><td colspan="4">注意：如果无法可靠区分研究阶段的支出和开发阶段的支出，应将其所发生的研发支出全部费用化，计入当期损益，记入“管理费用”科目。</td></tr>
</table>

1. 不符合资本化条件的支出

借：研发支出——费用化支出

　贷：银行存款

期（月）末结转费用化支出：

借：管理费用

　贷：研发支出——费用化支出

2. 符合资本化条件的支出

借：研发支出——资本化支出

　贷：银行存款

达到预定用途形成无形资产的：

借：无形资产

　贷：研发支出——资本化支出

【做中学 4-14】 阳光公司自行研究开发一项技术，共发生研发支出 450 万元，其中，研究阶段发生职工薪酬 100 万元，专用设备折旧费用 50 万元；开发阶段满足资本化条件的支出 300 万元，增值税专用发票上注明的增值税税额为 39 万元。开发阶段结束，研究开发项目达到预定用途形成无形资产，请进行账务处理。

（1）研究阶段支出（费用化）。

借：研发支出——费用化支出	1 500 000	
贷：应付职工薪酬		1 000 000
累计折旧		500 000

期末结转费用化支出：

借：管理费用——研发费用	1 500 000	
贷：研发支出——费用化支出		1 500 000

（2）开发阶段支出（符合资本化条件）。

借：研发支出——资本化支出　　3 000 000

　　应交税费——应交增值税（进项税额）　　390 000

　贷：银行存款等　　3 390 000

（3）研发完成形成无形资产。

借：无形资产——专利权/非专利技术　　3 000 000

　贷：研发支出——资本化支出　　3 000 000

（三）摊销无形资产

1. 摊销范围

使用寿命不确定的无形资产，不应摊销；当月增加，当月摊销；当月减少，当月不摊销。

2. 摊销方法

反映经济利益的预期实现方式，分为年限平均法（直线法）、生产总量法；无法可靠确定的，采用年限平均法（直线法）。

3. 摊销期限

按月摊销，残值一般为零。

4. 账务处理

借：管理费用（管理用）

　　其他业务成本（出租）

　　生产成本/制造费用等（生产产品）

　贷：累计摊销

（四）无形资产减值

1. 确认条件

账面价值＞可收回金额，需要计提减值准备。

2. 账务处理

借：资产减值损失

　贷：无形资产减值准备

提示： 减值损失一经确认，在以后期间不得转回；使用寿命不确定的无形资产，也要定期进行减值测试。

（五）出售和报废无形资产

1. 出售无形资产

账务处理如下：

借：银行存款

　　累计摊销

　　无形资产减值准备

　　资产处置损益（出售发生损失时）

贷：无形资产
应交税费——应交增值税（销项税额）
资产处置损益（出售实现收益时）

2. 报废无形资产

账务处理如下：

借：营业外支出
累计摊销
无形资产减值准备
贷：无形资产

【知识点 2】 长期待摊费用★

长期待摊费用是指企业已经发生但应当由本期和以后各期负担的分摊期限在一年以上的各项费用，如以租赁方式租入的使用权资产发生的改良支出等。

账务处理如下：

借：长期待摊费用
贷：原材料/银行存款等
借：管理费用/销售费用等
贷：长期待摊费用

任务四 投资性房地产业务

【知识点 1】 投资性房地产★★

一、投资性房地产的范围

投资性房地产是指为赚取租金或资本增值，或者两者兼有而持有的房地产，包括已出租的土地使用权、已出租的建筑物、持有并准备增值税后转让的土地使用权。

提示：几个需要注意的问题：

（1）已租入再转租的建筑物不属于投资性房地产。

（2）按照国家有关规定认定的闲置土地，不属于持有并准备增值后转让的土地使用权，不属于投资性房地产。

（3）一项房地产，部分用于赚取租金或资本增值，部分用于生产商品、提供劳务或经营管理，用于赚取租金或资本增值的部分能够单独计量和出售的，可以确认为投资性房地产。

（4）企业将建筑物出租，按租赁协议向承租人提供的相关辅助服务在整个协议中不重大的，应当将该建筑物确认为投资性房地产。

（5）对企业持有以备经营出租的空置建筑物或在建建筑物，如董事会或类似机构作出书面决议，明确表明将其用于经营出租且持有意图短期内不再发生变化的，即使尚未签订租赁协议，也应视为投资性房地产。

二、投资性房地产的确认

投资性房地产只有同时满足下列条件的，才能予以确认：

（1）与该投资性房地产有关的经济利益很可能流入企业。

（2）该投资性房地产的成本能够可靠地计量。

三、投资性房地产的计量

（一）投资性房地产的初始计量

投资性房地产应当按照取得时的实际成本进行计量。

（二）投资性房地产的后续计量

投资性房地产的后续计量模式分为成本模式和公允价值模式。

1. 成本模式

参照固定资产计提折旧、无形资产计提摊销，按照资产减值准则计提减值准备。

2. 公允价值模式

不折旧、不摊销、不计提减值准备，应当以资产负债表日的公允价值计量，公允价值的变动计入当期损益。

提示：企业对投资性房地产的计量模式一经确定，不得随意变更。成本模式转为公允价值模式的，应当作为会计政策变更处理。

已采用公允价值模式计量的投资性房地产，不得从公允价值模式转为成本模式。

【知识点2】 投资性房地产的具体核算★★★

一、成本模式计量

（一）取得时

借：投资性房地产

　贷：银行存款等

（二）计提折旧、摊销

借：其他业务成本

　贷：投资性房地产累计折旧/投资性房地产累计摊销

提示：企业对某项投资性房地产进行改扩建等再开发且将来仍作为投资性房地产的，在再开发期间应继续将其作为投资性房地产，再开发期间不计提折旧或摊销。

（三）确认租金收入

借：银行存款等

　贷：其他业务收入

（四）计提减值准备

借：资产减值损失

　贷：投资性房地产减值准备

提示： 减值损失一经确认，以后期间不得转回。

（五）投资性房地产的转换

1. 投资性房地产转换为自用房地产

借：固定资产/无形资产

　　投资性房地产累计折旧

　　投资性房地产累计摊销

　　投资性房地产减值准备

　贷：投资性房地产

　　　累计折旧/累计摊销

　　　固定资产减值准备/无形资产减值准备

2. 自用房地产转换为投资性房地产

借：投资性房地产

　　累计折旧/累计摊销

　　固定资产减值准备/无形资产减值准备

　贷：固定资产/无形资产

　　　投资性房地产累计折旧/投资性房地产累计摊销

　　　投资性房地产减值准备

3. 投资性房地产转换为存货

借：开发产品（账面价值）

　　投资性房地产累计折旧

　　投资性房地产减值准备

　贷：投资性房地产

4. 存货转换为投资性房地产

借：投资性房地产（账面价值）

　　存货跌价准备

　贷：开发产品

（六）处置

借：银行存款

　贷：其他业务收入

借：其他业务成本
　　投资性房地产累计折旧/投资性房地产累计摊销
　　投资性房地产减值准备
　贷：投资性房地产

二、公允价值模式计量

（一）取得

借：投资性房地产——成本
　贷：银行存款等

（二）期末调整公允价值变动

借：投资性房地产——公允价值变动
　贷：公允价值变动损益
或作相反分录。

（三）确认租金收入

借：银行存款等
　贷：其他业务收入

（四）投资性房地产转换的处理

1. 投资性房地产转换为自用房地产、存货

借：固定资产/无形资产/开发产品（公允价值）
　　公允价值变动损益（借方差额）
　贷：投资性房地产——成本
　　　　　　　　　——公允价值变动（或借）
　　　公允价值变动损益（贷方差额）

2. 自用房地产转换为投资性房地产

借：投资性房地产——成本（公允价值）
　　累计折旧/累计摊销
　　固定资产减值准备/无形资产减值准备
　　公允价值变动损益（借方差额）
　贷：固定资产/无形资产（原值）
　　　其他综合收益（贷方差额）

3. 存货转换为投资性房地产

借：投资性房地产——成本（公允价值）
　　存货跌价准备
　　公允价值变动损益（借方差额）
　贷：开发产品
　　　其他综合收益（贷方差额）

（五）处置

借：银行存款
　　贷：其他业务收入
借：其他业务成本
　　贷：投资性房地产——成本
　　　　投资性房地产——公允价值变动（或借）
借：其他综合收益
　　贷：其他业务成本

【做中学 4-15】 2024 年 1 月 2 日，阳光公司将一自用建筑物转为投资性房地产，并按照公允价值模式进行后续计量。该建筑物的原值为 220 万元，累计折旧余额为 20 万元，固定资产减值准备余额为 5 万元，在转换日公允价值为 250 万元。2024 年 12 月 31 日该建筑物的公允价值为 280 万元。2025 年 2 月公司将该建筑物出售，实收款项为 300 万元。不考虑相关税费。

2024 年 1 月 2 日，将自用房地产转为投资性房地产：

借：投资性房地产——成本	2 500 000	
累计折旧	200 000	
固定资产减值准备	50 000	
贷：固定资产		2 200 000
其他综合收益		550 000

2024 年 12 月 31 日，按照公允价值调整账面价值：

借：投资性房地产——公允价值变动	300 000	
贷：公允价值变动损益		300 000

2025 年 2 月，出售该建筑物：

借：银行存款	3 000 000	
贷：其他业务收入		3 000 000
借：其他业务成本	2 800 000	
贷：投资性房地产——成本		2 500 000
——公允价值变动		300 000
借：其他综合收益	550 000	
贷：其他业务成本		550 000

项目练习

模 拟 实 训

实训任务一　长期股权投资业务

1. 北京宏达股份有限公司为北京佳美股份有限公司和北京鑫荣贸易有限公司的母公司。2024 年 7 月 1 日，北京佳美股份有限公司从母公司取得北京鑫荣贸易有限公司 75%的股权，并于当日起能够对北京鑫荣贸易有限公司实施控制。合并日，北京宏达股份有限公司合并财务报表中的北京鑫荣贸易有限公司净资产账面价值为 3 500 万元，北京佳美股份有限公司的资本公积余额为 56.50 万元，盈余公积——法定盈余公积余额为 50 万元。请根据相关资料进行账务处理。

企业合并协议

投资方：北京佳美股份有限公司　　　　被投资方：北京鑫荣贸易有限公司

为促进企业发展需要，双方经过友好协商，达成合并共识，协议如下：

1. 北京佳美股份有限公司于2024年07月01日以银行存款27000000元，作为合并对价，取得北京鑫荣贸易有限公司75%的股份，从而能够控制北京鑫荣商贸有限公司。
2. 投资方取得上述股份后，由新股东会对原公司成立时订立的章程、协议等有关文件进行修改和完善。
3. 投资方按其出资额享受权利。
4. 投资方按其出资额承担义务。
5. 本协议一式三份，立约人各执一份，一份报市场监督管理局。

被投资方：北京鑫荣商贸有限公司
法定代表：陈达江
签订日期：2024年07月01日

投资方：北京佳美股份有限公司
法定代表：杨光
签订日期：2024年07月01日

ICBC 中国工商银行　业务回单（付款）

日期：2024 年07月01日
回单编号：20948749
付款人户名：北京佳美股份有限公司　　付款人开户行：中国工商银行北京西城支行
付款人账号（卡号）：1100076323130010755
收款人户名：北京鑫荣贸易有限公司　　收款人开户行：中国工商银行朝阳支行
收款人账号（卡号）：1100076090849080926
金额：贰仟柒佰万元整　　小写：27,000,000.00元
业务（产品）种类：同行发报　凭证种类：000000000　　凭证号码：0000000000000000
摘要：投资款　　用途：投资款　　币种：人民币
交易机构：0410000298　记账柜员：00023　交易代码：52062　　渠道：网上银行

附言：
支付交易序号：53076095　报文种类：普通贷记业务　委托日期：2024年07月01日
业务类型（种类）：普通汇兑　指令编号：HQP1102126526　提交人：13774551526.c.4526
最终授权人：0920007080300001.c.4100

中国工商银行北京分行　自助回单机专用章　（003）

本回单为第1次打印，注意重复　　打印日期：2024 年07月01日　　打印柜员：9　验证码：1B5FB9A63016

2. 2024年7月1日，北京优乐电器有限公司以银行存款、库存商品取得北京鑫荣贸易有限公司65%的股权，并于当日起能够对北京鑫荣贸易有限公司实施控制。合并前两家公司不存在任何关联方关系。请根据相关资料进行账务处理。

1101203130 **北京增值税专用发票** №09618386 1101203130

此联不作报销、扣税凭证使用 09618386

开票日期：2024年07月01日

购买方	名称：北京鑫荣贸易有限公司 纳税人识别号：91110908045728068X 地址、电话：北京市朝阳区来广营西路108号 010-62844408 开户行及账号：中国工商银行朝阳支行 1100076090849080926	密码区	4</73**8-/+7+358/3*1761*6448 241<38*91<457<66812003+0/651 8/863<*55>*+4752+32/48<11*4/ 9++4/<*311<+*227-1398689495-

货物或应税劳务、服务名称	规格型号	单位	数量	单价	金额	税率	税额
*家用冷冻箱*单门式冰箱		台	1000	1720.00	1720000.00	13%	223600.00
合计					¥1720000.00		¥223600.00
价税合计（大写）	⊗ 壹佰玖拾肆万叁仟陆佰圆整				（小写）¥1943600.00		

销售方	名称：北京优乐电器有限公司 纳税人识别号：91110000562624588M 地址、电话：北京市海淀区西环南路18号 010-51572552 开户行及账号：中国工商银行北京分行 1100006513145662686	备注	北京优乐电器有限公司 91110000562624588M 发票专用章

收款人：孟妤　　复核：程誉　　开票人：苏玫　　销售方：（章）

税总函[2019]117号北京印钞有限公司

第一联：记账联 销售方记账凭证

投资协议

投资方：北京优乐电器有限公司　　被投资方：北京鑫荣贸易有限公司

为促进企业发展需要，双方经过友好协商，达成合并共识，协议如下：

1. 北京优乐电器有限公司于2024年07月01日以银行存款1310000元和库存商品（单门式冰箱）不含税公允价值1720000元作为合并对价，取得北京鑫荣贸易有限公司65%股份，能够对北京鑫荣贸易有限公司达到实际控制。
2. 投资方取得上述股份后，由新股东会对原公司成立时订立的章程、协议等有关文件进行修改和完善。
3. 投资方按其出资额享受权利。
4. 投资方按其出资额承担义务。
5. 本协议一式三份，立约人各执一份，一份报市场监督管理局。

被投资方：北京鑫荣商贸有限公司
法定代表：陈达江
签订日期：[illegible]1年07月01日

投资方：北京优乐电器有限公司
法定代表：叶城辉
签订日期：2021年07月01日

1101203130　　北京增值税专用发票　　№09986320　1101203130

发票联　　09986320

开票日期：2024年07月01日

购买方	名　称：北京优乐电器有限公司 纳税人识别号：91110000562624588M 地址、电话：北京市海淀区西环南路18号 010-51572552 开户行及账号：中国工商银行北京分行 1100006513145662686	密码区	4</73**8-/+7+358/3*1761*6448 241<38*91<457<66812003+0/651 8/863<*55>*+4752+32/48<11*4/ 9++4/<*311<+*227-1398689495-

货物或应税劳务、服务名称	规格型号	单位	数量	单价	金额	税率	税额
*鉴证服务费*审计费		次	1	30000.00	30000.00	6%	1800.00
合　计					¥30000.00		¥1800.00
价税合计（大写）	⊗ 叁万壹仟捌佰圆整				（小写）¥31800.00		

销售方	名　称：北京大华财务咨询有限公司 纳税人识别号：91110908046915096X 地址、电话：北京海淀区中关村高新园创新路20号 010-89347118 开户行及账号：中国工商银行北京海淀支行 1100021904870892576	备注	北京大华财务咨询有限公司 91110908046915096X 发票专用章

收款人：王淑英　　复核：余龙镇　　开票人：许正　　销售方：（章）

税总函[2019]117号北京印钞有限公司

第三联：发票联　购买方记账凭证

ICBC 中国工商银行　　**业务回单**（付款）

日期：2024 年07月01日
回单编号：20050060079
付款人户名：北京优乐电器有限公司　　付款人开户行：中国工商银行北京分行
付款人账号（卡号）：1100006513145662686
收款人户名：北京大华财务咨询有限公司　　收款人开户行：中国工商银行北京海淀支行
收款人账号（卡号）：1100021904870892576
金额：叁万壹仟捌佰元整　　小写：31,800.00元
业务（产品）种类：同行发报　凭证种类：000000000　　凭证号码：0000000000000000
摘要：审计评估费　　用途：审计评估费　　币种：人民币
交易机构：0410000298　记账柜员：00023　交易代码：52062　　渠道：网上银行

附言：
支付交易序号：23276096　报文种类：普通贷记业务　委托日期：2024年07月01日
业务类型（种类）：普通汇兑　指令编号：HQP1342126134　提交人：13774551526.c.4070
最终授权人：0920007080300001.c.4100

中国工商银行北京分行　自助回单机专用章　(003)

本回单为第1次打印，注意重复　　打印日期：2024 年07月01日　　打印柜员：9　验证码：1B5FB9A63009

ICBC 中国工商银行　　**业务回单**（付款）

日期：2024 年07月01日
回单编号：20050060080
付款人户名：北京优乐电器有限公司　　付款人开户行：中国工商银行北京分行
付款人账号（卡号）：1100006513145662686
收款人户名：北京鑫荣贸易有限公司　　收款人开户行：中国工商银行朝阳支行
收款人账号（卡号）：1100076090849080926
金额：壹佰叁拾壹万元整　　小写：1,310,000.00元
业务（产品）种类：同行发报　凭证种类：000000000　　凭证号码：0000000000000000
摘要：投资款　　用途：投资款　　币种：人民币
交易机构：0410000298　记账柜员：00023　交易代码：52062　　渠道：网上银行

附言：
支付交易序号：22076003　报文种类：普通贷记业务　委托日期：2024年07月01日
业务类型（种类）：普通汇兑　指令编号：HQP1112126134　提交人：13774551526.c.4101
最终授权人：0920007080300001.c.4100

中国工商银行北京分行　自助回单机专用章　(003)

本回单为第1次打印，注意重复　　打印日期：2024 年07月01日　　打印柜员：9　验证码：1B5FB9A63906

物资类别	库存商品

出库单

NC00501097

2024 年 07 月 01 日

提货单位或部门	北京鑫荣贸易有限公司	发票号码或销售单号	63012510	发出仓库	成品库	出库日期	2024-07-01

编号	名称及规格	单位	数量		单价	金额
			要数	实发		
1002	单门式冰箱	台	1000	1000		
合计						

第二联 记账联

部门主管：蒋言意 会计：苏玫 仓库：郑鸣 制表：郑鸣

3. 北京优乐电器有限公司从公开市场中购入北京宏达股份有限公司发行在外普通股 20 万股，每股价格 3.30 元，占被投资企业 25%股份，能够对北京宏达股份有限公司施加重大影响。请根据相关资料进行账务处理。

（1）2023 年 6 月 1 日，北京优乐电器有限公司取得股权。

交割单

营业部名称：北京银河证券交易所

用户名：：北京优乐电器有限公司

资金账号：1100076090487080966

查询日期：2023 年06月01日 至 2025 年06月01日

序号	交收日期	合同号	资金账号	股东代码	证券代码	证券名称	交易类别	成交价格	成交数量	证券余额	成交金额	资金发生数	资金余额	费用合计	净佣金	规费	印花税	过户费	经手费	清算费	前台费用	交易归费	证管费	币种
01	2023-06-01	009593	90487080966	108578804	0011[illegible]	北京宏达…	证券买入	3.30	200000.00	780000.00	660000.00	660000.00	120000.00	0.00	0.00	0.00	0.00	0.00	0.00	0.00	0.00	0.00	0.00	0.00

（2）2023 年 12 月 31 日，北京优乐电器有限公司调整长期股权投资损益。资产公允价值和账面价值相等。

持有收益计算表

单位：北京优乐电器有限公司 日期：2023年12月31日

被投资公司	持有期间净利润	持有份额	确认收益	备注
北京宏达股份有限公司	736236.12	25%	184059.03	采用权益法核算

审核：程誉 制表：苏玫

（3）2023 年 12 月 31 日，北京优乐电器有限公司调整其他综合收益。

其他综合收益计算表

单位：北京优乐电器有限公司 日期：2023年12月31日

被投资公司	被投资公司项目	累计公允价值变动额	投资比例	其他综合收益
北京宏达股份有限公司	其他债权投资	100000.00	25%	25000.00

审核：程誉 制表：苏玫

(4) 2024 年 1 月 22 日，北京宏达股份有限公司宣告发放现金股利。
(5) 2024 年 2 月 16 日，北京优乐电器有限公司收到现金股利。
4. 北京优乐电器有限公司转让长期股权投资。请根据收到的单据进行账务处理。

股权转让协议

转让方（甲方）：北京优乐电器有限公司　　受让方（乙方）：北京琳琅贸易有限公司

甲乙双方经过友好协商，就甲方持有的北京佳美股份有限公司股权转让给乙方持有的相关事宜，达成如下协议，以资信守：

1. 转让方转让给受让方北京佳美股份有限公司22%的股权，受让方同意接受。
2. 由甲方在本协议签署前办理或提供本次股权转让所需的原公司股东同意本次股权转让的决议等文件。
3. 股权转让价格及支付方式、支付期限：20万股，每股售价6元，于2024年10月25日完成交割，款项于协议签订当日用银行存款支付。
4. 本协议生效且乙方按照本协议约定支付股权转让对价后即可获得股东身份。
5. 乙方按照本协议约定支付股权转让对价后立即依法办理公司股东、股权、章程修改等相关变更登记手续，甲方应给予积极协助或配合，变更登记所需费用由乙方承担。
6. 受让方受让上述股权后，由新股东会对原公司成立时订立的章程、协议等有关文件进行相应修改和完善，并办理变更登记手续。
7. 股权转让前及转让后公司债权债务由公司依法承担，如果依法追及到股东承担赔偿责任或连带责任的，由新股东承担相应责任。转让方的个人债权债务仍由其享有或承担。
8. 股权转让后，受让方按其在公司股权比例享受股东权益并承担股东义务。
9. 本协议正本一式四份，立约人各执一份，公司存档一份，报市场监督管理局备案登记一份。
10. 本协议自双方签字之日起生效。

转让方（甲方）：北京优乐电器有限公司　　受让方（乙方）：北京琳琅贸易有限公司

法人代表：叶城辉　　法人代表：赵美

协议日期：2024年10月25日　　协议日期：2024年10月25日

（印章：北京优乐电器有限公司；叶城辉印；北京琳琅贸易有限公司；赵美印）

业务回单（收款）

ICBC 中国工商银行

日期：2024年10月25日
回单编号：34246700754
付款人户名：北京琳琅贸易有限公司　　付款人开户行：中国农业银行北京分行
付款人账号（卡号）：110100789733676346325
收款人户名：北京优乐电器有限公司　　收款人开户行：中国工商银行北京分行
收款人账号（卡号）：1100006513145662686
金额：壹佰贰拾万元整　　小写：1,200,000.00元
业务（产品）种类：跨行收报　凭证种类：000000000　　凭证号码：0000000000000000
摘要：转让长期股权投资　用途：转让长期股权投资　　币种：人民币
交易机构：0410000298　记账柜员：00023 交易代码：52110　　渠道：其他

附言：
支付交易序号：23076094　报文种类：普通贷记业务　委托日期：2024 年10月25日
业务类型（种类）：普通汇兑

（印章：中国工商银行北京分行 自助回单机专用章（003））

本回单为第1次打印，注意重复　打印日期：2024年10月25日　打印柜员：9　验证码：536FE9A71006

股票明细表

单位：北京优乐电器有限公司　　　　日期：2024年10月25日

股票名称	资产类别	股数	投资成本	损益调整	其他权益变动	其他综合收益	转让价格	备注
北京佳美股份有限公司	长期股权投资	20万股	920000.00	210402.00	14960.00	24200.00	1200000.00	采用权益法核算

审核：程誉　　　　制表：苏玫

交割单

营业部名称：北京银河证券交易所
用户名：北京优乐电器有限公司
资金账号：1100076090487080966
查询日期：2024年10月25日 至 2024年10月25日

序号	交收日期	合同号	资金账号	股东代码	证券代码	证券名称	交易类别	成交价格	成交数量	证券余额	成交金额	资金发生数	资金余额	费用合计	净佣金	规费	印花税	过户费	经手费	清算费	前台费用	交易归费	证管费	币种
01	2024-10-25	009592	90487080966	108574503	001185	北京佳美股份	证券出售	6.00	200000.00	301000.00	1200000.00	1200000.00	1501000.00	0.00	0.00	0.00	0.00	0.00	0.00	0.00	0.00	0.00	0.00	0.00

实训任务二　固定资产业务

1. 2024年1月2日，北京优乐电器有限公司购入不需安装的办公设备。请根据相关单据进行账务处理。

1101203130　　北京增值税专用发票　　№08618383　1101203130

发票联　　　　08618383

开票日期：2024年01月02日

购买方	名　　称：北京优乐电器有限公司 纳税人识别号：91110000562624588M 地址、电话：北京市海淀区西环南路18号 010-51572552 开户行及账号：中国工商银行北京分行 1100006513145662686			密码区	4</73**8-/+7+358/3*1761*6448 241<38*91<457<66812003+0/651 8/863<*55>*+4752+32/48<11*4/ 9++4/<*311<+*227-1398689495-		
货物或应税劳务、服务名称	规格型号	单位	数量	单价	金额	税率	税额
*电子计算机*笔记本电脑		台	10	2940.00	29400.00	13%	3822.00
合　计					¥29400.00		¥3822.00
价税合计（大写）	⊗ 叁万叁仟贰佰贰拾贰圆整				（小写）¥33222.00		
销售方	名　　称：北京同聚工贸有限公司 纳税人识别号：91110116858983042X 地址、电话：北京市东城区和平里北街8号 010-69952389 开户行及账号：中国农业银行北京东区支行 11030001030000138			备注	91110116858983042X		

收款人：徐凯　　复核：王晓娟　　开票人：徐冰帅　　销售方：（章）

税总函[2019]117号北京印钞有限公司

第三联：发票联　购买方记账凭证

购销合同

供方：北京同聚工贸有限公司　　　　合同号：XSHT2556

需方：北京优乐电器有限公司　　　　签订日期：2024年01月02日

经双方协议，订立本合同如下：

名称	规格型号	单位	数量	含税单价	金额
笔记本电脑		台	10	3322.20	33222.00
合计	——	——	——	——	33222.00
货款总计（大写）：　叁万叁仟贰佰贰拾贰元整					

质量验收标准：外观无瑕疵，货品名称、规格、材质符合需方要求。

交货日期：2024年01月02日

交货地点：北京市海淀区西环南路18号

结算方式：供方发货后，需要以银行存款支付全部款项。

违约条款：违约方须赔偿对方一切经济损失。但遇天灾人祸或其他人力不能控制之因素而导致延误交货，需方不能要求供方赔偿任何损失。

解决合同纠纷的方式：经双方友好协商解决，如协商不成的，可向当地仲裁委员会提出申诉解决。

本合同一式两份，供需双方各执一份，自签订之日起生效。

供方（盖章）：北京同聚工贸有限公司
税号：911101168[illegible]983042X
开户银行名称：中国农业银行北京东区支行
开户银行账号：11[illegible]00103000[illegible]38
地址：北京市东城区和平里北街8号
法定代表人：张伯子
公司联系电话：010-69952389

需方（盖章）：北京优乐电器有限公司
税号：9111000056[illegible]624588M
开户银行名称：中国工商银行北京分行
开户银行账号：1[illegible]0065131456626[illegible]
地址：北京市海淀区西环南路18号
法定代表人：叶城辉
公司联系电话：010-51572552

1101203130　　**北京增值税专用发票**　　№08618384　1101203130

发　票　联

08618384

开票日期：2024年01月02日

购买方	
名　　称：	北京优乐电器有限公司
纳税人识别号：	9111000056262458８M
地　址、　电　话：	北京市海淀区西环南路18号 010-51572552
开户行及账号：	中国工商银行北京分行 1100006513145662686

密码区：
4</73**8-/+7+358/3*1761*6448
241<38*91<457<66812003+0/651
8/863<*55>*+4752+32/48<11*4/
9++4/<*311<+*227-1398689495-

货物或应税劳务、服务名称	规格型号	单位	数量	单价	金额	税率	税额
*运输服务*运输费		次	1	600.00	600.00	9%	54.00
合　　计					¥600.00		¥54.00
价税合计（大写）	⊗ 陆佰伍拾肆圆整				（小写）¥654.00		

销售方	
名　　称：	北京宏顺物流有限公司
纳税人识别号：	91110000488033565X
地　址、　电　话：	北京市通州区张采路53号 010-87234674
开户行及账号：	中国工商银行北京分行 1100006090433258979

备注：运输起讫点：北京-北京　运输货物：笔记本电脑　车牌号：京A12345

收款人：宋文明　　复核：蒋子文　　开票人：胡文文　　销售方：（章）

第三联：发票联　购买方记账凭证

税总函[2019]117号北京印钞有限公司

付款申请单

申请部门：采购部　　　　2024 年 01 月 02 日

收款单位名称（全称）		付款事由（用途）	金额	付款方式
北京同聚工贸有限公司		购买笔记本电脑及代垫运费	33876.00	网银转账
备注	购买笔记本电脑及代垫运费　银行付讫			
合计金额（大写）	叁万叁仟捌佰柒拾陆圆整		合计金额（小写）	¥：33876.00
发票种类	增值税专用发票	款项所属账期	2024 年 01 月	

总经理：　　审批：程誉　　财务：林珑　　出纳：孟妤　　主管：华逸　　经办：余小悦

ICBC 中国工商银行　　业务回单（付款）

日期：2024年01月02日
回单编号：20020068945
付款人户名：北京优乐电器有限公司　　付款人开户行：中国工商银行北京分行
付款人账号（卡号）：1100006513145662686
收款人户名：北京同聚工贸有限公司　　收款人开户行：中国农业银行北京东区支行
收款人账号（卡号）：11030001030000138
金额：叁万叁仟捌佰柒拾陆元整　　小写：33,876.00元
业务（产品）种类：跨行发报 凭证种类：000000000　　凭证号码：0000000000000000
摘要：支付采购款　　用途：支付采购款　　币种：人民币
交易机构：0410000298 记账柜员：00023　交易代码：52062　　渠道：网上银行

附言：
支付交易序号：23036393　报文种类：普通贷记业务 委托日期：2024年01月02日
业务类型（种类）：普通汇兑 指令编号：HQP1102126126 提交人：13774551526.c.4450
最终授权人：0920007080300001.c.4100

中国工商银行北京分行 自助回单机专用章 (003)

本回单为第1次打印，注意重复　　打印日期：2024年01月02日　　打印柜员：9　验证码：1B5FB9A63005

2. 2024 年 4 月 30 日，北京优乐电器有限公司经营出租打印机计提折旧。请根据相关单据进行账务处理。

固定资产折旧表

单位：北京优乐电器有限公司　　　　日期：2024年04月30日

编号	名称	单位	数量	使用部门	购入日期	原值	预计使用年限	残值率	预计净残值	月折旧额	累计折旧	净值
102	打印机	台	1	经营出租	2019-02-01	8000.00	3	0.05	400.00	211.11	5488.86	2511.14

审核：程誉　　制表：苏玫

3. 北京优乐电器有限公司固定资产改扩建。请根据相关单据进行账务处理。

(1) 2024 年 7 月 31 日固定资产转入在建工程。

固定资产改造申请说明

由于我司技术改进，生产产品质量提高，原先的精密立式车床已无法满足生产的需要，考虑重新购买车床成本较高，建议就对原先的精密线轨车床进行改造，更换功率较高的电机。

申请部门：生产车间

申请时间：2024 年07月31日

申请人：王正龙

北京优乐电器有限公司

2024年07月31日

固定资产折旧表

单位：北京优乐电器有限公司　　　　日期：2024年07月31日

编号	名称	单位	数量	使用部门	购入日期	原值	预计使用年限	残值率	预计净残值	月折旧额	累计折旧	净值
1	精密立式车床	台	1	生产车间	2019年05月10日	470000.00	10	0.05	23500.00	3720.83	230691.46	239308.54
合计	—	—	—	—	—	470000.00	—	—	23500.00	3720.83	230691.46	239308.54

审核：程誉　　　　制表：苏玫

（2）2024 年 8 月 14 日固定资产改建拆除的旧电机残料回收抵减在建工程。

固定资产折旧表

单位：北京优乐电器有限公司　　　　日期：2024 年08月14日

编号	名称	单位	数量	使用部门	购入日期	原值	预计使用年限	残值率	预计净残值	月折旧额	累计折旧	净值
1	旧电机	台	1	生产车间	2019年05月10日	40000.00	10	0.05	2000.00	316.67	19950.21	20049.79
合计	—	—	—	—	—		—	—				

审核：程誉　　　　制表：苏玫

入　库　单　　№ 07130500

交货单位：基本生产车间　　　　2024 年08 月14 日

品名	单位	规格	数量	单价	金额 千	百	十	万	千	百	十	元	角	分
旧电机	台		1											
合计大写	仟 佰 拾 万 仟 佰 拾 元 角 分 ¥													

第二联 会计联

记账：林珑　　　　保管：蒋言意　　　　制票：郑鸣

（3）2024 年 8 月 15 日因固定资产改建购买新电机部件。

1101203130　　北京增值税普通发票　　№02113083　1101203130

发　票　联　　　　　　　　　　　　　　　　　　　　　　　　02113083

开票日期：2024年08月15日

购买方	名　　称：北京优乐电器有限公司 纳税人识别号：91110000562624588M 地址、电话：北京市海淀区西环南路18号 010-51572552 开户行及账号：中国工商银行北京分行 1100006513145662686	密码区	4</73**8-/+7+358/3*1761*6448 241<38*91<457<66812003+0/651 8/863<*55>*+4752+32/48<11*4/ 9++4/<*311<+*227-1398689495-

货物或应税劳务、服务名称	规格型号	单位	数量	单价	金额	税率	税额
*发电机*电机		台	1	160000.00	160000.00	13%	20800.00
合　计					¥160000.00		¥20800.00
价税合计（大写）	⊗ 壹拾捌万零捌佰圆整				（小写）¥180800.00		

销售方	名　　称：北京同聚工贸有限公司 纳税人识别号：91110116858983042X 地址、电话：北京市东城区和平里北街8号 010-69952389 开户行及账号：中国农业银行北京东区支行 11030001030000138	备注	北京同聚工贸有限公司 91110116858983042X 发票专用章

收款人：徐凯　　复核：王晓娟　　开票人：徐冰帅　　销售方：（章）

税总函[2019]117号北京印钞有限公司

第二联：发票联　购买方记账凭证

付款申请单

申请部门：采购部　　　　　　　　　　　　2024年　08月　15日

收款单位名称（全称）	付款事由（用途）	金额	付款方式
北京同聚工贸有限公司	购买电机	180800.00	网银转账
备注	改造精密立式车床购买电机　银行付讫		
合计金额（大写）	壹拾捌万零捌佰圆整	合计金额（小写）	¥：180800.00
发票种类	增值税专用发票	款项所属账期	2024 年 08 月

总经理：吴磊　审批：程誉　财务：苏玫　出纳：孟妤　主管：华逸　经办：余小悦

ICBC 中国工商银行　　　　业务回单（付款）

日期：2024年08月15日
回单编号：23904872
付款人户名：北京优乐电器有限公司　　付款人开户行：中国工商银行北京分行
付款人账号（卡号）：1100006513145662686
收款人户名：北京同聚工贸有限公司　　收款人开户行：中国农业银行北京东区支行
收款人账号（卡号）：11030001030000138
金额：壹拾捌万零捌佰元整　　小写：180,800.00元
业务（产品）种类：跨行发报　凭证种类：000000000　　凭证号码：0000000000000000
摘要：购买电机　用途：购买电机　　币种：人民币
交易机构：0410000298　记账柜员：00023　交易代码：52062　　渠道：网上银行

附言：
支付交易序号：23076098　报文种类：普通贷记业务　委托日期：2024年08月15日
业务类型（种类）：普通汇兑　指令编号：HQP1102126084　提交人：13774551526.c.4740
最终授权人：0920007080300001.c.4100

中国工商银行北京分行 自助回单机专用章（003）

本回单为第1次打印，注意重复　打印日期：2024年08月15日　打印柜员：9　验证码：1B5FB9A63056

（4）2024 年 8 月 31 日固定资产改造完工投入使用。

固定资产验收单

2024 年 08 月 31 日

资产编号	1120			资产来源	更新改造		
名　称	精密立式车床			规格型号		购（造）价	379258.75
安装费	0.00	使用年限	10年	预计残值率	5%	预计残值	18962.94
建造单位	北京优乐电器有限公司			交工日期	2024年08月31日		
验收部门	行政部	验收人员	秦舒梅	管理部门	基本生产车间	管理人员	苏未平
备　注	作为机械设备类使用						

审核：萧悦永　　制表：秦舒梅

在建工程成本计算表

单位：北京优乐电器有限公司　　日期：2024 年08月31日

项目	改造前成本	增加成本	抵减成本	总成本	备注
精密立式车床	239308.54	160000.00	20049.79	379258.75	

审核：程誉　　制表：苏玫

4. 北京优乐电器有限公司出售固定资产，请根据相关资料进行账务处理。

（1）2024 年 8 月 20 日固定资产转入清理。

固定资产出售申请表

单位：北京优乐电器有限公司　　日期：2024 年08月20日

资产编号	资产名称	规格型号	采购时间	账面价值				使用年限		数量
				原价	已提折旧	本月折旧	净值	总年限	已使用	
015-024	联想电脑台式	H3050	2022年04月21日	4000.00	2850.12	105.56	1044.32	3年	28个月	10台
原因	因更换新电脑，建议将该批电脑出售。									

行政部意见：	财务部意见：	总经理意见：
经我部审查上述情况属实，同意出售处理。	经我部审查上述情况属实，同意出售处理。	同意出售处理。
签字：萧悦永	签字：程誉	签字：叶城辉

（2）2024 年 8 月 21 日支付清理费用。

费用报销单

日期 2024 年 08 月 21 日　　　　附件 1 张

报销人	秦舒梅	所属部门	行政部	报销形式	现金支付
				支票号码	
报销项目		摘要		金额	备注
支付电脑拆卸费费		联想电脑		530.00	
		现金付讫			
合　计				¥530.00	
金额大写（人民币）：伍佰叁拾元整				原借款：¥0.00	公司应支付：¥530.00 元 个人应退回：0.00 元

财务主管：程誉　部门主管：萧悦永　会计：苏玫　出纳：孟妤　收款人：秦舒梅

1101203130　**北京增值税普通发票**　№09618421　1101203130　09618421

发票联

开票日期：2024年08月21日

购买方	名　称：北京优乐电器有限公司 纳税人识别号：91110000562624588M 地址、电话：北京市海淀区西环南路18号 010-51572552 开户行及账号：中国工商银行北京分行 1100006513145662686				密码区	4</73**8-/+7+358/3*1761*6448 241<38*91<457<66812003+0/651 8/863<*55>*+4752+32/48<11*4/ 9++4/<*311<+*227-1398689495-	
货物或应税劳务、服务名称	规格型号	单位	数量	单价	金额	税率	税额
*物流辅助服务*拆卸费		次	1	500.00	500.00	6%	30.00
合　计					¥500.00		¥30.00
价税合计（大写）	⊗ 伍佰叁拾圆整				（小写）¥530.00		
销售方	名　称：北京琳琅贸易有限公司 纳税人识别号：911101034129862232 地址、电话：北京市小营中关村东升科技园二期西区18号 010-834223 开户行及账号：中国农业银行北京分行 110100789733676346325				备注		

收款人：王诗诗　复核：张明德　开票人：赵萍萍　销售方：（章）

税总函[2019]117号北京印钞有限公司

第二联：发票联 购买方记账凭证

北京琳琅贸易有限公司 911101034129862232 发票专用章

（3）2024 年 8 月 23 日出售固定资产。

购销合同

供方：北京优乐电器有限公司　　　　合同号：XSHT0823

需方：北京宝利商贸有限公司　　　　签订日期：2024 年08月23日

经双方协议，订立本合同如下：

名称	规格型号	单位	数量	含税单价	金额
联想电脑台式		台	10	1186.5	11865.00
合计	——	——	——	——	11865.00
货款总计（大写）： 壹万壹仟捌佰陆拾伍元整					

质量验收标准：外观无瑕疵，货品名称、规格、材质符合需方要求。

交货日期：2024 年08月23日

交货地点：北京市朝阳区北苑路20号

结算方式：供方发货后，需方用银行存款支付全部款项。

违约条款：违约方须赔偿对方一切经济损失。但遇天灾人祸或其他人力不能控制之因素而导致延误交货，需方不能要求供方赔偿任何损失。

解决合同纠纷的方式：经双方友好协商解决，如协商不成的，可向当地仲裁委员会提出申诉解决。

本合同一式两份，供需双方各执一份，自签订之日起生效。

供方（盖章）：北京优乐电器有限公司
税号：91110000562624588M
开户银行名称：中国工商银行北京分行
开户银行账号：1100006513145662686
地址：北京市海淀区西环南路18号
法定代表人：叶城辉
公司联系电话：010-51572552

需方（盖章）：北京宝利商贸有限公司
税号：91110105690015145P
开户银行名称：中国工商银行北京分行
开户银行账号：1101007897336764111
地址：北京市朝阳区北苑路20号
法定代表人：赵昱
公司联系电话：010-88543454

北京增值税专用发票

1101203130　　　　№12618372　1101203130

此联不作报销、扣税凭证使用

12618372

开票日期：2024 年08月23日

购买方：
名　　称：北京宝利商贸有限公司
纳税人识别号：91110105690015145P
地址、电话：北京市朝阳区北苑路20号 010-88543454
开户行及账号：中国工商银行北京分行 1101007897336764111

密码区：
4</73**8-/+7+358/3*1761*6448
241<38*91<457<66812003+0/651
8/863<*55>*+4752+32/48<11*4/
9++4/<*311<+*227-1398689495-

货物或应税劳务、服务名称	规格型号	单位	数量	单价	金额	税率	税额
*电子计算机*联想电脑台式		台	10	1050.00	10500.00	13%	1365.00
合计					¥10500.00		¥1365.00
价税合计（大写）	⊗ 壹万壹仟捌佰陆拾伍圆整				（小写）¥11865.00		

销售方：
名　　称：北京优乐电器有限公司
纳税人识别号：91110000562624588M
地址、电话：北京市海淀区西环南路18号 010-51572552
开户行及账号：中国工商银行北京分行 1100006513145662686

备注：

收款人：孟妤　　复核：程誉　　开票人：苏玫　　销售方：（章）

税总函[2019]117号北京印钞有限公司

第一联：记账联 销售方记账凭证

业务回单（收款）

ICBC 中国工商银行

日期：2024年08月23日
回单编号：20045000001
付款人户名：北京宝利商贸有限公司　　付款人开户行：中国工商银行北京分行
付款人账号（卡号）：1101007897336764111
收款人户名：北京优乐电器有限公司　　收款人开户行：中国工商银行北京分行
收款人账号（卡号）：1100006513145662686
金额：壹万壹仟捌佰陆拾伍元整　　小写：11,865.00元
业务（产品）种类：跨行收报　凭证种类：000000000　　凭证号码：0000000000000000
摘要：出售电脑　用途：出售电脑　　币种：人民币
交易机构：0410000298　记账柜员：00023 交易代码：52110　　渠道：其他

附言：
支付交易序号：23076083　报文种类：普通贷记业务　委托日期：2024年08月23日
业务类型（种类）：普通汇兑

中国工商银行北京分行 自助回单机专用章（003）

本回单为第1次打印，注意重复　打印日期：2024年08月23日　打印柜员：9　验证码：536FE9A71006

销售单

客户名称：北京宝利商贸有限公司　2024 年 08 月 23 日　№：63012521

品名	规格	单位	单价	数量	金额
联想电脑台式		台	1186.5	10	11865.00
总计金额（大写）：	壹万壹仟捌佰陆拾伍元整				¥11865.00

第一联：存根（白）第二联：客户（红）

信用审批：叶城辉　业务主管：关强　经办人：陆明玉

（4）2024 年 8 月 25 日结转固定资产清理净损益。

固定资产处置损益计算表

单位：北京优乐电器有限公司　金额单位：元　日期：2024 年08月25日

资产名称	单位	数量	原值	已提折旧	本月折旧	账面价值	清理费用	清理收入	清理损益
联想电脑台式	台	10	40000.00	28501.20	1055.60	10443.20	530.00	10500.00	-473.20

审核：程誉　制表：苏玫

实训任务三　无形资产业务

1. 2024 年 1 月 15 日，北京优乐电器有限公司购入专利权，请根据相关单据进行账务处理。

付款申请单

申请部门：采购部　2024 年 01 月 15 日

收款单位名称（全称）	付款事由（用途）	金额	付款方式
北京同聚工贸有限公司	购入外观设计专利	180000.00	银行承兑汇票
备注	购入外观设计专利权　票据结算		
合计金额（大写）	壹拾捌万圆整	合计金额（小写）	¥：180000.00
发票种类	增值税普通发票	款项所属账期	2024 年 01 月

总经理：吴磊　审批：程誉　财务：林珑　出纳：孟妤　主管：华逸　经办：余小悦

银行承兑汇票

2　$\frac{BB}{01}$ 00535124

出票日期（大写）　贰零贰肆 年　零壹　月 壹拾伍 日

出票人全称	北京优乐电器有限公司	收款人	全称	北京同聚工贸有限公司
出票人账号	1100006513145662686		账号	11030001030000138
付款行全称	中国工商银行北京分行		开户银行	中国农业银行北京东区支行
出票金额	人民币（大写）壹拾捌万元整		亿 千 百 十 万 千 百 十 元 角 分	¥ 1 8 0 0 0 0 0 0
汇票到期日（大写）	贰零贰肆年零柒月壹拾肆日	付款行	行号	110424581368
承兑协议编号	FP00428945		地址	北京市海淀区北四环西路65号
本汇票请你行承兑，到期无条件付款。 （北京优乐电器有限公司 财务专用章）（辉叶印城） 出票人签章		本汇票已经承兑，到期日由本行付款。 （中国工商银行北京分行 110424581368 汇票专用章） 承兑日期 2024 年 01 月 15 日 备注：		复核　记账

此联收款人开户行随托收凭证寄付款行作借方凭证附件

1101203130　北京增值税普通发票　№19612803　1101203130

19612803

发　票　联

开票日期：2024 年01月15日

购买方	名　　称：北京优乐电器有限公司 纳税人识别号：91110000562624588M 地址、电话：北京市海淀区西环南路18号 010-51572552 开户行及账号：中国工商银行北京分行 1100006513145662686	密码区	4</73**8-/+7+358/3*1761*6448 241<38*91<457<66812003+0/651 8/863<*55>*+4752+32/48<11*4/ 9++4/<*311<+*227-1398689495-

货物或应税劳务、服务名称	规格型号	单位	数量	单价	金额	税率	税额
*无形资产*专利权		项	1	180000.00	180000.00	免税	
合　计					¥180000.00		
价税合计（大写）	⊗ 壹拾捌万圆整				（小写）¥180000.00		

销售方	名　　称：北京同聚工贸有限公司 纳税人识别号：91110116858983042X 地址、电话：北京市东城区和平里北街8号 010-69952389 开户行及账号：中国农业银行北京东区支行 11030001030000138	备注	设计专利权 （北京同聚工贸有限公司 91110116858983042X 发票专用章）

收款人：徐凯　　复核：王晓娟　　开票人：徐冰帅　　销售方：（章）

税总函[2019]117号北京印钞有限公司

第二联：发票联　购买方记账凭证

2. 北京优乐电器有限公司自行研究开发无形资产，请根据相关单据进行账务处理。

（1）2024 年 1 月 23 日支付研究阶段新工艺咨询费。

付款申请单

申请部门：研发部　　　　　　　　　　　　　　2024 年 01 月 23 日

收款单位名称（全称）		付款事由（用途）	金额	付款方式
北京市测试设计研究院		支付咨询费	5300.00	网银转账
备注	新工艺咨询费			
合计金额（大写）	伍仟叁佰圆整		合计金额（小写）	¥ 5300.00
发票种类	增值税专用发票	款项所属账期	2024 年 01 月	

银行付讫

总经理：吴磊　审批：程誉　财务：林珑　出纳：孟妤　主管：肖研　经办：傅杰

1101203130　　**北京增值税专用发票**　　№42512313　1101203130

发　票　联

42512313

开票日期：2024 年01月23日

购买方	
名　　称	北京优乐电器有限公司
纳税人识别号	91110000562624588M
地址、电话	北京市海淀区西环南路18号 010-51572552
开户行及账号	中国工商银行北京分行 1100006513145662686
密码区	4</73**8-/+7+358/3*1761*6448 241<38*91<457<66812003+0/651 8/863<*55>*+4752+32/48<11*4/ 9++4/<*311<+*227-1398689495-

货物或应税劳务、服务名称	规格型号	单位	数量	单价	金额	税率	税额
*研发和技术服务*新工艺咨询费		次	1	5000.00	5000.00	6%	300.00
合　计					¥5000.00		¥300.00
价税合计（大写）	⊗ 伍仟叁佰圆整				（小写）¥5300.00		

销售方	
名　　称	北京市测绘设计研究院
纳税人识别号	1211000040071023X2
地址、电话	北京市西城区南礼士路60号 010-63985887
开户行及账号	中国工商银行北京分行 1100005502136786566
备注	

收款人：白图　复核：王思　开票人：童睦　销售方：（章）

税总函[2019]117号北京印钞有限公司

第三联：发票联　购买方记账凭证

北京市测绘设计研究院 1211000040071023X2 发票专用章

ICBC 中国工商银行　　业务回单（付款）

日期：2024年01月23日
回单编号：23094875
付款人户名：北京优乐电器有限公司　　付款人开户行：中国工商银行北京分行
付款人账号（卡号）：1100006513145662686
收款人户名：北京市测绘设计研究院　　收款人开户行：中国工商银行北京分行
收款人账号（卡号）：1100005502136786566
金额：伍仟叁佰元整　　小写：5,300.00元
业务（产品）种类：跨行发报　凭证种类：000000000　　凭证号码：0000000000000000
摘要：新工艺咨询费　用途：新工艺咨询费　　币种：人民币
交易机构：0410000298　记账柜员：00023　交易代码：52062　　渠道：网上银行

附言：
支付交易序号：23076097　报文种类：普通贷记业务　委托日期：2024年01月23日
业务类型（种类）：普通汇兑　指令编号：HQP1102126174　提交人：13774551577.c.4100
最终授权人：0920007080300001.c.4100

中国工商银行北京分行 自助回单机专用章（003）

本回单为第1次打印，注意重复　打印日期：2024年01月23日　打印柜员：9　验证码：1B5FB9A63606

(2) 2024 年 2 月 11 日支付开发阶段研发人员培训费（符合资本化条件）。

付款申请单

申请部门：研发部　　　　　　　　　　　　　　　　　　2024 年　02 月　11 日

收款单位名称（全称）	付款事由（用途）	金额	付款方式
北京前程职业教育有限公司	支付培训费	8480.00	网银转账
备注	支付培训费　银行付讫		
合计金额（大写）	捌仟肆佰捌拾圆整	合计金额（小写）	¥ 8480.00
发票种类	增值税专用发票	款项所属账期	2024 年 02 月

总经理：吴磊　审批：程誉　财务：苏玫　出纳：孟妤　主管：肖研　经办：傅杰

1101203130　　**北京增值税专用发票**　　№09617321　1101203130

发　票　联　　　　　　　　　　　　　　　　09617321

开票日期：2024 年02月11日

购买方	名　　称：北京优乐电器有限公司 纳税人识别号：91110000562624588M 地址、电话：北京市海淀区西环南路18号 010-51572552 开户行及账号：中国工商银行北京分行 1100006513145662686
密码区	4</73**8-/+7+358/3*1761*6448 241<38*91<457<66812003+0/651 8/863<*55>*+4752+32/48<11*4/ 9++4/<*311<+*227-1398689495-

货物或应税劳务、服务名称	规格型号	单位	数量	单价	金额	税率	税额
*生活服务*培训费		次	1	8000.00	8000.00	6%	480.00
合　计					¥8000.00		¥480.00
价税合计（大写）	⊗ 捌仟肆佰捌拾圆整				（小写）¥8480.00		

销售方	名　　称：北京前程职业教育有限公司 纳税人识别号：91110883218513062X 地址、电话：北京市朝阳区红庙路9号 010-66337377 开户行及账号：中国工商银行北京分行 1100658941870820984
备注	北京前程职业教育有限公司 91110883218513062X 发票专用章

收款人：王丽　　复核：陈琳　　开票人：何文斌　　销售方：（章）

税总函 [2019]117号北京印钞有限公司

第三联：发票联　购买方记账凭证

ICBC 中国工商银行　　　　业务回单（付款）

日期：2024年02月11日
回单编号：21354630
付款人户名：北京优乐电器有限公司　　　　付款人开户行：中国工商银行北京分行
付款人账号（卡号）：1100006513145662686
收款人户名：北京前程职业教育有限公司　　收款人开户行：中国工商银行北京分行
收款人账号（卡号）：1100658941870820984
金额：捌仟肆佰捌拾元整　　　　　　　　　小写：8,480.00元
业务（产品）种类：跨行发报　凭证种类：000000000　　凭证号码：00000000000000000
摘要：支付培训费　用途：支付培训费　　　币种：人民币
交易机构：0410000298　记账柜员：00023　交易代码：52062　　渠道：网上银行

附言：
支付交易序号：23074093　报文种类：普通贷记业务　委托日期：2024年02月11日
业务类型（种类）：普通汇兑　指令编号：HQP1102134134　提交人：13774551526.c.4137
最终授权人：0920007080300001.c.4100

中国工商银行北京分行 自助回单机专用章（003）

本回单为第1次打印，注意重复　　打印日期：2024 年02月11日　　打印柜员：9　验证码：1B5FB9A65006

（3）2024 年 2 月 29 日计提开发阶段的研发人员工资。

工资汇总表

单位：北京优乐电器有限公司　　　　日期：2024年02月29日

一级部门	二级部门	人数	基本工资	加班费	奖金	岗位津贴	应付工资	个人医社保合计	个人公积金合计	税前工资	应交个税	实发工资	单位交医社保合计	单位交公积金合计	单位总支出
综合管理部	研发部	6	24000.00	0.00	7300.00	0.00	31300.00	1071.00	1440.00	28789.00	26.44	28762.56	2488.80	1440.00	35228.80
合计	——	6	24000.00	0.00	7300.00	0.00	31300.00	1071.00	1440.00	28789.00	26.44	28762.56	2488.80	1440.00	35228.80

（4）2024 年 5 月 31 日计提固定资产折旧费（开发阶段）。

固定资产折旧表

部门：研发部门　　　　日期：2024 年05月31日

编号	名称	单位	数量	使用部门	购入日期	原值	预计使用年限	残值率	预计净残值	月折旧额	累计折旧	净值
1	办公家具	套	1	研发部门	2020年01月05日	50000.00	5	5%	2500.00	791.67	12666.72	37333.28
2	投影仪	台	1	研发部门	2020年05月10日	8000.00	3	5%	400.00	211.11	2533.32	5466.68
3	电脑	台	6	研发部门	2020年01月13日	36000.00	3	5%	1800.00	950.00	15200.00	20800.00
合计	——	——	——	——	——	94000.00	——	——	——	1952.78	30400.04	63599.96

审核：程誉　　　　制表：苏玫

（5）2024 年 7 月 15 日冰箱外观设计专利权交付使用。

研发费用汇总表

单位：北京优乐电器有限公司　　　　日期：2024年07月15日

支出明细	新工艺咨询费	培训费	人工费	固定资产折旧费	合计
费用化支出	5000.00				5000.00
资本化支出		8000.00	35228.80	1952.78	45181.58

审核：程誉　　　　制表：苏玫

3. 2024 年 1 月 31 日北京优乐电器有限公司摊销无形资产，请根据相关单据进行账务处理。

无形资产摊销表

单位：北京优乐电器有限公司　　　　日期：2024年01月31日

序号	名称	使用部门	使用情况	入账时间	增加方式	摊销方法	预计使用年限	原值	当月摊销	累计摊销
1	金蝶软件	综合管理部门	在用	2018-07-09	外购	直线法	10	150000.00	1250.00	38750.00
2	OA软件	销售部	在用	2020-07-20	外购	直线法	10	102000.00	850.00	5950.00
3	外观设计专利权	基本生产车间	在用	2021-01-08	外购	直线法	10	360000.00	3000.00	3000.00
	合计	——	——	——	——	——	——	561000.00	5100.00	47700.00

审核：程誉　　　　制表：苏玫

4. 2024 年 1 月 6 日北京优乐电器有限公司出售无形资产（金蝶 K3），请根据收到的单据进行账务处理。

1101203130 **北京增值税专用发票** №86753657 1101203130

此联不作报销、扣税凭证使用 86753657

开票日期：2024 年01月06日

购买方	名　　称：北京信拓商贸有限公司 纳税人识别号：91110102339707867X 地址、电话：北京市海淀区增光路甲38号楼206室 010-85224950 开户行及账号：中国建设银行北京海淀支行 11001009100053011619			密码区	4</73**8-/+7+358/3*1761*6448 241<38*91<457<66812003+0/651 8/863<*55>*+4752+32/48<11*4/ 9++4/<*311<+*227-1398689495-		
货物或应税劳务、服务名称	规格型号	单位	数量	单价	金额	税率	税额
*软件*金蝶K3		套	1	70000.00	70000.00	13%	9100.00
合　计					¥70000.00		¥9100.00
价税合计（大写）	⊗ 柒万玖仟壹佰圆整				（小写）¥79100.00		
销售方	名　　称：北京优乐电器有限公司 纳税人识别号：91110000562624588M 地址、电话：北京市海淀区西环南路18号 010-51572552 开户行及账号：中国工商银行北京分行 1100006513145662686			备注			

收款人：孟妤　　复核：程誉　　开票人：苏玫　　销售方：（章）

税总函[2019]117号北京印钞有限公司

第一联：记账联　销售方记账凭证

（印章：北京优乐电器有限公司 91110000562624588M 发票专用章）

业务回单（收款）

ICBC 中国工商银行

日期：2024年01月06日

回单编号：20020068695

付款人户名：北京信拓商贸有限公司　　付款人开户行：中国建设银行北京海淀支行

付款人账号（卡号）：11001009100053011619

收款人户名：北京优乐电器有限公司　　收款人开户行：中国工商银行北京分行

收款人账号（卡号）：1100006513145662686

金额：柒万玖仟壹佰元整　　小写：79,100.00元

业务（产品）种类：跨行收报　凭证种类：000000000　　凭证号码：0000000000000000

摘要：　　用途：　　币种：人民币

交易机构：0410000298　记账柜员：00023 交易代码：52110　　渠道：其他

附言：

支付交易序号：23676093　报文种类：普通贷记业务　委托日期：2024年01月06日

业务类型（种类）：普通汇兑

（印章：中国工商银行北京分行 自助回单机专用章（003））

本回单为第1次打印，注意重复　　打印日期：2024年01月06日　打印柜员：9　验证码：536FE9A71006

购销合同

供方：北京优乐电器有限公司　　合同号：XSHT0701

需方：北京信拓商贸有限公司　　签订日期：2024年01月06日

经双方协议，订立本合同如下：

名称	规格型号	单位	数量	含税单价	金额
金蝶K3		套	1	79100.00	79100.00
合计	—	—	—	—	79100.00
货款总计（大写）：	柒万玖仟壹佰元整				

质量验收标准：外观无瑕疵，货品名称、规格、材质符合需方要求。

交货日期：2024年01月06日

交货地点：北京市海淀区增光路甲38号楼206室

结算方式：供方发货后，需方以银行存款支付全部款项。

违约条款：违约方须赔偿对方一切经济损失。但遇天灾人祸或其他人力不能控制之因素而导致延误交货，需方不能要求供方赔偿任何损失。

解决合同纠纷的方式：经双方友好协商解决，如协商不成的，可向当地仲裁委员会提出申诉解决。

本合同一式两份，供需双方各执一份，自签订之日起生效。

供方（盖章）：北京优乐电器有限公司
税号：91110000562624588M
开户银行名称：中国工商银行北京分行
开户银行账号：1100006513145662686
地址：北京市海淀区西环南路18号
法定代表人：叶城辉
公司联系电话：010-51572552

需方（盖章）：北京信拓商贸有限公司
税号：91110102[illegible]7867X
开户银行名称：中国建设银行北京海淀支行
开户银行账号：1100100[illegible]00053011619
地址：北京市海淀区增光路甲38号楼206室
法定代表人：夏洪剑
公司联系电话：010-85224950

无形资产摊销表

单位：北京优乐电器有限公司　　日期：2024年01月06日

序号	名称	使用部门	使用情况	入账时间	增加方式	摊销方法	预计使用年限	原值	月摊销额	累计摊销
1	金蝶K3	财务部	出售	2019年05月10日	外购	直线法	10年	120000.00	1000.00	56000.00

审核：程誉　　制表：苏玫

5. 2024年11月11日北京优乐电器有限公司出租专利权，请根据收到的单据进行账务处理。

1101203130　北京增值税专用发票　№12508353　1101203130 12508353

此联不作报销、扣税凭证使用

开票日期：2024年11月11日

购买方	名　称：北京同聚工贸有限公司 纳税人识别号：91110116858983042X 地址、电话：北京市东城区和平里北街8号 010-69952389 开户行及账号：中国农业银行北京东区支行 11030001030000138	密码区	4</73**8-/+7+358/3*1761*6448 241<38*91<457<66812003+0/651 8/863<*55>*+4752+32/48<11*4/ 9++4/<*311<+*227-1398689495-

货物或应税劳务、服务名称	规格型号	单位	数量	单价	金额	税率	税额
*无形资产*专利权出租		年	1	12000.00	12000.00	6%	720.00
合　计					¥12000.00		¥720.00
价税合计（大写）	⊗ 壹万贰仟柒佰贰拾圆整				（小写）¥12720.00		

销售方	名　称：北京优乐电器有限公司 纳税人识别号：91110000562624588M 地址、电话：北京市海淀区西环南路18号 010-51572552 开户行及账号：中国工商银行北京分行 1100006513145662686	备注	

收款人：孟妤　　复核：程誉　　开票人：苏玫　　销售方：（章）

税总函[2019]117号北京印钞有限公司

第一联：记账联　销售方记账凭证

业务回单（收款）

ICBC 中国工商银行

日期：2024年11月11日
回单编号：20045000001
付款人户名：北京同聚工贸有限公司　　付款人开户行：中国农业银行北京东区支行
付款人账号（卡号）：1103000103000138
收款人户名：北京优乐电器有限公司　　收款人开户行：中国工商银行北京分行
收款人账号（卡号）：1100006513145662686
金额：壹万贰仟柒佰贰拾元整　　小写：12,720.00元
业务（产品）种类：跨行收报　凭证种类：000000000　　凭证号码：00000000000000000
摘要：出租专利权　　用途：出租专利权　　币种：人民币
交易机构：0410000298　　记账柜员：00023 交易代码：52110　　渠道：其他

附言：
支付交易序号：23776093　报文种类：普通贷记业务　　委托日期：2024年11月11日
业务类型（种类）：普通汇兑

（印章：中国工商银行北京分行 自助回单机专用章（003））

本回单为第1次打印，注意重复　　打印日期：2024年11月11日　打印柜员：9　　验证码：536FE9A71009

租赁合同

甲方（出租方）：北京优乐电器有限公司
乙方（承租方）：北京同聚工贸有限公司

双方就租赁专利权的事宜经协商达成协议如下：

1. 出租方出租专利权。
2. 承租时间由承租方承租专利权从2024年11月11日到2025年11月10日。
3. 承租方承租专利权每月需支付总价12720.00元。
4. 承租物品如有丢失、毁损或与出租前不一样，承租方需照承租物品的原价赔偿。
5. 承租方用承租物品中若发生事故与出租方无任何关系。
6. 以上内容甲乙双方达成一致，如有异议，甲乙双方协商解决。
7. 本合同只有一份，留出租方保管，待承租方按要求还回承租物品后，双方协商无异议后，乙方支付甲方租金，合同自行作废。

甲方：北京优乐电器有限公司（印章：北京优乐电器有限公司；辉叶印城）
签约日期：2024年11月11日

乙方：北京同聚工贸有限公司（印章：北京同聚工贸有限公司；子张印伯）
签约日期：2024年11月11日

6. 2024年1月28日北京优乐电器有限公司仓储管理软件报废，请根据收到的单据进行账务处理。

无形资产报废申请表

单位：北京优乐电器有限公司　　　　日期：2024年01月28日

资产编号	资产名称	规格型号	采购时间	账面价值				使用年限		数量
				原价	已提摊销	本月摊销	净值	总年限	已使用	
003	仓储管理软件	K1	2021-01-18	12000.00	7200.00	0.00	4800.00	5	3	1
原因	仓储管理软件K1是仓管人员在使用，因该软件程序即将到期，到期后不再更新。上月已购入先进的K5型号，故建议将该仓储管理软件报废。									

仓储部意见：	财务部意见：	总经理意见：
经我部审查上述情况属实，同意报废处理。	经我部审查上述情况属实，同意报废处理。	同意报废处理。
签字：蒋言意	签字：程誉	签字：叶城辉

实训任务四　投资性房地产业务

1. 北京元和建筑工程有限公司取得投资性房地产成本 4 500 万元，采用公允价值模式计量，请根据相关单据进行账务处理。

（1）2024 年 6 月 2 日确认租金收入。

1101203130　　北京增值税专用发票　　№09518455　1101203130

此联不作报销、扣税凭证使用　　09518455

开票日期：2024年06月02日

购买方	名　　称：北京信拓商贸有限公司 纳税人识别号：91110102339707867X 地 址、电 话：北京市海淀区增光路甲38号楼206室 010-85224950 开户行及账号：中国建设银行北京海淀支行 11001009100053011619	密码区	4</73**8-/+7+358/3*1761*6448 241<38*91<457<66812003+0/651 8/863<*55>*+4752+32/48<11*4/ 9++4/<*311<+*227-1398689495-

货物或应税劳务、服务名称	规格型号	单位	数量	单价	金额	税率	税额
*经营租赁*公寓租金		月	1	245000.00	245000.00	9%	22050.00
合　计					¥245000.00		¥22050.00
价税合计（大写）	⊗ 贰拾陆万柒仟零伍拾圆整				（小写）¥267050.00		

销售方	名　　称：北京元和建筑工程有限公司 纳税人识别号：91110117102928926X 地 址、电 话：北京市海淀区花园东路36号 010-66068896 开户行及账号：中国工商银行北京分行 1100048927897458965	备注	

收款人：李菲　　复核：张晓磊　　开票人：刘坤　　销售方：（章）

税总函[2019]117号北京印钞有限公司

第一联：记账联　销售方记账凭证

（印章：北京元和建筑工程有限公司 91110117102928926X 发票专用章）

ICBC 中国工商银行　　业务回单（收款）

日期：2024年06月02日
回单编号：20045000001
付款人户名：北京信拓商贸有限公司　　付款人开户行：中国建设银行北京海淀支行
付款人账号（卡号）：11001009100053011619
收款人户名：北京元和建筑工程有限公司　　收款人开户行：中国工商银行北京分行
收款人账号（卡号）：1100048927897458965
金额：贰拾陆万柒仟零伍拾元整　　小写：267,050.00元
业务（产品）种类：跨行收报　凭证种类：000000000　　凭证号码：0000000000000000
摘要：租金收入　　用途：租金收入　　币种：人民币
交易机构：0410000298　　记账柜员：00023 交易代码：52110　　渠道：其他

附言：
支付交易序号：23076073　报文种类：普通贷记业务　委托日期：2024年06月02日
业务类型（种类）：普通汇兑

（印章：中国工商银行北京分行 自助回单机专用章（003））

本回单为第1次打印，注意重复　　打印日期：2024年06月02日　打印柜员：9　验证码：536FE9A75006

租赁合同

出租方(甲方)：北京元和建筑工程有限公司　　　　合同编号：ZL200602

承租方(乙方)：北京信拓商贸有限公司

根据国家有关规定，甲、乙双方在自愿、平等、互利的基础上就甲方将其合法拥有的公寓租赁给乙方使用的有关事宜，双方达成协议并签定租赁合同如下：

一、出租公寓情况

甲方租赁给乙方的公寓座落在北京力加园矿业路85号，租赁建筑面积为5400平方米。

二、公寓起付日期和租赁期限

1. 公寓租赁自2024年06月02日起，至2027年05月31日止。

2. 租赁期满，甲方有权收回出租公寓，乙方应如期归还，乙方需继续承租的应于租赁期满前三个月，向甲方提出书面要求，经甲方同意后重新签订租赁合同。

三、租金及保证金支付方式

甲、乙双方约定，该公寓每个月租赁租金为（不含税）人民币贰拾肆万伍仟元整（小写：￥245000.00）。甲方收到租金后需开具增值税发票给乙方。

四、其他费用

1. 租赁期间，使用该公寓所发生的水、电、煤气、电话等费用由乙方承担，并在收到收据或发票时，应在三天内付款。

2. 租赁期间，乙方应按月缴纳物业管理费，每月每平方米物业管理费为￥1.50元。

五、公寓使用要求和维修责任

1. 租赁期间，乙方发现该公寓及其附属设施有损坏或故障时，应及时通知甲方修复；甲方应在接到乙方通知后的3日内进行维修。逾期不维修的，乙方可代为维修，费用由甲方承担。

2. 租赁期间，乙方应合理使用并爱护该公寓及其附属设施。因乙方使用不当或不合理使用，致使该公寓及其附属设施损坏或发生故障的，乙方应负责维修。乙方拒不维修，甲方可代为维修，费用由乙方承担。

六、本合同未尽事宜，甲、乙双方必须依法共同协商解决。

七、本合同壹式肆份，双方各执贰份，合同经盖章签字后生效。

（出租方）北京元和建筑工程有限公司　　　　（承租方）北京信拓商贸有限公司

日期：2024年06月02日　　　　日期：2024年06月02日

（2）2024年12月31日公允价值发生变动，确认损益。

房地产估价报告

华祥评报第0511号

估价委托人：北京元和建筑工程有限公司

产权人：北京元和建筑工程有限公司

地址：北京力加园矿业路82号

估价目的：确定投资性房地产的市场价值，为投资性房地产期末计量提供参考依据

价值时点：2024 年12月31日

估价方法：市场法

估值对象内容：公寓建筑物；面积：2250㎡；钢混结构 (带电梯)。

评估结果：

1. 使用币种：人民币；

2. 公允价值：肆仟伍佰壹拾万元整（人民币：45100000.00元）；

3. 本评估客观有效。

特别事项说明：见房地产抵押估价报告中“估价假设和限制条件”、“估价报告使用提示”、“估价对象变现能力分析”等。

报告撰写人：王亚洲　　　　项目审核人：汪梅　　　　签字估价师：李煜、汪梅

联系电话：010-88653666

北京测绘设计研究院（公章）

2024年12月31日

2. 2024 年 12 月 31 日北京元和建筑工程有限公司将一栋自用公寓转为投资性房地产，采用公允价值模式计量，请根据相关资料进行账务处理。

企业不动产管理卡

单位：北京元和建筑工程有限公司　　　　金额单位：元

第一部分：不动产基本信息		**重点附注说明**
资产名称：	公寓	自用
坐落地址：	北京海淀区人民广场86号1002	
取得日期：	2021年6月10日	
取得方式：	购买	
第二部分：不动产管理信息		
建卡日期：	2021年6月10日	
账面原值：	26500000.00	
预计使用年限：	20年	
残值率：	5.00%	
第三部分：不动产处置信息		
处置日期：	2024年12月31日	
处置方式：	出租	
累计折旧：	4405625.00	

备注：1. 转换当日，该公寓的公允价值为23200000.00元；2. 对投资性房地产采用公允价值模式计量。

项目五　负债业务核算

知识目标

掌握短期借款和应付款项、应付职工薪酬、应交税费、长期借款和长期应付款的内容。

能力目标

能够进行短期借款和应付款项的账务处理，应付职工薪酬的账务处理，应交税费的账务处理，长期借款的账务处理。

素养目标

培养责任意识和诚信观念，以确保财务信息的真实准确，为企业的稳健发展和社会经济的稳定提供有力保障。

学习引例

近几年，家用机器人赛道呈爆发式增长：扫拖一体、陪伴型、教育型机器人层出不穷，市场渗透率从3%升至18%。“产能跟不上订单”成为业内口头禅。在此背景下，如何留住核心研发与测试人员，成了每家公司的头号难题。

星尘家用机器人股份有限公司位于苏州工业园区，员工250人，2024年出货量突破20万台。为锁定技术团队，公司推出“星尘2024留才计划”，此计划分为以下两部分。

1. 货币性激励——“核心绩效奖”

（1）覆盖对象：研发部50名工程师。

（2）奖金额度：共计200万元。

（3）关键时点：12月25日董事会批准并计提；次年1月20日一次性银行转账发放。

2. 非货币性福利——“零压安居”

（1）内容：公司自建40套60m²精装宿舍，以50年租赁方式向骨干员工开放，签约即入住。

（2）成本口径：每套公寓建造成本30万元，同期市场月租金4 000元。

（3）福利期间：2025年全年免租入住。

（4）会计处理：按全年租金 1 920 000（40×4 000×12）元一次性确认 2024 年度非货币性福利负债。

星尘家用机器人股份有限公司不仅展示了新兴行业对高端人才的渴求，也集中体现了企业负债核算中“应付职工薪酬”这一核心内容。应付职工薪酬是企业因获得职工服务而产生的、预计将以货币或非货币形式支付给职工的各项报酬与福利，包括工资、奖金、津贴、补贴、社会保险费、住房公积金以及非货币性福利等。根据《企业会计准则第 9 号——职工薪酬》，相关负债应在“企业提供服务的期间”确认并计量。

请思考：

1. 核心绩效奖属于短期职工薪酬中的奖金类别，星尘家用机器人股份有限公司应在何时确认这笔 200 万元的奖金负债？尝试写出确认日与实际发放日的会计分录。

2. “零压安居”免费宿舍属于非货币性福利。星尘家用机器人股份有限公司应如何计量并确认这项福利费用与负债？请为 2024 年 12 月 31 日确认该项非货币性福利编制会计分录（假设采用全年一次性确认法）。

素养启示

星尘家用机器人股份有限公司把利润优先投向人才激励，折射了高科技企业的“产业报国”情怀。家用机器人是智能制造的重要赛道，只有把关键人才留在国内，才能把核心技术和产业生态牢牢掌握在中国人自己手中。企业越是在风口，越要主动承担“稳就业、育人才”的社会责任，用实实在在的薪酬与福利，让员工共享发展红利，进而服务国家科技自立自强的大局。

知识精讲

延伸学习

企业会计准则第 9 号——职工薪酬

企业会计准则

任务一 短期借款业务

【知识点】 短期借款★★★

一、短期借款的概念

短期借款是指企业向银行或其他金融机构等借入的期限在 1 年以下（含 1 年）的各

种款项。

二、短期借款账务处理

（一）取得短期借款

借：银行存款
　贷：短期借款

（二）发生短期借款利息

1. 需要预提利息费用

借：财务费用
　贷：应付利息
借：应付利息
　贷：银行存款

2. 不需要预提利息费用

借：财务费用
　贷：银行存款

3. 归还短期借款

借：短期借款
　贷：银行存款

【做中学 5-1】 阳光公司于 2025 年 1 月 1 日向银行借入一笔生产经营用短期借款，共计 900 000 元，期限为 6 个月，年利率为 4%。根据与银行签署的借款协议，该项借款的本金到期后一次归还，利息按季支付（每季度末月 20 日实际支付利息）。阳光公司应编制如下会计分录：

（1）1 月 1 日，借入短期借款时：

借：银行存款	900 000	
贷：短期借款		900 000

（2）1 月末，计提 1 月应付利息：

本月应计提的利息金额＝900 000×4%÷12＝3 000(元)

借：财务费用	3 000	
贷：应付利息		3 000

2 月末计提利息费用的处理与 1 月相同。

（3）3 月 20 日，支付第一季度银行借款利息：

借：财务费用	2 000(3 000×2/3)	
应付利息	6 000(3 000＋3 000)	
贷：银行存款		8 000

（4）3 月 30 日，计提 3 月剩余日期应付利息：

借：财务费用	1 000	
贷：应付利息		1 000

4 月末、5 月末计提利息费用的处理与 1 月、2 月相同。

（5）6 月 20 日，支付第二季度银行借款利息：

借：财务费用	2 000	
应付利息	7 000	
贷：银行存款		9 000

（6）6 月 30 日，偿还银行借款本金和 6 月剩余的利息：

借：短期借款	900 000	
财务费用	1 000	
贷：银行存款		901 000

任务二 应付及预收款项业务

【知识点 1】 应付票据★★★

一、应付票据的概念

应付票据是指企业购买材料、商品和接受劳务供应等开出、承兑的商业汇票。

二、应付票据的分类

应付票据分为商业承兑汇票和银行承兑汇票。

三、应付票据的账务处理

（一）开出商业汇票

借：材料采购/在途物资/原材料/库存商品等

应交税费——应交增值税（进项税额）

贷：应付票据

（二）支付承兑手续费

借：财务费用

应交税费——应交增值税（进项税额）

贷：银行存款

（三）商业汇票到期，支付票据款

借：应付票据

贷：银行存款

（四）转销应付票据（到期无力支付票款）

1. 商业承兑汇票

借：应付票据

贷：应付账款

2. 银行承兑汇票

借：应付票据

　贷：短期借款

【做中学 5-2】 阳光公司为增值税一般纳税人，原材料按计划成本核算。2025 年 5 月 6 日购入原材料一批，增值税专用发票上注明的价款为 60 000 元，增值税税额为 7 800 元，原材料验收入库。该公司开出并经银行承兑的商业汇票，面值为 67 800 元，期限为 5 个月。交纳银行承兑汇票手续费 33.9 元，其中增值税税额 1.92 元。10 月 6 日，阳光公司于 5 月 6 日开出的商业汇票到期，面值为 67 800 元。阳光公司通知其开户银行以银行存款支付票款。阳光企业应编制如下会计分录：

（1）开出并承兑商业汇票购入材料时：

借：材料采购	60 000	
应交税费——应交增值税（进项税额）	7 800	
贷：应付票据		67 800

（2）支付商业汇票承兑手续费：

借：财务费用	31.98	
应交税费——应交增值税（进项税额）	1.92	
贷：银行存款		33.9

（3）支付商业汇票款：

借：应付票据	67 800	
贷：银行存款		67 800

【做中学 5-3】 阳光公司开出并经开户银行承兑的商业汇票一张，面值为 67 800 元，期限为 5 个月。该汇票到期时阳光公司无力支付票款。阳光公司应编制如下会计分录：

借：应付票据	67 800	
贷：短期借款		67 800

【做中学 5-4】 阳光公司开出并经自己承兑的商业汇票一张，面值为 67 800 元，期限为 5 个月。该汇票到期时阳光公司无力支付票款。阳光公司应编制如下会计分录：

借：应付票据	67 800	
贷：应付账款		67 800

【知识点 2】 应付账款★★★

一、应付账款的概念

应付账款是指企业因购买材料、商品和接受劳务供应等经营活动而应付给供应单位的款项。

二、应付账款的入账价值

应付账款的入账价值＝购买价款＋进项税＋销售方代垫运费

三、应付账款的账务处理

(一) 发生应付账款

借：材料采购/在途物资/原材料/库存商品等
　　应交税费——应交增值税（进项税额）
　贷：应付账款

(二) 偿还或开出商业汇票抵付应付账款时

借：应付账款
　贷：银行存款（偿还）
　　　应付票据（开出商业汇票抵付）
　　　转销应付账款（因债权人原因无法清偿）
借：应付账款
　贷：营业外收入

【做中学 5-5】 阳光公司为增值税一般纳税人。2025 年 6 月 1 日，阳光公司从 A 公司购入一批材料，增值税专用发票上注明的价款为 100 000 元，增值税税额为 13 000 元；同时，对方代垫运费 1 000 元，增值税税额为 90 元，已收到对方转来的增值税专用发票。材料验收入库（实际成本法），款项尚未支付。7 月 10 日，阳光公司以银行存款支付购入材料相关款项 114 090 元。阳光公司应编制如下会计分录：

（1）确认应付账款：
借：原材料　101 000
　　应交税费——应交增值税（进项税额）　13 090
　贷：应付账款——A 公司　114 090
（2）偿还应付账款：
借：应付账款——A 公司　114 090
　贷：银行存款　114 090

【做中学 5-6】 2025 年 12 月 31 日，阳光公司确定一笔应付账款 56 500 元为无法支付的款项，应予转销。阳光公司应编制如下会计分录：

借：应付账款　56 500
　贷：营业外收入　56 500

【知识点 3】 预收账款和合同负债★★★

一、预收账款和合同负债的区别

项目	预收账款	合同负债
概念	按照合同规定预收的款项	已收或应收客户对价而应向客户转让商品的义务
适用	预收经营租赁业务租金	预收商品和服务款

二、预收账款的账务处理

（一）取得预收账款

借：银行存款
　　贷：应交税费——应交增值税（销项税额）
　　　　预收账款

（二）偿付预收账款

借：预收账款
　　贷：主营业务收入/其他业务收入

（三）收到客户补付款项

借：银行存款
　　贷：应交税费——应交增值税（销项税额）
　　　　预收账款

（四）退回客户多预付的款项

借：预收账款
　　应交税费——应交增值税（销项税额）
　　贷：银行存款

提示： 预收货款业务不多的企业，可以不单独设置“预收账款”科目，其所发生的预收货款，可通过“应收账款”科目核算。

【做中学 5-7】 阳光公司为增值税一般纳税人，适用的增值税税率为 13%。2025 年 7 月 1 日，阳光公司与光明公司签订经营租赁（非主营业务）吊车合同，向光明公司出租吊车三台，期限为 6 个月，三台吊车租金（含税）共计 67 800 元。合同约定，合同签订日预付租金（含税）22 600 元，合同到期结清全部租金余款。合同签订日，阳光公司收到租金并存入银行，开具的增值税专用发票注明租金 20 000 元、增值税税额 2 600 元。租赁期满日，阳光公司收到租金余款及相应的增值税。阳光公司应编制如下会计分录：

（1）收到光明公司预付租金：

借：银行存款	22 600	
贷：预收账款——光明公司		20 000
应交税费——应交增值税（销项税额）		2 600

（2）每月末确认租金收入：

借：预收账款——光明公司	10 000	
贷：其他业务收入		10 000

（3）租赁期满收到租金余款及增值税：

借：银行存款	45 200	
贷：预收账款——光明公司		40 000
应交税费——应交增值税（销项税额）		5 200

假设阳光公司不设置“预收账款”科目，其预收账款通过“应收账款”科目核算，阳光公司应编制如下会计分录：

（1）收到光明公司预付租金：

借：银行存款	22 600	
贷：应收账款——光明公司		20 000
应交税费——应交增值税（销项税额）		2 600

（2）每月末确认租金收入：

借：应收账款——光明公司	10 000	
贷：其他业务收入		10 000

（3）租赁期满收到租金余款及增值税：

借：银行存款	45 200	
贷：应收账款——光明公司		40 000
应交税费——应交增值税（销项税额）		5 200

三、合同负债的账务处理

（一）已收或应收客户对价

借：银行存款

　贷：合同负债

　　　应交税费——待转销项税额

（二）确认收入

借：合同负债

　　应交税费——待转销项税额

　贷：主营业务收入/其他业务收入

　　　应交税费——应交增值税（销项税额）

【做中学 5-8】 阳光公司为增值税一般纳税人，经营一家健身俱乐部。2024 年 7 月 1 日，某客户与阳光公司签订合同，成为阳光公司的会员，并向阳光公司支付含税会员费 3 816 元，可在未来的 12 个月内在该俱乐部健身，且没有次数的限制。该业务适用的增值税税率为 6%。

该履约义务属于在某一时段内履行的履约义务，并且该履约义务在会员的会籍期间内随时间的流逝而被履行。因此，阳光公司按照直线法确认收入：

每月应当确认的收入＝[3 816÷(1＋6%)]÷12＝300(元)

（1）2024 年 7 月 1 日收到会员费时：

借：银行存款	3 816	
贷：合同负债		3 600
应交税费——待转销项税额		216

（2）2024 年 7 月 31 日确认收入，开具增值税专用发票时：

借：合同负债　　300

　　应交税费——待转销项税额　　18

　贷：主营业务收入　　300

　　　应交税费——应交增值税（销项税额）　　18

2024 年 8 月至 2025 年 6 月，每月确认收入同上。

【知识点 4】 应付利息和应付股利★★★

一、应付利息

应付利息是指企业按照合同约定应支付的利息，包括短期借款、分期付息到期还本的长期借款、应付债券等应支付的利息。

企业应当设置“应付利息”科目核算按照合同约定计算的应付利息的发生、支付等情况。

【做中学 5-9】 阳光公司借入 5 年期到期还本、每年付息的长期借款 300 万元，合同约定年利率为 6%。阳光公司应编制如下有关利息费用的会计分录：

（1）每年计算确认利息费用时：

企业每年应支付的利息＝300×6%＝18(万元)

借：财务费用　　180 000

　贷：应付利息　　180 000

（2）每年实际支付利息时：

借：应付利息　　180 000

　贷：银行存款　　180 000

二、应付股利

应付股利是指企业根据股东大会或类似机构审议批准的利润分配方案确定分配给投资者的现金股利或利润。

企业应设置“应付股利”科目核算企业确定或宣告发放但尚未实际支付的现金股利或利润。

> **提示：** 企业董事会或类似机构通过的利润分配方案中拟分配的现金股利或利润，不做账务处理。
>
> 企业分配的股票股利不通过“应付股利”科目核算。

（一）确认和发放现金股利

借：利润分配——应付现金股利或利润

　贷：应付股利

借：应付股利

　贷：银行存款

（二）发放股票股利

借：利润分配——转作股本的股利

　贷：股本

【做中学 5－10】 阳光有限责任公司有 A、B 两个法人股东，分别占注册资本的 30%和 70%。2024 年度该公司实现净利润 600 万元，经过股东会批准，决定 2024 年分配股利 400 万元。股利已用银行存款支付。阳光有限责任公司应编制如下会计分录：

（1）确认应付投资者利润时：

借：利润分配——应付现金股利或利润	4 000 000	
贷：应付股利——A 股东		1 200 000
——B 股东		2 800 000

（2）支付投资者利润时：

借：应付股利——A 股东	1 200 000	
——B 股东	2 800 000	
贷：银行存款		4 000 000

【知识点 5】 其他应付款★★★

一、其他应付款的概念

其他应付款是指企业除应付票据、应付账款、预收账款、应付职工薪酬、应交税费、应付利息、应付股利等经营活动以外的其他各项应付、暂收的款项。

二、其他应付款的内容

（1）应付短期租赁固定资产租金；

（2）应付低价值资产租赁的租金；

（3）应付租入包装物租金；

（4）出租或出借包装物向客户收取的押金；

（5）存入保证金等。

三、其他应付款的账务处理

（一）发生其他应付款

借：银行存款/管理费用等

　贷：其他应付款

（二）支付或退回其他应付款

借：其他应付款

　贷：银行存款

【做中学 5－11】 阳光公司（一般纳税人）从 2025 年 7 月 1 日起，以短期租赁方式（期限 3 个月）租入管理用办公设备一批，每月租金 8 000 元，到期支付。9 月 30 日，阳光公司以银行存款支付应付租金 24 000 元，增值税进项税额为 3 120 元。阳光公司应编制如下会计分录：

（1）7 月 31 日计提应付短期租入租金：

借：管理费用　　8 000

　贷：其他应付款　　8 000

8 月底计提应付短期租入固定资产租金的会计处理同上。

（2）9 月 30 日支付租金和税金：

借：其他应付款　　16 000

　　管理费用　　8 000

　　应交税费——应交增值税（进项税额）　　3 120

　贷：银行存款　　27 120

【做中学 5－12】 2025 年 4 月 1 日，阳光公司向客户出借一批包装箱，收到现金押金 3 000 元；2025 年 7 月 1 日，客户将该批完好无损的包装箱还回，阳光公司于当日退还其现金押金 3 000 元。阳光公司应编制如下会计分录：

（1）4 月 1 日，收到押金：

借：库存现金　　3 000

　贷：其他应付款　　3 000

（2）7 月 1 日，退还押金：

借：其他应付款　　3 000

　贷：库存现金　　3 000

任务三　应付职工薪酬业务

【知识点 1】 职工薪酬★★

一、职工薪酬的概念

职工薪酬是指企业为获得职工提供的服务或解除劳动关系而给予职工的各种形式的报酬或补偿。

企业提供给职工配偶、子女、受赡养人、已故员工遗属及其他受益人等的福利，也属于职工薪酬。

> **提示：** 差旅费是企业一项正常支出，不属于职工薪酬。
>
> 为职工代扣代缴的个人所得税不属于职工薪酬的组成部分，企业只是承担了代扣代缴的义务。

二、职工薪酬的内容

（一）短期薪酬

短期薪酬是指企业在职工提供相关服务的年度报告期间结束后 12 个月内需要全部予以支付的职工薪酬。

短期薪酬具体包括：

（1）职工工资、奖金、津贴和补贴。

（2）职工福利费，包括生活困难补助、丧葬补助费、抚恤费、职工异地安家费、防暑降温费等。

（3）社会保险费（企业负担部分）。

（4）住房公积金（企业负担部分）。

（5）工会经费和职工教育经费。

（6）短期带薪缺勤。

（7）短期利润分享计划。

（8）其他短期薪酬。

（9）非货币性福利。

（二）长期职工薪酬

1. 离职后福利

离职后福利是指企业为获得职工提供的服务而在职工退休或与企业解除劳动关系后，提供的各种形式的报酬和福利，属于短期薪酬和辞退福利的除外。

（1）设定提存计划，是指向独立的基金缴存固定费用后，企业不再承担进一步支付义务的离职后福利计划，即养老保险费和失业保险费。

（2）设定受益计划，是指除设定提存计划以外的离职后福利计划。

2. 辞退福利

辞退福利是指企业在职工劳动合同到期之前解除与职工的劳动关系，或者为鼓励职工自愿接受裁减而给予职工的补偿。

3. 其他长期职工福利

其他长期职工福利是指除短期薪酬、离职后福利、辞退福利之外所有的职工薪酬，包括长期带薪缺勤、长期残疾福利、长期利润分享计划等。

【知识点 2】 短期货币性职工薪酬的核算★★★

一、工资、奖金、津贴和补贴的核算

（一）确认（计提、计算）职工薪酬时

借：生产成本（生产人员）

　　制造费用（车间管理人员）

　　管理费用（企业行政管理人员）

　　销售费用（专设销售机构人员）

　贷：应付职工薪酬——工资

（二）发放（支付）职工薪酬时

1. 发放工资

借：应付职工薪酬——工资

　贷：银行存款等

2. 结转代垫款项

借：应付职工薪酬——工资
　贷：其他应收款

3. 代扣个人所得税

借：应付职工薪酬——工资
　贷：应交税费——应交个人所得税

【做中学 5-13】 阳光公司 2025 年 7 月应付工资总额为 693 000 元，“工资费用分配汇总表”中列示的产品生产人员工资为 480 000 元，车间管理人员工资为 105 000 元，企业行政管理人员工资为 90 600 元，专设销售机构人员工资为 17 400 元。阳光公司应编制如下会计分录：

借：生产成本——基本生产成本	480 000	
制造费用	105 000	
管理费用	90 600	
销售费用	17 400	
贷：应付职工薪酬——工资		693 000

【做中学 5-14】 阳光公司根据“工资费用分配汇总表”结算本月应付职工工资总额为 693 000 元，其中代垫职工房租 32 000 元，代垫职工家属医药费 8 000 元，代扣个人所得税 12 000 元，实发工资 641 000 元。阳光公司应编制如下会计分录：

（1）通过银行发放工资时：

借：应付职工薪酬——工资	641 000	
贷：银行存款		641 000

（2）结转代垫款项和代扣个人所得税时：

借：应付职工薪酬——工资	52 000	
贷：其他应收款——职工房租		32 000
——代垫医药费		8 000
应交税费——应交个人所得税		12 000

二、职工福利费

（一）确认时

借：生产成本（生产人员）
　　制造费用（车间管理人员）
　　管理费用（企业行政管理人员）
　　销售费用（专设销售机构人员）
　　研发支出（研究开发人员）
　　在建工程（自建工程人员）
　贷：应付职工薪酬——职工福利费

（二）支付时

借：应付职工薪酬——职工福利费

　贷：银行存款

【做中学 5-15】 光明公司下设一所职工食堂，每月根据在岗职工数量及岗位分布情况、相关历史经验数据等计算需要补贴食堂的金额，从而确定企业每期因补贴职工食堂而需要承担的福利费金额。2025 年 9 月，企业在岗职工共计 200 人，其中管理部门 30 人，生产车间生产人员 170 人，企业的历史经验数据表明，每个职工每月需补贴 150 元。光明公司应编制如下会计分录：

借：生产成本	25 500	
管理费用	4 500	
贷：应付职工薪酬——职工福利费		30 000

2025 年 10 月，光明公司支付 30 000 元补贴给食堂。光明公司应编制如下会计分录：

借：应付职工薪酬——职工福利费	30 000	
贷：银行存款		30 000

三、工会经费和职工教育经费

（一）计提时

借：生产成本（生产人员）

　　制造费用（车间管理人员）

　　管理费用（企业行政管理人员）

　　销售费用（专设销售机构人员）

　　研发支出（研究开发人员）

　　在建工程（自建工程人员）

　贷：应付职工薪酬——工会经费

　　　　　　　　　——职工教育经费

（二）实际上缴或发生实际开支时

借：应付职工薪酬——工会经费

　　　　　　　　——职工教育经费

　贷：银行存款

【做中学 5-16】 承做中学 5-13，阳光公司根据相关规定，分别按照工资总额的 2%和 8%的计提标准确认应付工会经费和职工教育经费。阳光公司应编制如下会计分录：

借：生产成本——基本生产成本	48 000	
制造费用	10 500	
管理费用	9 060	
销售费用	1 740	
贷：应付职工薪酬——工会经费		13 860
——职工教育经费		55 440

四、社会保险费和住房公积金

(一) 计提单位负担部分

借：生产成本（生产人员）
　　制造费用（车间管理人员）
　　管理费用（企业行政管理人员）
　　销售费用（专设销售机构人员）
　　研发支出（研究开发人员）
　　在建工程（自建工程人员）
　贷：应付职工薪酬——社会保险费
　　　　　　　　　——住房公积金

(二) 代扣个人负担部分

借：应付职工薪酬——工资
　贷：其他应付款——社会保险费
　　　　　　　　——住房公积金

(三) 实际上缴

借：应付职工薪酬——社会保险费
　　　　　　　　——住房公积金
　　其他应付款——社会保险费
　　　　　　　——住房公积金
　贷：银行存款

【做中学 5-17】 2025 年 7 月，阳光公司根据国家规定的计提标准，计算应由企业负担的向社会保险经办机构缴纳社会保险费共计 83 160 元（不含养老保险费和失业保险费）。按照规定标准计提住房公积金为 76 230 元。其中，由生产工人负担 110 400 元，由车间管理人员负担 24 150 元，由企业行政管理人员负担 20 838 元，由专设销售机构人员负担 4 002 元。阳光公司应编制如下会计分录：

借：生产成本——基本生产成本	110 400	
制造费用	24 150	
管理费用	20 838	
销售费用	4 002	
贷：应付职工薪酬——社会保险费		83 160
——住房公积金		76 230

假定：代扣个人应缴纳的社会保险费 20 790 元、住房公积金 76 230 元，共计 97 020 元。

借：应付职工薪酬——工资	97 020	
贷：其他应付款——社会保险费		20 790
——住房公积金		76 230

五、短期带薪缺勤

（一）累积带薪缺勤

累积带薪缺勤是指带薪权利可以结转下期的带薪缺勤，本期尚未用完的带薪缺勤权利可以在未来期间使用。企业应当在职工提供了服务从而增加了其未来享有的带薪缺勤权利时，确认与累积带薪缺勤相关的职工薪酬，并以累积未行使权利而增加的预期支付金额计量。

【做中学 5－18】 丁企业共有 2 000 名职工，从 2024 年 1 月 1 日起，该公司实行累积带薪缺勤制度。该制度规定，每个职工每年可享受 5 个工作日带薪年休假，未使用的年休假只能向后结转一个公历年度，超过 1 年未使用的权利作废；职工休年休假时，首先使用当年可享受的权利，不足部分再从上年结转的带薪年休假中扣除。

2024 年 12 月 31 日，丁企业预计 2025 年有 1 900 名职工将享受不超过 5 天的带薪年休假，剩余 100 名职工每人将平均享受 6.5 天年休假，假定这 100 名职工全部为总部部门经理，该企业平均每名职工每个工作日工资为 300 元。不考虑其他相关因素。丁企业应编制如下会计分录：

借：管理费用　　45 000
　贷：应付职工薪酬——带薪缺勤　　45 000

（二）非累积带薪缺勤

非累积带薪缺勤是指带薪权利不能结转下期的带薪缺勤，本期尚未用完的带薪缺勤权利将予以取消，并且职工离开企业时也无权获得现金支付。

我国企业职工休婚假、产假、丧假、探亲假、病假期间的工资通常属于非累积带薪缺勤。企业应当在职工实际发生缺勤的会计期间确认与非累积带薪缺勤相关的职工薪酬。

> **提示：** 企业确认职工享有的与非累积带薪缺勤权利相关的薪酬，视同职工出勤确认的当期损益或相关资产成本。通常情况下，与非累积带薪缺勤相关的职工薪酬已经包括在企业每期向职工发放的工资等薪酬中，因此，不必额外作相应的账务处理。

【知识点 3】 短期非货币性职工薪酬★★★

一、税法中关于集体福利的增值税处理

（1）企业将自产、委托加工的货物用于集体福利或者个人消费，属于视同销售行为，缴纳增值税。

（2）用于集体福利或者个人消费的购进货物、劳务、服务、无形资产和不动产，不得从销项税额中抵扣进项税额。

二、账务处理

（一）以自产产品发放福利

借：管理费用等（含税公允价值）
　贷：应付职工薪酬

借：应付职工薪酬——非货币性福利

　贷：主营业务收入

　　　应交税费——应交增值税（销项税额）

借：主营业务成本

　贷：库存商品

【做中学 5-19】 阳光公司为家电生产企业，共有职工 200 名，其中 170 名为直接参加生产的职工，30 名为总部管理人员。2025 年 12 月，阳光公司以其生产的每台成本为 900 元的电暖器作为春节福利发放给公司每名职工。该型号的电暖器不含增值税的市场售价为每台 1 000 元，阳光公司适用的增值税税率为 13%。阳光公司应编制如下会计分录：

计提职工薪酬：

借：生产成本	192 100	
管理费用	33 900	
贷：应付职工薪酬——非货币性福利		226 000

实际发放时：

借：应付职工薪酬	226 000	
贷：主营业务收入		200 000
应交税费——应交增值税（销项税额）		26 000
借：主营业务成本	180 000	
贷：库存商品		180 000

（二）以外购产品发放福利

1. 外购时

借：库存商品

　　应交税费——应交增值税（进项税额）

　贷：银行存款

2. 确认时

借：管理费用等（购入的含税价格）

　贷：应付职工薪酬——非货币性福利

3. 发放时

借：应付职工薪酬——非货币性福利

　贷：库存商品

　　　应交税费——应交增值税（进项税额转出）

【做中学 5-20】 2025 年 5 月 1 日，阳光公司外购空调扇 300 台，取得的增值税专用发票上注明的价款为 150 000 元，增值税税额为 19 500 元，以银行存款支付了购买空调扇的价款和增值税进项税额，该增值税专用发票通过税务机关认证。5 月 20 日，阳光公司决定将外购空调扇作为端午节福利发放给从事生产的职工。阳光公司应编制如下会计分录：

（1）购入时，增值税专用发票通过税务机关认证：

借：库存商品——空调扇　　150 000
　　应交税费——应交增值税（进项税额）　　19 500
　贷：银行存款　　169 500

（2）计提时：

借：生产成本　　169 500
　贷：应付职工薪酬——非货币性福利　　169 500

（3）实际发放时：

借：应付职工薪酬——非货币性福利　　169 500
　贷：库存商品——空调扇　　150 000
　　　应交税费——应交增值税（进项税额转出）　　19 500

4. 将自有资产无偿提供给职工

（1）确认时：

借：管理费用等（折旧额）
　贷：应付职工薪酬——非货币性福利

（2）折旧时：

借：应付职工薪酬——非货币性福利
　贷：累计折旧

【做中学 5-21】 阳光公司为总部各部门经理级别以上职工提供汽车免费使用。阳光公司总部共有部门经理以上职工 20 名，每人提供一辆汽车免费使用，假定每辆汽车每月计提折旧 1 000 元。阳光公司应编制如下会计分录：

借：管理费用　　20 000
　贷：应付职工薪酬——非货币性福利　　20 000
借：应付职工薪酬——非货币性福利　　20 000
　贷：累计折旧　　20 000

5. 租赁资产供职工免费使用

（1）确认时：

借：管理费用等（应付的租金）
　贷：应付职工薪酬——非货币性福利

（2）支付时：

借：应付职工薪酬——非货币性福利
　贷：银行存款

【做中学 5-22】 阳光公司为副总裁以上高级管理人员每人租赁一套住房。该公司共有副总裁以上高级管理人员 5 名，公司为其每人租赁一套面积为 200 平方米的公寓，月租金为每套 8 000 元（含税）。阳光公司应编制如下会计分录：

借：管理费用　　40 000
　贷：应付职工薪酬——非货币性福利　　40 000
借：应付职工薪酬——非货币性福利　　40 000
　贷：银行存款　　40 000

【知识点4】 长期职工薪酬★★★

一、离职后福利

（1）设定提存计划：如养老、失业保险。

（2）设定收益计划：如企业年金。

提示： 医疗、工伤保险通过“短期薪酬”核算。

对于设定提存计划，企业应当根据在资产负债表日为换取职工在会计期间提供的服务而应向单独主体缴存的提存金，确认为职工薪酬负债，并计入当期损益或相关资产成本。

账务处理如下：

借：生产成本等

　贷：应付职工薪酬——设定提存计划——基本养老保险费等

【做中学5-23】 阳光公司根据所在地政府规定，按照职工工资总额的16%计提基本养老保险费，缴存当地社会保险经办机构。2025年7月，阳光公司缴存的基本养老保险费，应计入生产成本的金额为76 800元，应计入制造费用的金额为16 800元，应计入管理费用的金额为14 496元，应计入销售费用的金额为2 784元。阳光公司应编制如下会计分录：

借：生产成本	76 800	
制造费用	16 800	
管理费用	14 496	
销售费用	2 784	
贷：应付职工薪酬——设定提存计划——基本养老保险费		110 880

二、辞退后福利

企业向职工提供辞退福利的，应当在“企业不能单方面撤回因解除劳动关系或裁减所提供的辞退福利时”和“企业确认涉及支付辞退福利的重组相关的成本或费用时”两者孰早日，确认辞退福利产生的职工薪酬负债，并计入当期损益。

账务处理如下：

借：管理费用

　贷：应付职工薪酬——辞退福利

【做中学5-24】 B公司为一家空调制造企业，2024年9月，为了能够在下一年度顺利实施转产，B公司管理层制订了一项辞退计划。计划规定：从2025年1月1日起，企业将以职工自愿方式，辞退其柜式空调生产车间的职工。辞退计划的详细内容，包括拟辞退的职工所在部门、数量、各级别职工能够获得的补偿以及计划大体实施的时间等均已与职工沟通，并达成一致意见，辞退计划已于当年12月10日经董事会正式批准，辞退计划将于下一个年度内实施完毕。

2024年12月31日，企业预计各级别职工拟接受辞退职工数量的最佳估计数（最可能发生数）为 123 人，应支付的补偿为 1 400 万元。阳光公司应做如下会计处理：

借：管理费用　　14 000 000

　贷：应付职工薪酬——辞退福利　　14 000 000

三、其他长期职工福利

企业向职工提供的其他长期职工福利，符合设定提存计划条件的，应当按照设定提存计划的有关规定进行会计处理。符合设定受益计划条件的，应当按照设定受益计划的有关规定进行会计处理。

任务四　应交税费业务

【知识点 1】 应交税费概述★★

"应交税费"是企业会计核算中的一个重要概念，它涵盖了企业在经营过程中因应税行为而需向国家缴纳的各种税费。具体而言，应交税费是指企业根据税法规定计算出的、应向税务机关缴纳的各类税款及附加费用，这些税费通常包括增值税、消费税、企业所得税、城市维护建设税、教育费附加等。

从会计核算的角度来看，应交税费的计算与缴纳是企业财务处理过程中不可或缺的环节。企业需要准确地确定应纳税额，并在规定的期限内完成申报与缴纳。这不仅体现了企业依法纳税的社会责任，也是确保企业财务健康和合规运营的关键所在。

需要注意的是，并不是所有的税费都通过"应交税费"科目核算。

企业缴纳的印花税、耕地占用税、车辆购置税、契税、进口关税等不需要预计应交数的税金，不通过"应交税费"科目核算。

企业代扣代缴的个人所得税，通过"应交税费"科目核算。

【知识点 2】 应交增值税★★★

一、增值税涉及的会计科目（针对一般纳税人）

二级科目	专栏设置（三级明细科目）	核算内容
应交增值税	进项税额	准予从当期销项税额中抵扣的增值税税额
	销项税额抵减	因扣减销售额而减少的销项税额
	已交税金	当月已缴纳的应交增值税税额
	转出未交/多交增值税	转出当月应交未交或多交的增值税税额
	减免税款	准予减免的增值税税额
	出口抵减内销产品应纳税额	出口货物的进项税额抵减内销产品的应纳税额

续表

二级科目	专栏设置（三级明细科目）	核算内容
应交增值税	出口退税	出口退回的增值税税额
	销项税额	销售应收取的增值税税额
	进项税额转出	不应从销项税额中抵扣，按规定转出的进项税额
	未交增值税	一般纳税人月度终了从“应交增值税”或“预交增值税”明细科目转入当月应缴未缴、多缴或预缴的增值税额，以及当月缴纳以前期间未缴的增值税税额
	预交增值税	一般纳税人转让不动产、提供不动产经营租赁服务、提供建筑服务、采用预收款方式销售自行开发的房地产项目等，以及其他按现行增值税制度规定应预缴的增值税税额
	待抵扣进项税额	一般纳税人已取得增值税扣税凭证并经税务机关认证，按照现行增值税制度规定准予以后期间从销项税额中抵扣的进项税额。如实行纳税辅导期管理的一般纳税人取得的尚未交叉稽核比对的增值税扣税凭证上注明或计算的进项税额
	待认证进项税额	一般纳税人由于未经税务机关认证而不得从当期销项税额中抵扣的进项税额
	待转销项税额	一般纳税人销售货物、加工修理修配劳务、服务、无形资产或不动产，已确认相关收入（或利得）但尚未发生增值税纳税义务而需于以后期间确认为销项税额的增值税税额
	增值税留抵税额	兼有销售服务、无形资产或者不动产的原增值税一般纳税人，截至纳入“营改增”试点之日前的增值税期末留抵税额按规定不得从销售服务、无形资产或不动产的销项税额中抵扣的增值税留抵税额
	简易计税	一般纳税人采用简易计税方法发生的增值税计提、扣减、预缴、缴纳等业务
	转让金融商品应交增值税	转让金融商品发生的增值税税额
	代扣代交增值税	纳税人购进在境内未设经营机构的境外单位或个人在境内的应税行为代扣代缴的增值税

二、增值税一般纳税人账务处理

（一）进项税额

1. 一般情况

借：原材料等

　　应交税费——应交增值税（进项税额）

　贷：银行存款等

2. 免税农产品

借：在途物资等（倒挤）

　　应交税费——应交增值税（进项税额）（买价×扣除率）

　贷：银行存款等

（二）进项税额转出

借：待处理财产损溢（外购货物发生管理不善或违法导致非正常损失）

　　应付职工薪酬（外购货物用于职工福利）

　贷：原材料应交税费——应交增值税（进项税额转出）

【做中学 5-25】 2025 年 6 月，阳光公司发生进项税额转出事项如下：

（1）10 日，库存材料因管理不善发生火灾损失，材料实际成本为 20 000 元，增值税专用发票确认的增值税税额为 2 600 元。

借：待处理财产损溢	22 600	
贷：原材料		20 000
应交税费——应交增值税（进项税额转出）		2 600

（2）18 日，领用一批外购材料用于集体福利，该批原材料的成本为 60 000 元，增值税专用发票注明的进项税额为 7 800 元。

借：应付职工薪酬——职工福利费	67 800	
贷：原材料		60 000
应交税费——应交增值税（进项税额转出）		7 800

（三）销售业务

（1）一般情况。

借：应收账款等

　贷：主营业务收入等

　　应交税费——应交增值税（销项税额）

（2）视同销售。

1）产生收入。

借：长期股权投资等

　贷：主营业务收入等

　　应交税费——应交增值税（销项税额）

2）不产生收入。

借：营业外支出

　贷：库存商品等

　　应交税费——应交增值税（销项税额）

【做中学 5-26】 2025 年 6 月，阳光公司发生与销售有关的交易如下：

（1）10 日，以公司生产的产品对外捐赠，该批产品的实际成本为 200 000 元，市场不含税售价为 250 000 元，开具的增值税专用发票上注明的增值税税额为 32 500 元。

借：营业外支出　232 500
　贷：库存商品　200 000
　　　应交税费——应交增值税（销项税额）　32 500

（2）25 日，阳光公司用一批原材料对外进行长期股权投资。该批原材料实际成本为 600 000 元，双方协商不含税价值为 750 000 元，开具的增值税专用发票上注明的增值税税额为 97 500 元。

借：长期股权投资　847 500
　贷：其他业务收入　750 000
　　　应交税费——应交增值税（销项税额）　97 500

同时，

借：其他业务成本　600 000
　贷：原材料　600 000

（四）缴纳增值税

（1）缴纳当月应交的增值税。

借：应交税费——应交增值税（已交税金）
　贷：银行存款

（2）缴纳以前期间未交的增值税。

借：应交税费——未交增值税
　贷：银行存款

（五）月末转出多交增值税和未交增值税

（1）应交未交的增值税。

借：应交税费——应交增值税（转出未交增值税）
　贷：应交税费——未交增值税

（2）当月多交的增值税。

借：应交税费——未交增值税
　贷：应交税费——应交增值税（转出多交增值税）

【做中学 5－27】 2025 年 6 月，阳光公司当月发生增值税销项税额合计为 525 200 元，增值税进项税额转出合计为 29 900 元，增值税进项税额合计为 195 050 元。

应交增值税＝525 200＋29 900－195 050＝360 050(元)

6 月末，阳光公司转出未交增值税：

借：应交税费——应交增值税（转出未交增值税）　360 050
　贷：应交税费——未交增值税　360 050

7 月，阳光公司交纳 6 月未交增值税：

借：应交税费——未交增值税　360 050
　贷：银行存款　360 050

三、小规模纳税人核算

（一）应纳税额的计算

应纳税额=不含税销售额×征收率

（二）账务处理

1. 购入材料等

借：材料采购等
　贷：银行存款

2. 销售产品

借：银行存款等
　贷：主营业务收入
　　　应交税费——应交增值税

四、差额征税

（一）适用情形

金融商品转让、经纪代理服务、融资租赁和融资性售后回租业务、一般纳税人提供客运场站服务、试点纳税人提供旅游服务、选择简易计税方法提供建筑服务等。

（二）账务处理

1. 按规定相关成本费用允许扣减销售额

借：主营业务成本
　　应交税费——应交增值税（销项税额抵减）
　贷：银行存款

2. 转让金融商品

借：投资收益
　贷：应交税费——转让金融商品应交增值税

【做中学 5-28】 某旅行社为增值税一般纳税人，应交增值税采用差额征税方式核算。2025 年 7 月，该旅行社为光明公司提供职工境内旅游服务，向光明公司收取含税价款 318 000 元，其中增值税税额 18 000 元，全部款项已收妥入账。旅行社以银行存款支付其他接团旅游企业的旅游费用和其他单位相关费用共计 254 400 元。其中，因允许扣减销售额而减少的销项税额为 14 400 元。该旅行社应编制如下会计分录：

（1）确认旅游服务收入：

借：银行存款　318 000
　贷：主营业务收入　300 000
　　　应交税费——应交增值税（销项税额）　18 000

（2）支付旅游费用等：

借：主营业务成本　254 400
　贷：银行存款　254 400

（3）根据增值税扣税凭证抵减销项税额，并调整成本：

借：应交税费——应交增值税（销项税额抵减）　14 400

　贷：主营业务成本　14 400

分录（2）、（3）可合并编制如下会计分录：

借：主营业务成本　240 000

　　应交税费——应交增值税（销项税额抵减）　14 400

　贷：银行存款　254 400

【知识点3】 应交消费税★★★

一、销售应税消费品

账务处理如下：

借：税金及附加

　贷：应交税费——应交消费税

【做中学5-29】 阳光公司销售所生产的化妆品，价款100万元（不含增值税），增值税专用发票上注明的增值税税额为13万元，适用的消费税税率为30%，款项已存入银行。阳光公司应编制如下会计分录：

（1）取得价款和税款时：

借：银行存款　1 130 000

　贷：主营业务收入　1 000 000

　　　应交税费——应交增值税（销项税额）　130 000

（2）计算应缴纳的消费税：

$$应交消费税税额=100\times30\%=30(万元)$$

借：税金及附加　300 000

　贷：应交税费——应交消费税　300 000

二、自产自用应税消费品

账务处理如下：

借：在建工程等

　贷：库存商品

　　　应交税费——应交消费税

【做中学5-30】 光明公司在建工程领用自产柴油，成本为50 000元，应纳消费税6 000元。不考虑其他相关税费。光明公司应编制如下会计分录：

借：在建工程　56 000

　贷：库存商品　50 000

　　　应交税费——应交消费税　6 000

【做中学5-31】 丙企业下设的职工食堂享受企业提供的补贴，本月领用自产产品一批，该产品的账面成本为20 000元，市场不含税售价为30 000元，适用的增值税税率为13%、消费税税率为10%。丙企业应编制如下会计分录：

借：应付职工薪酬——职工福利费 33 900
　　税金及附加 3 000
　贷：主营业务收入 30 000
　　　应交税费——应交增值税（销项税额） 3 900
　　　　　　　——应交消费税 3 000

借：主营业务成本 20 000
　贷：库存商品 20 000

三、委托加工应税消费品

账务处理如下：

借：委托加工物资（收回后直接出售）
　　应交税费——应交消费税（收回后连续生产应税消费品）
　贷：银行存款/应付账款等

四、进口应税消费品

账务处理如下：

借：库存商品等
　贷：银行存款/应付账款等

【做中学5-32】 阳光公司从国外进口一批需要缴纳消费税的商品，已知该商品关税完税价格540 000元，按规定应缴纳关税108 000元，假定进口的应税消费品的消费税税率为10%，增值税税率为13%，消费税税额为72 000元，增值税税额为93 600元。进口商品已经验收入库，货款和税款已经用银行存款支付。阳光公司应编制如下会计分录：

借：库存商品 720 000
　　应交税费——应交增值税（进项税额） 93 600
　贷：银行存款 813 600

【知识点4】 其他应交税费★★

一、应交资源税

（一）销售应税矿产品

账务处理如下：

借：税金及附加
　贷：应交税费——应交资源税

（二）自产自用应税矿产品

账务处理如下：

借：生产成本/制造费用等
　贷：应交税费——应交资源税

【做中学 5－33】　阳光公司本期对外销售资源税应税矿产品 3 600 吨，将自产资源税应税矿产品 800 吨用于其产品生产，税法规定每吨矿产品应缴纳资源税 5 元。阳光公司应编制如下会计分录：

（1）企业对外销售应税产品：

应缴纳的资源税税额＝3 600×5＝18 000(元)

借：税金及附加	18 000	
贷：应交税费——应交资源税		18 000

（2）企业自产自用应税矿产品：

应缴纳的资源税税额＝800×5＝4 000(元)

借：生产成本	4 000	
贷：应交税费——应交资源税		4 000

（3）缴纳资源税：

借：应交税费——应交资源税	22 000	
贷：银行存款		22 000

二、应交城市维护建设税、应交教育费附加

应交城市维护建设税＝(实际缴纳的增值税＋实际缴纳的消费税)×适用税率

应交教育费附加＝(实际缴纳的增值税＋实际缴纳的消费税)×适用比率

账务处理如下：

借：税金及附加

　贷：应交税费——应交城市维护建设税

　　　　　　——应交教育费附加

【做中学 5－34】　阳光公司本期实际缴纳增值税 510 000 元、消费税 240 000 元，适用的城市维护建设税税率为 7%、教育费附加率为 3%。阳光公司应编制如下会计分录：

计算应交城市维护建设税、应交教育费附加：

应交城市维护建设税＝(510 000＋240 000)×7%＝52 500(元)

应交教育费附加＝(510 000＋240 000)×3%＝22 500(元)

借：税金及附加	75 000	
贷：应交税费——应交城市维护建设税		52 500
——应交教育费附加		22 500

用银行存款缴纳城市维护建设税、教育费附加：

借：应交税费——应交城市维护建设税	52 500	
——应交教育费附加	22 500	
贷：银行存款		75 000

三、应交土地增值税

根据企业对房地产核算的方法不同，企业应交土地增值税的账务处理也有所区别：

（1）企业转让的土地使用权连同地上建筑物及其附着物一并在“固定资产”科目核算的，转让时应交的土地增值税，借记“固定资产清理”科目。

（2）土地使用权在“无形资产”科目核算的，按其差额，记入“资产处置损益”科目。

（3）房地产开发经营企业销售房地产应缴纳的土地增值税，借记“税金及附加”科目。

【做中学 5-35】 阳光公司对外转让一栋厂房，根据税法规定计算的应交土地增值税为 25 000 元。阳光公司应编制如下会计分录：

计算应交土地增值税时：

借：固定资产清理	25 000	
贷：应交税费——应交土地增值税		25 000

用银行存款缴纳土地增值税：

借：应交税费——应交土地增值税	25 000	
贷：银行存款		25 000

四、应交房产税、城镇土地使用税、车船税

账务处理如下：

借：税金及附加

　贷：应交税费——应交房产税

　　　　　　——应交城镇土地使用税

　　　　　　——应交车船税

【做中学 5-36】 某公司按税法规定本期应缴纳房产税 160 000 元、车船税 38 000 元、城镇土地使用税 45 000 元。

（1）计算应缴纳的上述税金时：

借：税金及附加	243 000	
贷：应交税费——应交房产税		160 000
——应交城镇土地使用税		45 000
——应交车船税		38 000

（2）用银行存款缴纳上述税金：

借：应交税费——应交房产税	160 000	
——应交城镇土地使用税	45 000	
——应交车船税	38 000	
贷：银行存款		243 000

任务五　非流动负债

【知识点 1】 长期借款★★★

一、长期借款的概念

长期借款是指企业向银行或其他金融机构借入的期限在 1 年以上的各种借款。

二、长期借款利息费用的确认

长期借款利息费用应当在资产负债表日按照实际利率法计算确定，实际利率与合同利率差异较小的，也可以采用合同利率计算确定利息费用。

三、长期借款的账务处理

(一) 取得长期借款

借：银行存款
　　长期借款——利息调整
　贷：长期借款——本金

(二) 发生长期借款利息

借：在建工程（用于在建工程）
　　制造费用（用于生产产品）
　　研发支出（用于研究开发）
　　管理费用（筹建期间发生的利息）
　　财务费用（不予资本化的利息）
　贷：应付利息（分期付息）
　　　长期借款——应计利息（到期一次还本付息）

(三) 归还长期借款

借：长期借款——本金
　　应付利息（分期付息）
　　长期借款——应计利息（到期一次还本付息）
　贷：银行存款

【做中学 5-37】 阳光公司为增值税一般纳税人，于 2022 年 11 月 30 日从银行借入资金 3 000 000 元，借款期限为 3 年，年利率为 4.8%（到期一次还本付息，不计复利）。所借款项已存入银行。阳光公司用该借款于当日购买不需安装的设备一台，价款 2 000 000 元，增值税税额为 260 000 元，另支付保险等费用 100 000 元，设备已于 2022 年 12 月 31 日安装完毕投入使用。阳光公司应编制如下会计分录：

（1）取得借款时：

借：银行存款　　3 000 000

　贷：长期借款——本金　　3 000 000

（2）支付设备款及保险费用时：

借：在建工程　　2 100 000

　　应交税费——应交增值税（进项税额）　　260 000

　贷：银行存款　　2 360 000

（3）阳光公司于 2022 年 12 月 31 日计提长期借款利息：

2022 年 12 月 31 日计提的长期借款利息＝3 000 000×4.8%÷12＝12 000(元)

借：在建工程　　12 000

　贷：长期借款——应计利息　　12 000

借：固定资产　　2 112 000

　贷：在建工程　　2 112 000

2023 年 1 月至 2025 年 10 月末预提利息分录同上。

（4）阳光公司于 2025 年 11 月 30 日偿还该笔银行借款本息：

借：财务费用　　12 000

　　长期借款——本金　　3 000 000

　　　　　　——应计利息　　420 000

　贷：银行存款　　3 432 000

【知识点 2】 长期应付款★

一、长期应付款的概念

长期应付款是指企业除长期借款和应付债券以外的其他各种长期应付款项，如以分期付款方式购入固定资产发生的应付款项等。

二、长期应付款的账务处理

借：固定资产/在建工程/财务费用等（现值）

　　未确认融资费用

　贷：长期应付款

项目练习及答案

模拟实训

实训任务一　短期借款

2025 年 1 月 20 日北京优乐电器有限公司借入短期借款，期限 6 个月，年利率为 5%，到期一次偿还本金及利息，根据相关单据进行账务处理。

借款合同

贷款方：中国工商银行北京分行
借款方：北京优乐电器有限公司
担保方：北京宝利商贸有限公司

借款方为进行生产(或经营活动),向贷款方申请借款,并聘请北京宝利商贸有限公司作为保证人,贷款方业已审查批准,经三方协商,特订立本合同,以便共同遵守。

第一条、贷款种类：流动资金担保贷款

第二条、借款用途：用于公司资金周转

第三条、借款金额：人民币叁佰万元整

第四条、借款利率和利息

借款利率按年息百分之五计算，到期一次性偿还本金及利息。

借款利息自借款转存到借款方账户之日起计算。在合同有效期内，如贷款方调整贷款利率，自利率调整之日起按调整后的利率执行。

第五条、借款和还款期限

借款时间自贰零贰伍年零壹月贰拾日，至贰零贰伍年零柒月贰拾日止。借款实际发放和期限以借据为凭证一次发放和收回。借据应作为合同附件，同本合同具有同等法律效力。

第六条、还款资金来源及还款方式

1、还款资金来源：公司盈利

2、还款方式：到期一次性偿还本金及利息。

第七条、保证条款：

借款方请北京宝利商贸有限公司作为自己的借款保证方，经贷款审查，证实保证方具有担保资格和足够代偿借款的能力。保证方有权检查和督促借款方履行合同。当借款方不履行合同时，由保证方连带承担偿还借款本息的责任。必要时，贷款方可以从保证方的存款账户内扣收贷款本息。

第八条、合同的变更和解除

1、本合同生效后，借、贷任何一方不得擅自变更和解除本合同。

2、借、贷任何一方发生合并、分立、承包及股份制改造等转制变更时，由变更后当事人承担或分别承担履行本合同的义务和享有应有的权利。

本合同正本一式三份,贷款方,借款方,保证方各执一份;合同副本贰份,报送公证、鉴证 机关等有关单位各存一份。

贷款方：中国工商银行北京分行
法定代表人：[illegible]文

借款方：北京优乐电器有限公司
法定代表人：叶诚辉

担保方：北京宝利商贸有限公司
法定代表人：赵昱
签字日期：2025年01月20日

(1) 2025 年 1 月 20 日，借入借款。

(2) 2025 年 2 月 20 日，计提短期借款利息。

(3) 2025 年 7 月 20 日，到期偿还本金及利息。

（放款）

借款借据（入账通知）

单位编号：　　借款日期 2025 年 01 月 20 日　　借据编号：001300

收款单位	名　称	北京优乐电器有限公司	付款单位	名　称	中国工商银行北京分行
	账　号	1100006513145662686		账　号	1000760904845361201
	开户银行	中国工商银行北京分行		开户银行	中国工商银行北京分行
借款金额（大写）：	人民币 叁佰万元整		（小写）：	¥3,000,000.00	
借款原因及用途	生产经营需要		借款计划指标		

期次	计划还款日期		计划还款金额
	2025年07月20日	√	3000000.00
		□	
		□	

你单位上列借款，已转入你单位结算户内。借款到期时由我行按期自你单位结算转还。

此致

借款单位

中国工商银行北京分行 2025.01.20 转账 转讫

（银行盖章）

此联由银行退借款单位入账通知

短期借款利息计算表

单位名称：北京优乐电器有限公司　　单位：元

本金	借款日期	借款期限	还款方式	年利率	每月应计利息
3000000	2025年01月20日	6个月	到期一次还本付息	5%	12500.00

审核：程誉　　制表：苏玫

ICBC 中国工商银行　　业务回单（付款）

日期：2025年07月20日

回单编号：20015245891

付款人户名：北京优乐电器有限公司　　付款人开户行：中国工商银行北京分行

付款人账号（卡号）：1100006513145662686

收款人户名：　　收款人开户行：

收款人账号（卡号）：

金额：叁佰零柒万伍仟元整　　小写：3,075,000.00元

业务（产品）种类：同行发报　凭证种类：000000000　　凭证号码：0000000000000000

摘要：偿还本息　　用途：偿还本息　　币种：人民币

交易机构：0410000298　记账柜员：00023　交易代码：52062　　渠道：网上银行

附言：

支付交易序号：23076093　报文种类：普通贷记业务　委托日期：2025年07月20日

业务类型（种类）：普通汇兑　指令编号：HQP1101326134　提交人：13774551526.c.4113

最终授权人：0920007080300001.c.4100

中国工商银行北京分行 自助回单机专用章 (003)

本回单为第1次打印，注意重复　　打印日期：2025年07月20日　　打印柜员：9　验证码：1B5FB9A63006

实训任务二　应付款项

1. 2025 年 9 月 5 日，北京宝利商贸有限公司（采用《小企业会计准则》）到期支付商业汇票款，请根据相关单据进行账务处理。

5

中国工商银行　托收凭证（付款通知）

委托日期 2025 年 09 月 05 日　　付款期限 2025 年 09 月 05 日

业务类型	委托收款（□邮划、□电划）　托收承付（□邮划、☑电划）				
付款人 全称	北京宝利商贸有限公司		收款人 全称	北京程泰食品有限公司	
付款人 账号	1101007897336764111		收款人 账号	1100076090499608156	
付款人 地址	省 北京 市/县	开户行 中国工商银行北京分行	收款人 地址	省 北京 市/县	开户行 中国工商银行北京丰台支行
金额 人民币（大写）	陆万柒仟捌佰元整			亿千百十万千百十元角分	¥ 6 7 8 0 0 0 0
款项内容	商业承兑汇票到期付款	托收凭据名称		附寄单证张数	2
商品发运情况			合同名称号码		
备注： 付款人开户银行收到日期 年　月　日 复核　记账		付款人开户银行签章 年　月　日	付款人注意： 1、根据支付结算方法，上列委托收款（托收承付）款项在付款期内未提出拒付，即视为同意付款，以此代付款通知。 2、如需提出全部或部分拒付，应在规定期内，将拒付理由书并附债务证明退交开户银行。		

中国工商银行北京分行　转账　转讫

此联付款人开户银行给付款人按期付款通知

(2019) 10*17.5公分 交15 角豆印刷 0152165011866

2. 2025 年 1 月 15 日，北京佳美股份有限公司宣告发放现金股利，请根据相关单据进行账务处理。

股东会议决议

北京佳美股份有限公司于2025年01月15日在北京电信园甄姬路56号公司大会议室召开股东会议。本次会议已按《公司法》规定,以（书面通知）形式，于本会议召开前（15）天通知全体股东。出席股东杨光所持有股权数量占全体股权70%；投支持票股权占出席股权100%。会议通过以下决议:

一、公司于2025年01月15日通过向全体股东每股派发0.05元的现金股利分配方案，公司总股本为1100万股。本次股利分配的股权登记日为2025年01月20日，除权除息日和股利发放日为2025年01月21日。

二、修改公司章程相关条款。

股东签章：杨光

实训任务三　应付职工薪酬

1. 2025 年 3 月 31 日，北京优乐电器有限公司计提工资，请根据相关单据进行账务处理。

工资汇总表

单位：北京优乐电器有限公司　　　　日期：2025年03月31日

一级部门	二级部门	人数	基本工资	加班费	奖金	岗位津贴	应付工资	个人医社保合计	个人公积金合计	税前工资	应交个税	实发工资	单位交医社保合计	单位交公积金合计	单位总支出
综合管理部	总经办	1	12000.00		2500.00	300.00	14800.00	178.50	204.00	14417.50	209.32	14208.18	414.80	204.00	15418.80
综合管理部	行政部	2	9600.00		1148.00	100.00	10848.00	357.00	408.00	10083.00	45.88	10037.12	829.60	408.00	12085.60
综合管理部	财务部	4	17800.00		1423.00	400.00	19623.00	714.00	816.00	18093.00	23.92	18069.08	1659.20	816.00	22098.20
综合管理部	采购部	2	9500.00		761.00	100.00	10361.00	357.00	408.00	9596.00	0.00	9596.00	829.60	408.00	11598.60
综合管理部	仓储部	2	9000.00	100.00	762.00	200.00	10062.00	357.00	408.00	9297.00	0.00	9297.00	829.60	408.00	11299.60
销售部	业务部	3	12300.00		2000.00	300.00	14600.00	535.50	612.00	13452.50	0.00	13452.50	1244.40	612.00	16456.40
基本生产车间	生产管理部	3	14500.00	300.00		300.00	15100.00	535.50	612.00	13952.50	24.52	13927.98	1244.40	612.00	16956.40
基本生产车间	生产车间	40	143000.00	20000.00			163000.00	7140.00	8160.00	147700.00	0.00	147700.00	16592.00	8160.00	187752.00
合计		57	227700.00	20400.00	8594.00	1700.00	258394.00	10174.50	11628.00	236591.50	303.64	236287.86	23643.60	11628.00	293665.60

生产工时分配表

单位：北京优乐电器有限公司　　　　日期：2025年03月31日　　单位：小时

项目	单门式冰箱	车载式冰箱	双门式冰箱	合计	备注
工时	1700	1900	3000	6600	

审核：程誉　　　　制表：林珑

生产车间工资分配表

单位：北京优乐电器有限公司　　　　日期：2025年03月31日

应分配金额（元）	分配标准（工时）	分配率（保留两位小数）	单门式冰箱	车载式冰箱	双门式冰箱
187752	6600	28.45	48365.00	54055.00	85332.00

审核：程誉　　　　制表：林珑

2. 2025 年 4 月 15 日，北京优乐电器有限公司发放工资，发放工资的金额如“工资汇总表”所示，请根据相关单据进行账务处理。

ICBC 中国工商银行　　业务回单（付款）

日期：2025年04月15日
回单编号：20010515487
付款人户名：北京优乐电器有限公司　　付款人开户行：中国工商银行北京分行
付款人账号（卡号）：1100006513145662686
收款人户名：　　收款人开户行：
收款人账号（卡号）：
金额：贰拾叁万陆仟贰佰捌拾柒元捌角陆分　　小写：236,287.86元
业务（产品）种类：代发扣款　凭证种类：000000000　　凭证号码：0000000000000000
摘要：工资　　用途：工资　　币种：人民币
交易机构：0410000298　记账柜员：00023　交易代码：52062　　渠道：网上银行

附言：
支付交易序号：23076123　报文种类：普通贷记业务　委托日期：2025年04月15日
业务类型（种类）：普通汇兑　指令编号：HQP1102126161　提交人：13774551526.c.4115
最终授权人：0920007080300001.c.4100

中国工商银行北京分行 自助回单机专用章 （003）

本回单为第1次打印，注意重复　　打印日期：2025年0 月15日　　打印柜员：9　验证码：1B5FB9A63046

实训任务四　应缴税费

1. 2025 年 3 月 5 日，北京优乐电器有限公司的一批材料因管理不善，造成材料毁损，请根据相关单据进行账务处理。

原材料盘点表

单位：北京优乐电器有限公司　　　仓库：原材料仓　　　日期：2025年03月05日

编号	类别	名称	单位	单价	账存		盘点		盘盈		盘亏		进项转出	合计损失
					数量	金额	数量	金额	数量	金额	数量	金额		
1005	原材料	照明灯	个	31	1800	55800	1780	55180			20	620	80.60	700.60

监盘人：程誉　　　盘点人：苏玫

盘亏说明

本次盘点存货，盘亏照明灯共20个。初步查明是由于仓库管理员管理不善，建议先做账务调整，待查明具体原因后再进行结果处理。

2. 2025 年 3 月 9 日，北京优乐电器有限公司将以前购入作为固定资产使用的打印机（办公、生产用具类），改变其用途作为集体福利，请根据相关单据进行账务处理。

固定资产折旧表

单位：北京优乐电器有限公司　　　日期：2025年03月09日

序号	名称	使用部门	增加方式	入账时间	折旧方式	原值	预计使用年限	净残值	月折旧额	累计折旧
101	打印机	行政部门	外购	2021年03月15日	年限平均法	3600	10	180.00	28.50	1368.00

审核：程誉　　　制表：苏枚

说明

公司将以前购入作为固定资产使用的打印机（办公、生产用具类），改变其用途作为集体福利，该打印机原值3600元，已提折旧1368元，原本增值税进项税额已经全部抵扣。

3. 2025 年 4 月 8 日北京优乐电器有限公司将自产的商品发放给员工，请根据收到的单据进行账务处理。

物资类别	库存商品

出库单

NO00501097

2025年 04月 08日

提货单位或部门	北京优乐电器有限公司	发票号码或销售单号		发出仓库	成品库	出库日期	2025-04-08

编号	名称及规格	单位	数量		单价	金额
			要数	实发		
1001	车载式冰箱	台	10	10		
合　计						

第二联 记账联

部门主管：蒋言意　会计：苏玫　仓库：郑鸣　制表：郑鸣

福利签收单

单位：北京优乐电器有限公司　　2025年04月08日

一级部门	岗位	姓名	产品名	数量	领签人
综合管理部	行政经理	萧悦永	车载式冰箱	1台	萧悦永
综合管理部	行政助理	秦舒梅	车载式冰箱	1台	秦舒梅
综合管理部	会计主管	程誉	车载式冰箱	1台	程誉
综合管理部	会计	苏玫	车载式冰箱	1台	苏玫
综合管理部	出纳	孟妤	车载式冰箱	1台	孟妤
综合管理部	成本会计	林珑	车载式冰箱	1台	林珑
综合管理部	采购主管	华逸	车载式冰箱	1台	华逸
综合管理部	采购人员	余小悦	车载式冰箱	1台	余小悦
综合管理部	仓库主管	蒋言意	车载式冰箱	1台	蒋言意
综合管理部	仓库管理员	郑鸣	车载式冰箱	1台	郑鸣

审核人：程誉　　制表人：苏玫

商品价格表

商品名称	成本价格（不含税）	平均价格（不含税）	最高价格（不含税）
车载式冰箱	215.50	300.00	320.00

项目六　所有者权益业务核算

知识目标

- 掌握所有者权益的构成内容。
- 掌握留存收益的概念及内容。

能力日标

掌握实收资本、资本公积、库存股、盈余公积、未分配利润的账务处理。

素养目标

培养对企业责任的深刻认识和诚信经营的道德品质，提升社会责任感和职业操守。

学习引例

2023年12月29日，十四届全国人大常委会第七次会议表决通过新修订的《公司法》，于2024年7月1日起施行。该法所称公司，是指依照该法在中华人民共和国境内设立的有限责任公司和股份有限公司。

新《公司法》对注册资本认缴登记制度进行了一系列的完善，旨在解决认缴登记制实施过程中出现的问题，如盲目认缴、天价认缴、期限过长等，以营造一个更加诚信有序的营商环境。

在出资制度方面，新《公司法》进一步完善公司出资制度，强化股东出资责任。一是在规定有限责任公司股东出资认缴期限不得超过五年的基础上，明确法律、行政法规以及国务院决定可以对有限责任公司股东出资期限作出特别规定，为重点行业领域设定短于五年的认缴期限留出制度空间；二是规定股份有限公司发起人应当在公司成立前按照其认购的股份全额缴纳股款；三是增加对不按照规定公示或者不如实公示出资等有关信息的处罚。

根据新《公司法》，有限责任公司的注册资本为在公司登记机关登记的全体股东认缴的出资额。全体股东认缴的出资额由股东按照公司章程的规定自公司成立之日起五年内缴足。

"学习引例"中涉及了所有者权益中非常重要的内容——股东出资，它直接关系到公司的资本结构、运营能力和市场信誉。股东出资的账务核算是企业会计工作的核心内容之一，它涉及公司资本的确认、计量和报告，对于反映公司的财务状况和经营成果具有重要作用。

请思考：股东出资时应该如何进行账务处理？对于出资额超出其在注册资本（或股本）中所占份额的部分，又应该如何核算呢？

素养启示

强化法治意识

新《公司法》的修订强调了法治在市场经济中的重要作用。通过明确出资期限、加强信息公示义务等措施，要求企业和个人在经济活动中遵守规则、尊重契约，这体现了法治精神的核心价值。法治是市场经济健康运行的基础，每个人都应当成为法治的遵守者和维护者。

促进诚信建设

新《公司法》对公司注册资本的认缴和实缴情况进行了规范，要求公司公示真实的出资信息，这有助于构建诚信的市场环境。在社会生活中，我们应该坚持诚实守信，以诚信为行为准则，共同营造良好的社会风气。

激发创新活力

新《公司法》通过完善认缴登记制度，降低了企业的设立门槛，有助于激发市场主体的创新活力。我们可以积极参与创新创业，培养敢于探索、勇于实践的精神，为社会经济发展贡献力量。

知识精讲

延伸学习

小企业会计准则

任务一 实收资本或股本业务

【知识点】 实收资本或股本的核算★★★

一、接受现金资产投资

（一）股份有限公司以外的企业接受现金资产投资

借：银行存款等

　贷：实收资本

　　　资本公积——资本溢价

【做中学题 6-1】 甲、乙、丙共同投资设立 A 有限责任公司，注册资本为 200 万元，甲、乙、丙持股比例分别为 60%、25%和 15%。按照章程规定，甲、乙、丙投入资本分别为 120 万元、50 万元和 30 万元。A 有限责任公司已如期收到各投资者一次缴足的款项。A 有限责任公司应编制如下会计分录：

借：银行存款	2 000 000	
贷：实收资本——甲		1 200 000
——乙		500 000
——丙		300 000

（二）股份有限公司接受现金资产投资

（1）发行股票收到现金资产时：

借：银行存款

　贷：股本（股票面值×股份总额）

　　　资本公积——股本溢价（差额）

（2）发行股票发生的交易费用：

借：资本公积——股本溢价

　　盈余公积［资本公积（股本溢价）不足冲减的］

　　利润分配——未分配利润（盈余公积不足冲减的）

　贷：银行存款

【做中学题 6-2】 B 股份有限公司发行普通股 1 000 万股，每股面值 1 元，每股发行价格为 5 元。假定股票发行成功，股款 5 000 万元已全部收到，不考虑发行过程中的税费等因素。B 股份有限公司应编制如下会计分录：

借：银行存款	50 000 000	
贷：股本		10 000 000
资本公积——股本溢价		40 000 000

【做中学题 6-3】 B 股份有限公司首次公开发行普通股 5 000 万股，每股面值 1 元，每股发行价格为 4 元。B 股份有限公司与证券公司约定，按发行收入的 3%收取佣金，从发行收入中扣除。假定收到的股款已存入银行。B 股份有限公司应编制如下会计分录：

（1）发行股票收到现金资产时：

借：银行存款	200 000 000	
贷：股本		50 000 000
资本公积——股本溢价		150 000 000

（2）发行股票发生的交易费用：

借：资本公积——股本溢价	6 000 000	
贷：银行存款		6 000 000

也可以将分录（1）（2）合并为一笔分录：

借：银行存款	194 000 000	
贷：股本		50 000 000
资本公积——股本溢价		144 000 000

二、接受非现金资产投资

企业接受投资者作价投入的固定资产、材料物资及无形资产，应按照投资合同或协议约定的价值（不公允的除外）作为资产的入账价值。

借：固定资产/原材料/无形资产等
　　应交税费——应交增值税（进项税额）
　贷：实收资本/股本
　　　资本公积——资本溢价/股本溢价

【做中学题 6-4】 阳光有限责任公司于设立时收到光明公司作为资本投入的不需要安装的机器设备一台，合同约定该机器设备的价值为 200 万元，增值税进项税额为 26 万元（由投资方支付税款，并提供或开具增值税专用发票）。经约定，阳光公司接受光明公司的投入资本为 226 万元，合同约定的固定资产价值与公允价值相符。该项投资没有产生资本溢价。阳光有限责任公司应编制如下会计分录：

借：固定资产	2 000 000	
应交税费——应交增值税（进项税额）	260 000	
贷：实收资本——光明公司		2 260 000

三、实收资本（或股本）的增减变动

（一）实收资本（或股本）的增加

投资者追加投资	借：银行存款/固定资产/原材料等 　　应交税费——应交增值税（进项税额） 　贷：实收资本/股本 　　　资本公积——资本溢价/股本溢价	
资本公积转增资本	借：资本公积——资本溢价/股本溢价 　贷：实收资本/股本	提示：用资本公积或盈余公积转增资本时，应按原投资者各自出资比例计算确定各投资者相应增加的出资额
盈余公积转增资本	借：盈余公积 　贷：实收资本/股本	

【做中学题 6-5】 甲、乙、丙三人共同投资设立了 A 有限责任公司，原注册资本为 400 万元，甲、乙、丙分别出资 50 万元、200 万元和 150 万元。为扩大经营规模，经批准，A 有限责任公司注册资本扩大为 500 万元，甲、乙、丙按照原出资比例分别追加投资 12.5 万元、50 万元和 37.5 万元。A 有限责任公司如期收到甲、乙、丙追加的现金投资。A 有限责任公司应编制如下会计分录：

借：银行存款	1 000 000	
贷：实收资本——甲		125 000
——乙		500 000
——丙		375 000

【做中学题 6－6】 承做中学 5－6，因扩大经营规模需要，经批准，A 有限责任公司按原出资比例将资本公积 100 万元转增资本。A 有限责任公司应编制如下会计分录：

借：资本公积　　1 000 000
　贷：实收资本——甲　　125 000
　　　　　　　——乙　　500 000
　　　　　　　——丙　　375 000

（二）实收资本（或股本）的减少

股份有限公司采用收购本公司股票方式减资的，通过“库存股”科目核算回购股份的金额。

1. 企业回购股份时

借：库存股
　贷：银行存款

2. 企业注销股份时

回购股票支付的价款＞面值总额	借：股本（股票面值×注销股数） 　　资本公积——股本溢价 　　盈余公积 　　利润分配——未分配利润 　贷：库存股
回购股票支付的价款＜面值总额	借：股本 　贷：库存股 　　　资本公积——股本溢价

【做中学题 6－7】 A 上市公司 2024 年 12 月 31 日的股本为 10 000 万元，面值为 1 元，资本公积（股本溢价）为 3 000 万元，资本公积（其他资本公积）为 2 000 万元，盈余公积为 4 000 万元。A 上市公司以银行存款回购本公司股票 2 000 万股并注销。假定 A 上市公司按每股 2 元回购股票。A 上市公司应编制如下会计分录：

（1）回购本公司股份时：

库存股成本＝2 000×2＝4 000(万元)

借：库存股　　40 000 000
　贷：银行存款　　40 000 000

（2）注销本公司股份时：

借：股本　　20 000 000
　　资本公积——股本溢价　　20 000 000
　贷：库存股　　40 000 000

假定 A 上市公司按每股 3 元回购股票，其他条件不变［资本公积（股本溢价）为 3 000 万元，资本公积（其他资本公积）为 2 000 万元，盈余公积为 4 000 万元］。A 上市公司应编制如下会计分录：

（1）回购股份时：

库存股成本＝2 000×3＝6 000(万元)

借：库存股　60 000 000
　贷：银行存款　60 000 000
（2）注销本公司股份时：
借：股本　20 000 000
　　资本公积——股本溢价　30 000 000
　　盈余公积　10 000 000
　贷：库存股　60 000 000

假定A上市公司按每股0.9元回购股票，其他条件不变［资本公积（股本溢价）为3 000万元，资本公积（其他资本公积）为2 000万元，盈余公积为4 000万元］。A上市公司应编制如下会计分录：

（1）回购本公司股份时：

库存股成本＝2 000×0.9＝1 800(万元)

借：库存股　18 000 000
　贷：银行存款　18 000 000
（2）注销本公司股份时：
借：股本　20 000 000
　贷：库存股　18 000 000
　　　资本公积——股本溢价　2 000 000

任务二　资本公积业务

【知识点】资本公积★★★

一、资本溢价/股本溢价的核算

（一）资本溢价

除股份有限公司外的其他类型的企业，投资者多缴的资本金部分形成资本溢价。

【做中学题6-8】 A有限责任公司由两位投资者投资20万元设立，每人各出资10万元。一年后，为扩大经营规模，经批准，A有限责任公司注册资本增加到30万元，并引入第三位投资者丁加入。按照投资协议，新投资者需缴入现金11万元，同时享有该公司三分之一的股份。A有限责任公司已收到该现金投资。A有限责任公司应编制如下会计分录：

借：银行存款　110 000
　贷：实收资本——丁　100 000
　　　资本公积——资本溢价　10 000

（二）股本溢价

在溢价发行股票的情况下，企业发行股票取得的收入，等于股票面值部分计入股本，超出股票面值的溢价收入计入股本溢价。

二、其他资本公积的核算

（一）采用权益法核算的长期股权投资

企业对被投资单位的长期股权投资采用权益法核算的，在持股比例不变的情况下，对因被投资单位除净损益、其他综合收益和利润分配以外的所有者权益的其他变动，应按持股比例计算其应享有或应分担被投资单位所有者权益的增减数额。在处置长期股权投资时，应转销与该笔投资相关的其他资本公积。

账务处理如下：

借：长期股权投资——其他权益变动

　贷：资本公积——其他资本公积

或作相反分录。

【做中学题 6－9】 C 有限责任公司于 2024 年 1 月 1 日向 F 公司投资 800 万元，拥有该公司 20%的股份，并对该公司有重大影响，因而对 F 公司长期股权投资采用权益法核算。2024 年 12 月 31 日，F 公司除净损益、其他综合收益、利润分配之外的所有者权益增加了 100 万元。假定除此以外，F 公司的所有者权益没有变化，C 公司的持股比例没有变化，F 公司资产的账面价值与公允价值一致，不考虑其他因素。C 有限责任公司应编制如下会计分录：

借：长期股权投资——F 公司——其他权益变动　　200 000

　贷：资本公积——其他资本公积　　200 000

（二）以权益结算的股份支付

（1）确认时：

借：管理费用

　贷：资本公积——其他资本公积

（2）行权时：

借：资本公积——其他资本公积

　贷：实收资本/股本

　　　资本公积——资本溢价/股本溢价

（三）资本公积转增资本的核算

借：资本公积

　贷：实收资本/股本

提示： 按照转增资本前的实收资本/股本的结构或比例。

任务三 留存收益业务

【知识点 1】 留存收益★★★

一、留存收益的概念

留存收益是指企业从历年实现的利润中提取或形成的留存于企业的内部积累。

二、留存收益的分类

（一）盈余公积

盈余公积指企业按照有关规定从净利润中提取的积累资金。

（1）法定盈余公积，指企业按照规定的比例从净利润中提取的盈余公积。

（2）任意盈余公积，指企业按照股东会或股东大会决议提取的盈余公积。

（二）未分配利润

未分配利润指企业实现的净利润经过弥补亏损、提取盈余公积和向投资者分配利润后留存在企业的、历年结存的利润。未分配利润包括本年利润和利润分配。

【知识点 2】 利润分配

一、利润分配相关规定

可供分配利润 （分配前）	当年实现的净利润（或净亏损）＋年初未分配利润（－年初未弥补亏损）＋其他转入
利润分配的顺序 （分配中）	提取法定盈余公积
	提取任意盈余公积
	向投资者分配利润
期末未分配利润 （分配后）	可供分配利润－提取盈余公积－向投资者分配利润

二、利润分配相关分录

项目	账务处理
（1）结转本年利润（净利润）	借：本年利润 　贷：利润分配——未分配利润
（2）计提当年法定盈余公积	借：利润分配——提取法定盈余公积 　贷：盈余公积——法定盈余公积

续表

项目	账务处理
(3) 计提当年任意盈余公积	借：利润分配——提取任意盈余公积 　贷：盈余公积——任意盈余公积
(4) 向投资者分配现金股利或利润	借：利润分配——应付现金股利或利润 　贷：应付股利
(5) 向投资者实际发放股票股利	借：利润分配——转作股本的股利 　贷：股本
(6) 盈余公积补亏	借：盈余公积 　贷：利润分配——盈余公积补亏
(7) 年度终了，将“利润分配”科目所属其他明细科目的余额结转至“未分配利润”明细科目	借：利润分配——未分配利润 　贷：利润分配——提取法定盈余公积 　　　　　　——提取任意盈余公积 　　　　　　——应付现金股利或利润 　　　　　　——转作股本的股利 借：利润分配——盈余公积补亏 　贷：利润分配——未分配利润

【做中学题 6-10】 D股份有限公司年初未分配利润为0元，本年实现净利润200万元，本年提取法定盈余公积20万元，宣告发放现金股利80万元。假定不考虑其他因素，D股份有限公司应编制如下会计分录：

(1) 结转本年利润：

借：本年利润　2 000 000

　贷：利润分配——未分配利润　2 000 000

(2) 提取法定盈余公积、宣告发放现金股利：

借：利润分配——提取法定盈余公积　200 000

　　　　　　——应付现金股利或利润　800 000

　贷：盈余公积——法定盈余公积　200 000

　　　应付股利　800 000

(3) 将“利润分配”科目所属其他明细科目的余额结转至“未分配利润”明细科目：

借：利润分配——未分配利润　1 000 000

　贷：利润分配——提取法定盈余公积　200 000

　　　　　　　——应付现金股利或利润　800 000

三、盈余公积

按照《公司法》有关规定，公司制企业应按照净利润（减弥补以前年度亏损）的10%提取法定盈余公积。非公司制企业法定盈余公积的提取比例可超过净利润的10%。法定盈余公积累计额已达注册资本的50%时可以不再提取。

以前年度有盈余：

法定盈余公积＝当年实现净利润×10%

以前年度有亏损：

法定盈余公积＝补亏后的净利润×10%

（一）提取盈余公积

账务处理如下：

借：利润分配——提取法定盈余公积

　贷：盈余公积——法定盈余公积

【做中学题 6-11】 乙股份有限公司本年实现净利润 500 万元，年初未分配利润为 0。经股东大会批准，乙股份有限公司按当年净利润的 10%提取法定盈余公积。假定不考虑其他因素，乙股份有限公司应编制如下会计分录：

借：利润分配——提取法定盈余公积	500 000	
贷：盈余公积——法定盈余公积		500 000

（二）盈余公积弥补亏损

账务处理如下：

借：盈余公积

　贷：利润分配——盈余公积补亏

【做中学题 6-12】 经股东大会批准，丙股份有限公司用以前年度提取的盈余公积弥补当年亏损，当年弥补亏损的金额为 60 万元。假定不考虑其他因素，丙股份有限公司应编制如下会计分录：

借：盈余公积	600 000	
贷：利润分配——盈余公积补亏		600 000

（三）盈余公积转增资本

账务处理如下：

借：盈余公积

　贷：实收资本/股本

【做中学题 6-13】 因扩大经营规模需要，经股东大会批准，丁股份有限公司将盈余公积 40 万元转增资本。假定不考虑其他因素，丁股份有限公司应编制如下会计分录：

借：盈余公积	400 000	
贷：股本		400 000

（四）用盈余公积发放现金股利或利润

账务处理如下：

借：盈余公积

　贷：应付股利

【做中学题 6-14】 戊股份有限公司 2024 年 12 月 31 日普通股股本为 5 000 万元

(每股面值 1 元)，可供投资者分配的利润为 600 万元，盈余公积为 2 000 万元。2025 年 3 月 20 日，股东大会批准了 2024 年度利润分配方案，按每 10 股 2 元发放现金股利。戊股份有限公司共需要分派 1 000 万元现金股利，其中动用可供投资者分配的利润 600 万元、盈余公积 400 万元。假定不考虑其他因素。戊股份有限公司应编制如下会计分录：

(1) 宣告发放现金股利时：

借：利润分配——应付现金股利或利润 6 000 000

  盈余公积 4 000 000

 贷：应付股利 10 000 000

(2) 支付股利时：

借：应付股利 10 000 000

 贷：银行存款 10 000 000

总结：交易或事项对留存收益和所有者权益的影响：

交易或事项	对留存收益的影响	对所有者权益的影响
股东追加投资	不变	增加
资本公积转增资本	不变	不变
盈余公积转增资本	减少	不变
提取盈余公积	不变	不变
盈余公积补亏	不变	不变
宣告发放现金股利	减少	减少
回购库存股	不变	减少
注销股本	可能减少	不变

项目练习及答案

模拟实训

实训任务一　接受固定资产投资

2025 年 4 月 12 日，北京优乐电器有限公司接受固定资产投资，请根据相关单据进行账务处理。

股东会议决定

北京优乐电器有限公司于2025年04月11日在北京市海淀区西环南路18号公司大会议室召开股东大会，本次会议已按《公司法》规定,以书面通知形式，于本会议召开前15天通知全体股东，出席股东叶城辉、杨鸣所持有股权数量占全体股权100%；投支持票股权占出席股权100%；会议通过以下决议:

一、于2025年04月12日接受北京信拓商贸有限公司投入市场价为124.3万元的生产用流水线十套。

二、接受投资后公司注册资本从1475.7万元增加到1600万元，北京信拓商贸有限公司占股7.77%。

三、修改公司章程相关条款。

股东签章：杨鸣

股东签章：叶城辉

日期：2025年04月11日

1101203130　　北京增值税专用发票　　№09614385　1101203130

发票联　　09614385

开票日期：2025年04月12日

购买方	名　　称：北京优乐电器有限公司 纳税人识别号：91110000562624588M 地 址、电 话：北京市海淀区西环南路18号 010-51572552 开户行及账号：中国工商银行北京分行 1100006513145662686
密码区	4</73**8-/+7+358/3*1761*6448 241<38*91<457<66812003+0/651 8/863<*55>*+4752+32/48<11*4/ 9++4/<*311<+*227-1398689495-

货物或应税劳务、服务名称	规格型号	单位	数量	单价	金额	税率	税额
*通用设备*流水线		套	10	110000.00	1100000.00	13%	143000.00
合　计					¥1100000.00		¥143000.00
价税合计（大写）	⊗ 壹佰贰拾肆万叁仟圆整				（小写）¥1243000.00		

销售方	名　　称：北京信拓商贸有限公司 纳税人识别号：91110102339707867X 地 址、电 话：北京市海淀区增光路甲38号楼206室 010-85224950 开户行及账号：中国建设银行北京海淀支行 11001009100053011619
备注	北京信拓商贸有限公司 91110102339707867X 发票专用章

收款人：林琳　　复核：林立　　开票人：李娜　　销售方：（章）

税总函［2019］117号北京印钞有限公司

第三联：发票联　购买方记账凭证

固定资产验收单

2025 年　04　月　12　日

资产编号	225			资产来源	接受投资		
名　称	流水线			规格型号	5W-T	购（造）价	1100000.00
安装费		使用年限	20年	预计残值率	5%	预计残值	55000.00
建造单位				交工日期			
验收部门	生产车间	验收人员	王正龙	管理部门	生产车间	管理人员	苏未平
备　注	机械设备类						

审核：苏未平　　　　制表：王正龙

实训任务二　资本公积业务

1. 2025 年 5 月 8 日，北京优乐电器有限公司接受投资，请根据相关单据进行账务处理。

股东会议决定

北京优乐电器有限公司于2025年05月07日在北京市海淀区西环南路18号公司大会议室召开股东大会，本次会议已按《公司法》规定，以书面通知形式，于本会议召开前15天通知全体股东，出席股东叶城辉、杨鸣所持有股权数量占全体股权100%；投支持票股权占出席股权100%；会议通过以下决议：

一、于2025年05月08日接受北京同聚工贸有限公司投资1000000元人民币。

二、增资后公司注册资本从7000000元增加到8000000元，北京同聚工贸有限公司占12.5%股份。

三、修改公司章程相关条款。

股东签章：杨鸣

股东签章：叶城辉

日期：2025年05月07日

投资协议

合同号：BLQT17045

甲方：北京优乐电器有限公司

乙方：北京同聚工贸有限公司

根据中华人民共和国法律、法规的相关规定，甲、乙双方本着互惠互利的原则，就乙方投资甲方一事，经过友好协商，现达成一致协议如下：

一：甲方同意乙方向甲方公司投资。

二：出资方式及占股比例：乙方以银行存款100万元整投资于甲方，投资后甲方注册资本为800万元整，乙方占甲方10%股权。

三：甲方董事会成员共5人，其中5人同意此次投资。

四：手续变更：甲方以增资扩股方式吸收乙方注入的资金，且甲方须在乙方注入所有资金后10个工作日内完成股东变更的工商登记手续。

五：股权的排他性和无瑕疵：甲方保证对其转让给乙方的股权拥有完全处分权，保证该股权没有设定质押，保证股权未被查封，没有工商、税务问题，并免遭第三人追索，否则甲方应当承担由此引起的一切经济和法律责任。

六：费用承担：在本次股权投资过程中，发生的相关费用(如鉴证、审计、工商变更等)，由乙方承担。

七：违约责任：如甲方不能如期办理变更登记，或者严重影响乙方实现订立本协议书的目的，甲方应按照乙方已经支付的股权投资款的万分之一向乙方支付违约金。如因乙方违约给甲方造成损失，乙方支付的违约金金额低于实际损失的，乙方必须另予以补偿。

八：由于不可抗力因素，如火灾、水灾等自然灾害或者罢工、政府强制措施、政府政策变更等原因而影响本协议的执行，双方不负违约责任，根据事故影响的时间可将协议履行时间相应延长，并由甲乙双方协商补救措施。

九：甲乙双方在执行本协议中发生的一切争执应通过双方友好协商解决。如果协商不成，任何一方可选择本协议签订地人民法院提起诉讼。

十：协议的生效及其他：

1、本协议签字盖章后即时生效。协议一式四份，甲乙双方各执两份，具有同等法律效力。

2、本协议未尽事宜由甲乙双方另行协商。

甲方：北京优乐电器有限公司　　　　乙方：北京同聚工贸有限公司

时间：2025年05月08日　　　　时间：2025年05月08日

业务回单（收款）

ICBC 中国工商银行

日期：2025年05月08日

回单编号：23890356

付款人户名：北京同聚工贸有限公司　　付款人开户行：中国农业银行北京东区支行

付款人账号（卡号）：11030001030000138

收款人户名：北京优乐电器有限公司　　收款人开户行：中国工商银行北京分行

收款人账号（卡号）：1100006513145662686

金额：壹佰万元整　　小写：1,000,000.00元

业务（产品）种类：跨行收报　凭证种类：000000000　　凭证号码：000000000000000000

摘要：货币资本收入　　用途：货币资本收入　　币种：人民币

交易机构：0410000298　　记账柜员：00023　交易代码：52110　　渠道：其他

附言：

支付交易序号：　23076112　　报文种类：　普通贷记业务　　委托日期：　2025年05月08日

业务类型（种类）：普通汇兑

本回单为第1次打印，注意重复　　打印日期：　2025年05月08日　　打印柜员：9　　验证码：536FE9A71006

2. 2025 年 5 月 16 日北京佳美股份有限公司支付发行股票的手续费，会计根据相关单据进行账务处理。

ICBC 中国工商银行　　业务回单（付款）

日期：2025年05月16日
回单编号：45612309908
付款人户名：北京佳美股份有限公司　　付款人开户行：中国工商银行北京西城支行
付款人账号（卡号）：1100076323130010755
收款人户名：北京银河证券交易所　　收款人开户行：中国工商银行北京分行
收款人账号（卡号）：1100076090432450916
金额：壹万捌仟元整　　小写：18,000.00元
业务（产品）种类：跨行发报　凭证种类：000000000　　凭证号码：00000000000000000
摘要：发行股票手续费　　用途：　　币种：人民币
交易机构：0410000298　记账柜员：00023　　交易代码：52062　　渠道：网上银行

附言：
支付交易序号：23076113　　报文种类：普通贷记业务　委托日期：2025年05月16日
业务类型（种类）：普通汇兑　指令编号：HQP1342126134　提交人：13774551526.c.4152
最终授权人：0920007080300001.c.4100

中国工商银行北京分行 自助回单机专用章（003）

本回单为第1次打印，注意重复　　打印日期：2025年05月16日　　打印柜员：9　验证码：1B5FB9A93006

实训任务三　库存股业务

请根据北京佳美股份有限公司发生的有关库存股交易业务，编制相关会计分录。

1. 2025 年 5 月 4 日回购股票。

2. 2025 年 12 月 10 日出售股票。

股东会决议

北京佳美股份有限公司于2025年04月25日在北京电信园甄姬路56号公司大会议室召开股东大会，本次会议已按《公司法》规定，以书面通知形式，于本会议召开前15天通知全体股东，出席股东杨光、郑智所持有股权数量占全体股权100%；投支持票股权占出席股权100%；会议通过以下决议：

一、公司于2025年05月04日回购股票800万股，每股价格1.50元，实付价款1200万元。

二、修改公司章程相关条款。

股东签章：杨光
股东签章：郑智
日期：2025年04月25日

ICBC 中国工商银行　　业务回单（付款）

日期：2025年05月04日
回单编号：20011548195
付款人户名：北京佳美股份有限公司　　付款人开户行：中国工商银行北京西城支行
付款人账号（卡号）：1100076323130010755
收款人户名：北京银河证券交易所　　收款人开户行：中国工商银行北京分行
收款人账号（卡号）：1100076090432450916
金额：壹仟贰佰万元整　　小写：12,000,000.00元
业务（产品）种类：同行发报　凭证种类：000000000　　凭证号码：00000000000000000
摘要：股票款　　用途：股票款　　币种：人民币
交易机构：0410000298　记账柜员：00023　　交易代码：52062　　渠道：网上银行

附言：
支付交易序号：23077693　　报文种类：普通贷记业务　委托日期：2025年05月04日
业务类型（种类）：普通汇兑　指令编号：HQP1132126134　提交人：13774551526.c.4126
最终授权人：0920007080300001.c.4100

中国工商银行北京分行 自助回单机专用章（003）

本回单为第1次打印，注意重复　　打印日期：2025年05月04日　　打印柜员：9　验证码：1B5FB9A63636

股东会决议

北京佳美股份有限公司于2025年12月08日在北京电信园甄姬路56号公司大会议室召开股东大会，本次会议已按《公司法》规定，以书面通知形式，于本会议召开前15天通知全体股东，出席股东杨光、郑智所持有股权数量占全体股权100%；投支持票股权占出席股权100%；会议通过以下决议：

一、公司于2025年12月10日出售800万股股票，每股价格1.7元。

二、修改公司章程相关条款。

股东签章：郑智
股东签章：杨光
日期：2025年12月08日

ICBC 中国工商银行　　业务回单（收款）

日期：2025年12月10日
回单编号：20010589600
付款人户名：北京银河证券交易所　　付款人开户行：中国工商银行北京分行
付款人账号（卡号）：1100076090432450916
收款人户名：北京佳美股份有限公司　　收款人开户行：中国工商银行北京西城支行
收款人账号（卡号）：1100076323130010755
金额：壹仟叁佰陆拾万元整　　小写：13,600,000.00元
业务（产品）种类：同行收报　凭证种类：000000000　　凭证号码：0000000000000000
摘要：股票款　　用途：股票款　　币种：人民币
交易机构：0410000298　记账柜员：00023　交易代码：52110　　渠道：其他

附言：
支付交易序号：23076099　报文种类：普通贷记业务　委托日期：2025年12月10日
业务类型（种类）：普通汇兑

中国工商银行北京分行 自助回单机专用章 (003)

本回单为第1次打印，注意重复　　打印日期：2025年12月10日　打印柜员：9　验证码：536FE9A71006

实训任务四　留存收益业务

1. 2025 年 1 月 15 日，北京佳美股份有限公司宣告发放现金股利，请根据相关单据进行账务处理。

股东会议决议

北京佳美股份有限公司于2025年01月15日在北京电信园甄姬路56号公司大会议室召开，本次会议已按《公司法》规定，以书面通知形式，于本会议召开前15天通知全体股东，出席股东杨光、郑智所持有股权数量占全体股权100%；投支持票股权占出席股权100%；会议通过以下决议：

一、公司于2025年01月15日通过向全体股东每股派发0.06元的现金股利分配方案，公司总股本为1600万。

二、修改公司章程相关条款。

股东签章：郑智
股东签章：杨光
日期：2025年01月15日

2. 2025 年 12 月 31 日，北京优乐电器有限公司提取盈余公积，会计根据相关单据进行账务处理。

盈余公积计提表

单位：北京优乐电器有限公司

计提项目	净利润	计提比例	计提金额
法定盈余公积	2800000.00	10%	280000.00
任意盈余公积	2800000.00	9%	252000.00

审核：程菅　　　　制表：苏玫

项目七　收入、费用和利润业务核算

知识目标

掌握收入确认与计量的步骤、费用的内容及分类、利润的构成。

能力目标

能进行一般销售商品收入、某一时段内完成的销售商品收入、合同取得成本与合同履约成本、期间费用、利润等相关业务的核算。

素养目标

培养精准完成收入、费用、利润全链条核算的能力，以“真实、合规、可持续”为准则，坚守维护市场经济秩序的职业底线。

学习引例

在全球“双碳”战略与智能化浪潮的叠加下，家用新能源乘用车市场连续三年保持50%以上的复合增长率。自动驾驶芯片、固态电池、整车OS成为三大“卡脖子”环节。曦曜汽车以“让每个家庭都能享受安全、绿色、可成长的移动空间”为使命，三年多累计投入研发资金80亿元，研发团队从最初的200人扩张至3 200人，首款量产车型“曦曜ONE”即将交付。

以下是曦曜汽车的核心数据：

(1) 研发投入：2021—2024年分别投入12亿元、22亿元、30亿元、16亿元（前三季度），合计80亿元。

(2) 研发人员：占员工总数65%，其中硕博比例为48%。

(3) 重点费用：人员工资46亿元（含股权激励6亿元）；机时与试验费18亿元；外协及测试认证费10亿元；折旧与摊销6亿元。

从曦曜汽车的成立到问世，研发费用无疑是企业成功的关键因素之一，研发费用的正确核算对于曦曜汽车乃至任何企业来说都是至关重要的，它不仅直接影响企业的财务报表展现，更是评估企业创新能力和未来发展潜力的重要指标。

请思考：如果你是曦曜汽车的一名会计，你将如何正确核算企业的研发费用，乃至其他各项费用？

素养启示

国家创新战略与企业成长

曦曜汽车将年营收的大部分持续投入研发，与国家“新能源汽车、新一代信息技术”双轮驱动的创新战略同频共振。可见，企业只有把技术主权握在自己手里，才能在全球产业链中实现“弯道超车”，为中国智造赢得话语权。

产业转型与绿色发展

在全球“双碳”浪潮下，曦曜汽车自成立起便笃定新能源赛道，三年多累计投入 80 亿元研发纯电整车与核心三电系统，以技术突破带动传统汽车产业向清洁、高效、智能方向升级，为经济高质量、可持续发展注入了绿色新动能。

人才强国与科技自立

团队规模从 200 人扩至 3 200 人、硕博比例为 48%，这是曦曜汽车把“人才强国”战略具象为岗位、薪水和股权激励的直观体现。

知识精讲

延伸学习

财政部会计司有关负责人就新收入准则的修订完善和发布实施答记者问

任务一　收入业务

【知识点 1】 收入概述★

收入是指企业在日常活动中形成的、会导致所有者权益增加的、与所有者投入资本无关的经济利益的总流入。其中，日常活动，是指企业为完成其经营目标所从事的经常性活动以及与之相关的活动。例如，工业企业制造并销售产品、商品流通企业销售商品、咨询公司提供咨询服务、软件公司为客户开发软件、安装公司提供安装服务、建筑企业提供建造服务等，均属于企业的日常活动。日常活动形成的经济利益的流入应当确认为收入。

企业确认收入的方式应当反映其向客户转让商品或提供服务的模式，收入的金额应当反映企业因转让这些商品或提供这些服务而预期有权收取的对价金额，以如实反映企业的生产经营成果，核算企业实现的损益。

【知识点 2】 收入的确认原则★

企业应当在履行了合同中的履约义务，即在客户取得相关商品（包括服务，下同）

控制权时确认收入。取得相关商品控制权，是指客户能够主导该商品的使用并从中获得几乎全部经济利益，也包括有能力阻止其他方主导该商品的使用并从中获得经济利益。企业在判断商品的控制权是否发生转移时，应当从客户的角度进行分析，即客户是否取得了相关商品的控制权以及何时取得该控制权。取得商品控制权包括下列三项要素：

第一项是能力。企业只有在客户拥有现实权利，能够主导该商品的使用并从中获得几乎全部的经济利益时，才能确认收入。如果客户只能在未来的某一期间主导该商品的使用并从中获益，则表明其尚未取得该商品的控制权。

第二项是主导该商品的使用。客户有能力主导该商品的使用，是指客户在其活动中有权使用该商品，或者能够允许或阻止其他方使用该商品。

第三项是能够获得几乎全部的经济利益。客户必须拥有获得商品几乎全部经济利益的能力，才能被视为获得了对该商品的控制。商品的经济利益，是指该商品的潜在现金流量，既包括现金流入，也包括现金流出。客户可以通过使用、消耗、出售、处置、交换、抵押或持有等多种方式直接或间接地获得商品的经济利益。

【知识点 3】 收入确认与计量的步骤★★★

按照《企业会计准则第 14 号——收入》(应用指南 2018) 的相关规定，收入确认和计量的步骤大致分为五步：第一步，识别与客户订立的合同；第二步，识别合同中的单项履约义务；第三步，确定交易价格；第四步，将交易价格分摊至各单项履约义务；第五步，履行各单项履约义务时确认收入。其中，第一步、第二步和第五步主要与收入的确认有关，第三步和第四步主要与收入的计量有关。

一、识别与客户订立的合同

(一) 合同的概念

合同是指双方或多方之间订立有法律约束力的权利义务的协议。合同包括书面形式、口头形式以及其他形式。

(二) 合同成立的条件

企业与客户之间的合同同时满足下列五项条件的，企业应当在履行了合同中的履约义务，即在客户取得相关商品控制权时确认收入：

(1) 合同各方已批准该合同并承诺将履行各自义务。

(2) 该合同明确了合同各方与所转让商品相关的权利和义务。

(3) 该合同有明确的与所转让商品相关的支付条款。

(4) 该合同具有商业实质，即履行该合同将改变企业未来现金流量的风险、时间分布或金额。

(5) 企业因向客户转让商品而有权取得的对价很可能收回。

二、识别合同中的单项履行义务

履约义务是指合同中企业向客户转让可明确区分商品的承诺。企业应当将下列向客户转让商品的承诺作为单项履约义务：

第一，企业向客户转让可明确区分商品（或者商品或服务的组合）的承诺。

第二，企业向客户转让一系列实质相同且转让模式相同的、可明确区分商品的承诺。

【做中学7－1】 阳光公司与客户签订合同，向客户销售电梯并提供安装服务，该安装服务比较简单，市场上有多家公司可以提供此类安装服务，请问阳光公司有几个单项履约服务？

本例中，电梯仅需简单安装即可使用，电梯与安装服务彼此之间不会产生重大的影响，也不具有高度关联性，表明两者在合同中彼此之间可明确区分。因此，该项合同包含两项履约义务，即销售设备和提供安装服务。

如果阳光公司提供的安装服务很复杂，该安装服务可能对其销售的电梯进行定制化的重大修改，即使市场上有其他的供应商也可以提供此项安装服务，阳光公司也不能将该安装服务作为单项履约义务，而是应当将电梯和安装服务合并作为一项单项履约义务。

三、确定交易价格

交易价格是指企业因向客户转让商品而预期有权收取的对价金额。企业代第三方收取的款项（例如增值税）以及企业预期将退还给客户的款项，应当作为负债进行会计处理，不计入交易价格。合同标价并不一定代表交易价格，企业应当根据合同条款，并结合以往的习惯做法等确定交易价格。在确定交易价格时，企业应当考虑可变对价等因素的影响，并应当假定将按照现有合同的约定向客户转移商品，且该合同不会被取消、续约或变更。

合同条款中约定的对价金额，可能是固定金额、可变金额或两者兼有。

（一）可变对价的概念及最佳估计数的确定

企业与客户的合同中约定的对价金额可能是固定的，也可能会因折扣、价格折让、返利、退款、奖励积分、激励措施、业绩奖金、索赔等因素而变化。此外，企业有权收取的对价金额，将根据一项或多项或有事项的发生而收取不同对价金额的合同，也属于可变对价的情形。

若合同中存在可变对价的，企业应当对计入交易价格的可变对价进行估计。在对可变对价进行估计时，企业应当按照期望值或最可能发生金额确定可变对价的最佳估计数。这并不意味着企业可以在两种方法之间随意进行选择，而是应当选择能够更好地预测其有权收取的对价金额的方法，并且对于类似的合同，应当采用相同的方法进行估计。

期望值是按照各种可能发生的对价金额及相关概率计算确定的金额；最可能发生金额是一系列可能发生的对价金额中最可能发生的单一金额，即合同最可能产生的单一结果。当合同仅有两个可能结果（例如，企业能够达到或不能达到某业绩奖金目标）时，按照最可能发生金额估计可变对价金额可能是恰当的。

（二）计入交易价格的可变对价金额的限制

企业按照期望值或最可能发生金额确定可变对价金额之后，计入交易价格的可变对价金额还应满足限制条件，即包含可变对价的交易价格，应当不超过在相关不定性消除时，累计已确认的收入极可能不会发生重大转回的金额。

【做中学 7－2】 2024 年 12 月 1 日，阳光公司销售给光明公司一批商品，价款为 100 万元，增值税税额为 13 万元，商品已经发出，款项尚未收到。

本例中，阳光公司有权收取的款项是 113 万元，但是，在收取的款项中，增值税 13 万元属于代税务机关收取的税款，因此，该业务的交易价格是 100 万元。

【做中学 7－3】 阳光公司与客户签订了一项合同，为客户建造一栋厂房，合同约定的内容如下：价款为 100 万元，如果阳光公司不能在合同签订之日起的 120 天内竣工，则须支付 10 万元罚款，该罚款从合同价款中扣除。上述金额均不含增值税。阳光公司根据以往执行类似合同的经验，对该合同结果的估计如下：工程按时完工的概率为 90%，工程延期的概率为 10%。

本例中，该合同的对价金额实际由两部分组成，即 90 万元的固定价格以及 10 万元的可变对价。由于该合同涉及两种可能结果，阳光公司认为按照最可能发生金额能够更好地预测其有权获取的对价金额，因此，阳光公司估计的交易价格为 100 万元，即为最可能发生的单一金额。

【做中学 7－4】 2024 年 3 月，阳光公司向光明公司销售 1 000 台电视机，每台价格 3 000 元。阳光公司向光明公司提供价格保护，同意在未来 6 个月内，如果同款电视机售价下降，则按照合同价格与最低售价之间的差额向光明公司支付差价。上述金额均不含增值税。阳光公司根据以往执行类似合同的经验，预计各种结果发生的概率，如表 7－1 所示。

表 7－1 概率表

未来 6 个月内的降价金额（元/台）	概率
0	40%
200	30%
500	20%
1 000	10%

本例中，阳光公司认为期望值能够更好地预测其有权获取的对价金额。假定不考虑准则中有关将可变对价计入交易价格的限制要求，在该方法下，阳光公司估计交易价格为每台 2 740（3 000×40%＋2 800×30%＋2 500×20%＋2 000×10%）元。

四、将交易价格分摊至各单项履约义务

合同中包含两项或多项履约义务的，企业应当在合同开始日，按照各单项履约义务所承诺商品的单独售价的相对比例，将交易价格分摊至各单项履约义务。

单独售价是指企业向客户单独销售商品的价格。

【做中学 7－5】 2025 年 3 月，阳光公司与光明公司签订一项合同，合同约定向光

明公司销售 E、F 两件产品，不含增值税的合同总价款为 3 万元。E、F 产品不含增值税的单独售价分别为 2.2 万元和 1.1 万元。该合同包含两项可明确区分的履约义务。

本例中，阳光公司应该按照 E、F 产品各单项履约义务所承诺的商品的单独售价的相对比例分摊交易价格。

E 产品应分摊的交易价格＝2.2÷(2.2＋1.1)×3＝2(万元)

F 产品应分摊的交易价格＝1.1÷(2.2＋1.1)×3＝1(万元)

五、履行各单项履约义务时确认收入

企业应当在履行了合同中的履约义务，即客户取得相关商品控制权时确认收入。企业将商品的控制权转移给客户，该转移可能在某一时段内（即履行履约义务的过程中）发生，也可能在某一时点（即履约义务完成时）发生。企业将商品的控制权转移给客户，首先判断履约义务是否满足在某一时段内履行的条件，如不满足，则该履约义务属于在某一时点履行的履约义务。对于在某一时段内履行的履约义务，企业应当选取恰当的方法来确定履约进度；对于在某一时点履行的履约义务，企业应当综合分析控制权转移的迹象，判断其转移时点。

【知识点 4】 在某一时点确认收入的核算★★★

一、在某一时点履行履约义务的收入确认

（一）控制权转移的迹象

在某一时点履行的履约义务，企业应当在客户取得相关商品控制权的时点确认收入。在判断控制权是否转移时，企业应当综合考虑下列五个迹象：

（1）企业就该商品享有现时收款权利，即客户负有现时付款义务。

（2）企业已将该商品的法定所有权转移给客户，即客户已拥有该商品的法定所有权。

（3）企业已将该商品实物转移给客户，即客户已占有该商品实物。

（4）企业已将该商品所有权上的主要风险和报酬转移给客户，即客户已取得该商品所有权上的主要风险和报酬。

（5）客户已接受该商品。

（二）不同结算方式下确认收入的时点

结算方式	确认收入的时点
现金	客户取得相关商品控制权时点
赊销	
委托收款	办妥托收手续并且客户取得相关商品控制权时点
商业汇票	收到商业汇票（银行承兑汇票或商业承兑汇票）并且客户取得相关商品控制权时点
以支付手续费方式委托代销	收到受托方交付的代销清单时点

二、不同结算方式下销售业务的账务处理

（一）现金结算方式销售业务的账务处理

1. 确认销售商品收入

企业应按已收的商品的不含税价款加上应收取的增值税税额等（即实际收到的全部款项），借记“库存现金”“银行存款”等科目；按确定的收入金额（即已收的商品的不含税价款），贷记“主营业务收入”科目；按应收取的增值税税额；贷记“应交税费——应交增值税（销项税额）”科目。

2. 结转销售商品成本

企业应按销售商品的实际成本，借记“主营业务成本”科目，贷记“库存商品”科目。如销售的商品已计提过跌价准备，还应借记“存货跌价准备”科目。

提示： 确认销售商品收入和结转销售商品成本同时发生，下同。

【做中学 7－6】 阳光公司为增值税一般纳税人，销售商品适用的增值税税率为13%。2024年12月1日阳光公司向丙公司（为增值税一般纳税人）销售M产品一批，开具的增值税专用发票上注明的价款为900 000元，增值税税额为117 000元，阳光公司已于当日收到全部款项并存入银行。该批产品的实际成本为600 000元。该项业务属于在某一时点履行的履约义务并符合收入确认条件。不考虑其他因素，阳光公司应编制如下会计分录：

（1）确认销售商品收入时：

借：银行存款	1 017 000	
贷：主营业务收入		900 000
应交税费——应交增值税（销项税额）		117 000

（2）结转销售商品成本时：

借：主营业务成本	600 000	
贷：库存商品		600 000

（二）委托收款结算方式销售业务的账务处理

1. 确认销售商品收入并结转销售商品成本

（1）确认销售商品收入。

企业应按应收的商品的不含税价款、应收取的增值税税额以及代客户垫付的运杂费等（即应收的全部款项），借记“应收账款”科目；按确定的收入金额（即应收的商品的不含税价款），贷记“主营业务收入”科目；按应收取的增值税税额，贷记“应交税费——应交增值税（销项税额）”科目；按代客户垫付的包装费、运杂费等，贷记“银行存款”科目。

（2）结转销售商品成本。

企业应按销售商品的实际成本，借记“主营业务成本”科目，贷记“库存商品”科目。如销售的商品已计提过跌价准备，还应借记“存货跌价准备”科目。

2. 收款

按实际收到的款项，借记“银行存款”科目，贷记“应收账款”科目。

【做中学 7－7】 阳光公司为增值税一般纳税人，销售商品适用的增值税税率为13%。2024 年 12 月 1 日阳光公司向丙公司（为增值税一般纳税人）销售 M 产品 600 件，每件不含增值税的销售价格为 1 500 元，以银行存款代客户垫付运费 2 000 元（含增值税），阳光公司于当日向银行提交委托收款凭证和有关债务证明，办妥委托收款的手续。该批产品的单位成本为 1 000 元。该项业务属于在某一时点履行的履约义务并符合收入确认条件。12 月 3 日，阳光公司收到银行转来的收款回单，全部款项已收存银行。不考虑其他因素，阳光公司应编制如下会计分录：

（1）确认销售商品收入时：

阳光公司应确认的销售商品收入＝600×1 500＝900 000(元)

阳光公司应确认的增值税税额＝900 000×13%＝117 000(元)

借：应收账款	1 019 000	
贷：主营业务收入		900 000
应交税费——应交增值税（销项税额）		117 000
银行存款		2 000

（2）结转销售商品成本时：

阳光公司应确认的销售商品成本＝600×1 000＝600 000(元)

借：主营业务成本	600 000	
贷：库存商品		600 000

（3）收到款项时：

借：银行存款	1 019 000	
贷：应收账款		1 019 000

（三）商业汇票结算方式销售业务的账务处理

1. 确认销售商品收入

企业应按收到的商业汇票的面值，借记“应收票据”科目；按确定的收入金额（即应收的商品的不含税价款），贷记“主营业务收入”科目；按应收取的增值税税额，贷记“应交税费——应交增值税（销项税额）”科目。

2. 结转销售商品成本

企业应按销售商品的实际成本，借记“主营业务成本”科目，贷记“库存商品”科目。如销售的商品已计提过跌价准备，还应借记“存货跌价准备”科目。

【做中学 7－8】 阳光公司为增值税一般纳税人。2024 年 12 月 1 日，阳光公司向光明公司（为增值税一般纳税人）销售 M 产品一批，开具的增值税专用发票上注明的价款为 5 000 000 元，增值税税额为 650 000 元，该批产品实际成本为 3 500 000 元。光明公司收到 M 产品并已验收入库，同时开出一张面值为 5 650 000 元、期限为 6 个月的不带息商业承兑汇票结算全部款项。该项业务属于在某一时点履行的履约义务且符合收入确认条件。不考虑其他因素，阳光公司应编制如下会计分录：

（1）确认销售商品收入时：

借：应收票据 5 650 000

　贷：主营业务收入 5 000 000

　　　应交税费——应交增值税（销项税额） 650 000

（2）结转销售商品成本时：

借：主营业务成本 3 500 000

　贷：库存商品 3 500 000

（四）赊销方式销售业务的账务处理

1. 仅涉及无条件收取合同对价的权利（应收账款）

（1）确认销售商品收入。

企业应按应收的商品的不含税价款、应收取的增值税税额等（即应收的全部款项），借记“应收账款”科目；按确定的收入金额（即应收的商品的不含税价款），贷记“主营业务收入”科目；按应收取的增值税税额，贷记“应交税费——应交增值税（销项税额）”科目。

（2）结转销售商品成本。

企业应按销售商品的实际成本，借记“主营业务成本”科目，贷记“库存商品”科目。如销售的商品已计提过跌价准备，还应借记“存货跌价准备”科目。

（3）收款。

按实际收到的款项，借记“银行存款”科目，贷记“应收账款”科目。

【做中学 7-9】 阳光公司为增值税一般纳税人，2024 年 12 月 1 日向丙公司（为增值税一般纳税人）赊销 M 产品一批，开具的增值税专用发票上注明的价款为 900 000 元，增值税税额为 117 000 元。该批产品的实际成本为 600 000 元。该项业务属于在某一时点履行的履约义务并符合收入确认条件。阳光公司于 12 月 7 日收到丙公司上述款项。不考虑其他因素，阳光公司应编制如下会计分录：

（1）12 月 1 日，确认销售商品收入和结转销售商品成本：

确认销售商品收入：

借：应收账款 1 017 000

　贷：主营业务收入 900 000

　　　应交税费——应交增值税（销项税额） 117 000

结转销售商品成本时：

借：主营业务成本 600 000

　贷：库存商品 600 000

（2）12 月 7 日，收到丙公司支付的货款时：

借：银行存款 1 017 000

　贷：应收账款 1 017 000

2. 涉及已向客户转让商品而有权收取对价的权利（合同资产）

以企业需要向客户交付 A、B 两项产品为例，A 产品在合同签订日交付，B 产品在合同签订一个月后交付，只有当两项商品全部交付之后，企业才有权收取全部的合同对价。

交付 A 商品时，确认销售 A 商品收入和结转销售 A 商品成本：

（1）确认销售商品收入。

企业应按应收 A 商品的不含税价款，借记“合同资产”科目；按确定销售 A 商品的收入金额，贷记“主营业务收入”科目。

（2）结转销售商品成本。

企业应按 A 商品的实际成本，借记“主营业务成本”科目，贷记“库存商品”科目。如 A 商品已计提过跌价准备，还应借记“存货跌价准备”科目。

交付 B 商品时，取得无条件收取合同对价的权利，同时确认销售 B 商品收入和结转销售 B 商品成本：

（1）确认销售商品收入。

企业应按应收取的全部合同对价，借记“应收账款”科目；按应收 B 商品的不含税价款，贷记“合同资产”科目；按确定销售 B 商品的收入金额，贷记“主营业务收入”科目；按应收取的增值税税额，贷记“应交税费——应交增值税（销项税额）”科目。

（2）结转销售商品成本。

企业应按 B 商品的实际成本，借记“主营业务成本”科目，贷记“库存商品”科目。如 B 商品已计提过跌价准备，还应借记“存货跌价准备”科目。

按实际收到的款项，借记“银行存款”科目，贷记“应收账款”科目。

提示： 合同资产是指企业已向客户转让商品而有权收取对价的权利，且该权利取决于时间流逝之外的其他因素。应收账款是企业无条件收取合同对价的权利，该权利应当作为应收账款单独列示。二者的区别在于，应收账款代表的是无条件收取合同对价的权利，即企业仅随着时间的流逝即可收款，而合同资产并不是一项无条件收款权，该权利除了取决于时间流逝之外，还取决于其他条件（例如，履行合同中的其他履约义务）才能收取相应的合同对价。

【做中学 7－10】 2025 年 4 月 1 日，阳光公司与丙公司签订合同，向其销售 A、B 两项商品，合同价款为 12 500 元。合同约定，A 商品于合同开始日交付，B 商品在一个月之后交付，只有当两项商品全部交付之后，阳光公司才有权收取 12 500 元的合同对价。假定 A 商品和 B 商品构成两项履约义务，其控制权在交付时转移给客户。已知 A 商品的单独售价为 3 000 元，B 商品的单独售价为 12 000 元。上述价格均不包含增值税。A 商品的实际成本为 2 200 元，B 商品的实际成本为 8 800 元。2025 年 5 月 1 日，阳光公司向丙公司交付 B 商品，开具的增值税专用发票上注明的价款为 12 500 元，增值税税额为 1 625 元。2025 年 5 月 5 日，阳光公司收到丙公司支付的货款并已存入银行。不考虑其他因素，阳光公司应编制如下会计分录：

（1）4月1日，交付A商品时：

阳光公司将交易价格12 500元分摊至A、B商品两项履约义务：

A商品分摊的合同价款＝12 500×[3 000/(3 000＋12 000)]＝2 500(元)

B商品分摊的合同价款＝12 500×[12 000/(3 000＋12 000)]＝10 000(元)

借：合同资产	2 500	
贷：主营业务收入——A商品		2 500
借：主营业务成本——A商品	2 200	
贷：库存商品——A商品		2 200

（2）5月1日，交付B商品时：

借：应收账款	14 125	
贷：合同资产		2 500
主营业务收入——B商品		10 000
应交税费——应交增值税（销项税额）		1625
借：主营业务成本——B商品	8 800	
贷：库存商品——B商品		8 800

（3）5月5日，收到丙公司支付的货款时：

借：银行存款	14 125	
贷：应收账款		14 125

本例中，阳光公司将A商品交付给丙公司之后，与该商品相关的履约义务已经履行，但是需要等到后续交付B商品时，阳光公司才具有无条件收取合同对价的权利，因此，阳光公司应当将因交付A商品而有权收取的对价2 500元确认为合同资产，而不是应收账款。

三、其他业务的账务处理

（一）发出商品业务的账务处理

企业销售商品时，得知客户发生资金周转困难等，不满足转让商品对价“很可能收回”的条件，但企业仍然发出商品，此时不应确认销售商品收入：

（1）发出商品时，增值税纳税义务未发生： 借：发出商品 　贷：库存商品 如已发出的商品被客户退回，应编制相反的会计分录。 （2）后续客户财务状况经营情况好转，承诺近期付款，此时符合收入确认条件且发生增值税纳税义务： 借：应收账款 　贷：主营业务收入 　　　应交税费——应交增值税（销项税额） 借：主营业务成本 　贷：发出商品	（1）发出商品时，增值税纳税义务已发生： 借：发出商品 　贷：库存商品 借：应收账款 　贷：应交税费——应交增值税（销项税额） 如已发出的商品被客户退回，应编制相反的会计分录。 （2）后续客户财务状况经营情况好转，承诺近期付款，此时符合收入确认条件： 借：应收账款 　贷：主营业务收入 借：主营业务成本 　贷：发出商品

【做中学 7-11】 2024 年 8 月 10 日，阳光公司向光明公司销售一批商品，开具的增值税专用发票上注明的价款为 500 000 元，增值税税额为 65 000 元，款项尚未收到。该批商品成本为 400 000 元。阳光公司在销售时已知光明公司资金周转发生困难，但为了减少存货积压，同时也为了维持与光明公司长期建立的商业合作关系，阳光公司仍将商品发往光明公司且办妥托收手续。阳光公司发出该批商品时其增值税纳税义务已经发生。2024 年 10 月 5 日，阳光公司得知光明公司经营情况逐渐好转，光明公司承诺近期付款。2024 年 10 月 16 日，阳光公司收到光明公司支付的货款。不考虑其他因素，阳光公司应编制如下会计分录：

（1）8 月 10 日，发出商品时：

借：发出商品 400 000
　贷：库存商品 400 000
借：应收账款 65 000
　贷：应交税费——应交增值税（销项税额） 65 000

（2）10 月 5 日，确认销售商品收入时：

借：应收账款 500 000
　贷：主营业务收入 500 000

同时，结转销售商品成本：

借：主营业务成本 400 000
　贷：发出商品 400 000

（3）10 月 16 日，收到光明公司支付的货款时：

借：银行存款 565 000
　贷：应收账款 565 000

本例中，由于光明公司资金周转存在困难，因而阳光公司在货款回收方面存在较大的不确定性，与该批商品所有权有关的风险和报酬没有转移给光明公司。阳光公司在发出商品且办妥托收手续时不能确认收入。10 月 5 日，由于光明公司经营情况好转，且承诺近期付款，满足转让商品对价“很可能收回”的条件，因而此时应确认收入。

（二）采用支付手续费方式委托其他单位代销商品的账务处理

该方式下，企业在收到客户开具的代销清单时，确认收入；企业发出商品时，不确认收入。采用支付手续费方式委托其他单位代销商品的账务处理如下。

业务	账务处理	
	委托方	受托方
交付商品	借：委托代销商品/发出商品（发出商品数量×发出商品的单位成本） 　贷：库存商品	借：受托代销商品（发出商品数量×对外销售价格） 　贷：受托代销商品款

续表

<table>
<tr><th rowspan="2">业务</th><th colspan="2">账务处理</th></tr>
<tr><th>委托方</th><th>受托方</th></tr>
<tr><td>受托方实际销售商品，委托方收到代销清单</td><td>借：应收账款
　贷：主营业务收入（实际对外销售的数量×对外销售价格）
　　应交税费——应交增值税（销项税额）
借：主营业务成本（实际对外销售的数量×发出商品的单位成本）
　贷：委托代销商品/发出商品</td><td>借：银行存款
　贷：受托代销商品（实际对外销售的数量×对外销售价格）
　　应交税费——应交增值税（销项税额）
借：受托代销商品款（实际对外销售的数量×对外销售价格）
　应交税费——应交增值税（进项税额）
　贷：应付账款</td></tr>
<tr><td>结算货款和手续费</td><td>借：销售费用（确认的手续费）
　应交税费——应交增值税（进项税额）
　贷：应收账款
借：银行存款
　贷：应收账款</td><td>借：应付账款［(实际对外销售的数量×对外销售价格)×(1＋增值税税率)］
　贷：主营业务收入/其他业务收入（确认的手续费）
　　应交税费——应交增值税（销项税额）
　　银行存款（倒挤）</td></tr>
</table>

【做中学 7-12】 阳光公司和光明公司均为增值税一般纳税人。2024 年 10 月 19 日，阳光公司委托光明公司销售 A 商品 100 件，协议价为 1 000 元/件，A 商品实际成本为 600 元/件，适用的增值税税率为 13%。合同约定光明公司按每件 1 000 元对外销售，阳光公司按照每件 100 元向光明公司支付手续费。2024 年 10 月 31 日，阳光公司收到光明公司开来的代销清单和代销手续费增值税专用发票（增值税税率为 6%）时确认收入并开具增值税专用发票，发票上注明的价款为 100 000 元，增值税税额为 13 000 元，当日，光明公司支付了扣除手续费之后的货款。

不考虑其他因素，阳光公司应编制如下会计分录：

(1) 10 月 19 日，发出商品时：

发出商品的实际成本＝100×600＝60 000(元)

借：发出商品　　60 000
　贷：库存商品　　60 000

(2) 10 月 31 日，收到代销清单、代销手续费增值税专用发票时：

借：应收账款——光明公司　　113 000
　贷：主营业务收入　　100 000
　　应交税费——应交增值税（销项税额）　　13 000
借：主营业务成本　　60 000
　贷：发出商品　　60 000

确认的代销手续费＝100 000/1 000×100＝10 000(元)

借：销售费用——代销手续费　　10 000
　　应交税费——应交增值税（进项税额）　　600
　贷：应收账款——光明公司　　10 600

（3）10 月 31 日，收到光明公司支付的货款时：

实际收到的货款＝113 000－10 600＝102 400（元）

借：银行存款　　102 400
　贷：应收账款——光明公司　　102 400

光明公司应编制如下会计分录：

（1）10 月 19 日，收到商品时：

借：受托代销商品　　100 000
　贷：受托代销商品款　　100 000

（2）10 月份，对外销售时：

借：银行存款　　113 000
　贷：受托代销商品　　100 000
　　　应交税费——应交增值税（销项税额）　　13 000

（3）10 月 31 日，收到阳光公司开具的增值税专用发票时：

借：受托代销商品款　　100 000
　　应交税费——应交增值税（进项税额）　　13 000
　贷：应付账款——阳光公司　　113 000

（4）10 月 31 日，支付货款并计算代销手续费时：

借：应付账款——阳光公司　　113 000
　贷：其他业务收入　　10 000
　　　应交税费——应交增值税（销项税额）　　600
　　　银行存款（倒挤）　　102 400

（三）材料销售业务的账务处理

1. 确认销售收入

企业销售原材料、随同商品销售单独计价的包装物等存货确认的收入时，借记“银行存款”“应收账款”等科目，贷记“其他业务收入”科目，按应收取的增值税税额，贷记“应交税费——应交增值税（销项税额）”科目。

2. 结转销售成本

企业应按原材料、包装物等的实际成本，借记“其他业务成本”科目，贷记“原材料”“周转材料”等科目。如原材料、包装物等采用计划成本计价，还应借记或贷记“材料成本差异”科目。如原材料、包装物等已计提跌价准备，还应借记“存货跌价准备”科目。

【做中学 7－13】 阳光公司为增值税一般纳税人，采用实际成本对存货进行核算。2024 年 9 月 10 日，阳光公司向丙公司销售一批原材料，开具的增值税专用发票上注明的价款为 50 000 元，增值税税额为 6 500 元，全部款项以银行汇票结算，该批材料的实际成本为 35 000 元。该项业务属于在某一时点履行的履约义务并符合收入确认条件。当日为包装出售的原材料，领用不单独计价的包装物一批，实际成本为 600 元。不考虑其他因素，阳光公司应编制如下会计分录：

（1）确认原材料销售收入时：

借：银行存款　　56 500

　贷：其他业务收入　　50 000

　　　应交税费——应交增值税（销项税额）　　6 500

（2）结转已销原材料的成本时：

借：其他业务成本　　35 000

　贷：原材料　　35 000

（3）领用不单独计价的包装物时：

借：销售费用　　600

　贷：周转材料——包装物　　600

（四）销售退回业务的账务处理

销售退回，是指企业售出的商品由于质量、品种、规格等不符合要求而发生的退货。

（1）对于尚未确认销售商品收入的售出商品发生销售退回的，企业应将已记入“发出商品”科目的商品成本金额转入“库存商品”科目，借记“库存商品”科目，贷记“发出商品”科目。

（2）对于已确认销售商品收入的售出商品发生销售退回的，除属于资产负债表日后事项的外，一般应在发生时冲减当期销售商品收入，同时冲减当期销售商品成本。如按规定允许扣减增值税税额的，应同时扣减已确认的应交增值税销项税额。

账务处理如下：

借：主营业务收入

　　应交税费——应交增税（销项税额）

　贷：银行存款（已收款）

　　　应收账款（未收款）

　　　应收票据

借：库存商品

　贷：主营业务成本（退回商品的实际成本）

【做中学 7－14】 阳光公司为增值税一般纳税人，适用的增值税税率为 13%。2025 年 6 月 3 日，阳光公司向丙公司销售商品一批，开具的增值税专用发票上注明的价款为 500 000 元，增值税税额为 65 000 元，该批商品实际成本为 360 000 元，丙公司于当日收到该批商品并验收入库。6 月 12 日，阳光公司收到丙公司支付的全部款项。6 月 20 日，阳光公司收到丙公司退回当月所购商品中有质量问题的商品，其成本为 36 000 元。阳光公司于当日支付退货款 50 000 元，增值税税额为 6 500 元，并按规定向丙公司开具了增值税专用发票（红字），退回商品已验收入库。不考虑其他因素，阳光公司应编制如下会计分录：

（1）6 月 3 日，确认销售商品收入并结转销售商品成本时：

借：应收账款　565 000

　贷：主营业务收入　500 000

　　　应交税费——应交增值税（销项税额）　65 000

借：主营业务成本　360 000

　贷：库存商品　360 000

（2）6 月 12 日，收回销售款项时：

借：银行存款　565 000

　贷：应收账款　565 000

（3）6 月 20 日，收到丙公司退回当月所购商品中有质量问题的商品时：

借：主营业务收入　50 000

　　应交税费——应交增值税（销项税额）　6 500

　贷：银行存款　56 500

借：库存商品　36 000

　贷：主营业务成本　36 000

【知识点 5】 可变对价★★

可变对价涉及的情况相对比较复杂，本教材仅做简单介绍。

一、销售折让

【做中学 7-15】 2024 年 9 月 1 日，阳光公司向丙公司销售 M 商品一批，开具的增值税专用发票上注明的价款为 800 000 元，增值税税额为 104 000 元，款项尚未收到；该批商品成本为 600 000 元。该项业务属于在某一时点履行的履约义务并符合收入确认条件。9 月 20 日，丙公司在验收过程中发现商品外观上存在瑕疵，但基本上不影响使用，要求阳光公司在价格上（不含增值税税额）给予 10%的减让。阳光公司同意丙公司的折让要求，并按规定向丙公司开具了红字增值税专用发票，全部折让款从应收丙公司款项中扣减。9 月 30 日，阳光公司收到丙公司支付的货款并已存入银行。不考虑其他因素，阳光公司应编制如下会计分录：

（1）9 月 1 日，确认销售商品收入时：

借：应收账款　904 000

　贷：主营业务收入　800 000

　　　应交税费——应交增值税（销项税额）　104 000

同时，结转销售商品成本：

借：主营业务成本　600 000

　贷：库存商品　600 000

（2）9 月 20 日，发生销售折让时：

　　确认的销售折让金额＝800 000×10%＝80 000（元）

借：主营业务收入　　80 000
　　应交税费——应交增值税（销项税额）　　10 400
　贷：应收账款　　90 400

（3）9 月 30 日，收到丙公司支付的货款时：

借：银行存款　　813 600
　贷：应收账款　　813 600

二、商业折扣

【做中学 7－16】 阳光公司为增值税一般纳税人，2024 年 9 月 1 日，向丁公司销售一批商品，商品价目表上的价款总额为 200 000 元，由于是成批销售，阳光公司给予丁公司 10%的商业折扣，开具的增值税专用发票上注明的价款为 180 000 元，增值税税额为 23 400 元，商品已于当日发出，丁公司收到商品并验收入库，款项尚未收到。该批商品的成本为 120 000 元。该项业务属于在某一时点履行的履约义务并符合收入确认条件。2024 年 9 月 18 日，阳光公司收到丁公司支付的货款。不考虑其他因素，阳光公司应编制如下会计分录：

（1）9 月 1 日，确认销售商品收入并结转销售商品成本时：

借：应收账款　　203 400
　贷：主营业务收入　　180 000
　　　应交税费——应交增值税（销项税额）　　23 400

借：主营业务成本　　120 000
　贷：库存商品　　120 000

（2）9 月 18 日，收到丁公司支付的货款时：

借：银行存款　　203 400
　贷：应收账款　　203 400

三、产生多个可变对价结果的情形

【做中学 7－17】 2024 年 12 月 31 日，阳光公司与光明公司签订合同，以每辆200 000 元的价格向光明公司销售所生产的 15 辆工程车。每辆工程车的成本为 140 000 元。当日，阳光公司将 15 辆工程车的控制权转移给光明公司。同时，阳光公司承诺：如果在未来 3 个月内，该型号工程车售价下降，则按照合同价格与最低售价之间的差额向光明公司退还差价。根据以往执行类似合同的经验，阳光公司预计未来 3 个月内该型号工程车不降价的概率为 50%，每辆降价 20 000 元的概率为 30%，每辆降价 50 000 元的概率为 20%。阳光公司认为期望值能够更好地预测其有权获取的对价金额。阳光公司按照预测的有权获取的对价金额开具了增值税专用发票。该项销售业务属于在某一时点履行的履约义务并符合收入确认条件。不考虑其他因素，阳光公司应编制如下会计分录：

（1）确认销售商品收入时：

确认的销售商品收入金额 $=15\times(200\,000-0)\times50\%+15\times(200\,000-20\,000)\times30\%+15\times(200\,000-50\,000)\times20\%$

$=2\,760\,000$（元）

确认的增值税销项税额 $=2\,760\,000\times13\%=358\,800$（元）

借：应收账款　　3 118 800
　贷：主营业务收入　　2 760 000
　　应交税费——应交增值税（销项税额）　　358 800

（2）结转销售商品成本时：

结转的销售商品成本 $=15\times140\,000=2\,100\,000$（元）

借：主营业务成本　　2 100 000
　贷：库存商品　　2 100 000

【知识点 6】 合同成本和合同负债★★

一、合同取得成本

企业为取得合同发生的增量成本预期能够收回的，应当作为合同取得成本确认为一项资产。增量成本，是指企业不取得合同就不会发生的成本，如销售佣金等。为简化实务操作，该资产摊销期限不超过一年，可以在发生时计入当期损益（销售费用等）。资产摊销期限超过一年的，应当采用与该资产相关的商品收入确认相同的基础进行摊销，计入当期损益。

企业为取得合同发生的、除预期能够收回的增量成本之外的其他支出，例如，无论是否取得合同均会发生的差旅费、投标费、为准备投标资料发生的相关费用等，应当在发生时计入当期损益，除非这些支出明确由客户承担。

【做中学 7-18】 阳光公司是一家咨询公司，其通过竞标赢得一个新客户，为取得与该客户的合同，阳光公司发生下列支出：（1）聘请外部律师进行尽职调查的支出为 15 000 元；（2）因投标发生的差旅费为 10 000 元；（3）销售人员佣金为 5 000 元。阳光公司预期这些支出未来能够收回。

本例中，由于尽职调查支出和差旅费的发生并不能保证阳光公司一定取得该合同，即阳光公司不取得合同，这两项支出也会发生，因此应将这两项支出作为费用处理，计入当期损益；由于销售人员佣金的发生保证阳光公司一定取得了该合同，即只有阳光公司取得了合同才会发生销售人员佣金支出，因此应将销售人员佣金予资本化，作为合同取得成本。综上，阳光公司应确认的合同取得成本为 5 000 元。

二、合同履约成本

（一）属于合同履约成本的情形

企业为履行合同可能会发生各种成本，企业应当对这些成本进行分析，属于其他企业会计准则（例如，《企业会计准则第 1 号——存货》《企业会计准则第 4 号——固定资产》《企业会计准则第 6 号——无形资产》等）规范范围的，应当按照相关企业会计准则进行会计处理；不属于其他企业会计准则规范范围且同时满足下列条件的，应当作为合同履约成本确认为一项资产。

1. 该成本与一份当前或预期取得的合同直接相关

与合同直接相关的成本包括：

（1）直接人工。例如，支付给直接为客户提供所承诺服务的人员的工资、奖金等。

（2）直接材料。例如，为履行合同耗用的原材料、辅助材料、构配件、零件、半成品的成本和周转材料的摊销及租赁费用等。

（3）制造费用或类似费用。例如，组织和管理相关生产、施工、服务等活动发生的费用，包括管理人员的职工薪酬、劳动保护费、固定资产折旧费及修理费、物料消耗、取暖费、水电费、办公费、差旅费、财产保险费、工程保修费、排污费、临时设施摊销费等。

（4）明确由客户承担的成本以及仅因该合同而发生的其他成本。例如，支付给分包商的成本、机械使用费、设计和技术援助费用、施工现场二次搬运费、生产工具和用具使用费、检验试验费、工程定位复测费、工程点交费用、场地清理费等。

（5）该成本增加了企业未来用于履行（包括持续履行）履约义务的资源。

（6）该成本预期能够收回。

2. 企业应当在下列支出发生时，将其计入当期损益

（1）管理费用，除非这些费用明确由客户承担。

（2）非正常消耗的直接材料、直接人工和制造费用（或类似费用），这些支出为履行合同发生，但未反映在合同价格中。

（3）与履约义务中已履行（包括已全部履行或部分履行）部分相关的支出，即该支出与企业过去的履约活动相关。

（4）无法在尚未履行的与已履行（或已部分履行）的履约义务之间区分的相关支出。

（二）合同履约成本的摊销

对于确认为资产的合同履约成本，企业应当采用与该资产相关的商品收入确认相同的基础（即在履约义务履行的时点或按照履约义务的履约进度）进行摊销，计入当期损益。

【做中学 7－19】 阳光公司为增值税一般纳税人，经营一家民宿，适用的增值税税率为 6%。该民宿是阳光公司的自有资产。2024 年 10 月，阳光公司计提与民宿经营直接相关的客房、客房内的设备家具、休闲娱乐设施等折旧 100 000 元、民宿土地使用权摊销费用 600 000 元。经计算，阳光公司当月确认的房费、餐饮等服务含税收入为 848 000 元，已全部存入银行。阳光公司应编制如下会计分录：

（1）确认相关资产的折旧费、摊销费时：

借：合同履约成本	700 000	
贷：累计折旧		100 000
累计摊销		600 000

（2）10 月确认民宿服务收入并摊销合同履约成本时：

借：银行存款 848 000

　贷：主营业务收入 800 000

　　　应交税费——应交增值税（销项税额） 48 000

借：主营业务成本 700 000

　贷：合同履约成本 700 000

三、合同负债

合同负债，是指企业已收或应收客户对价而应向客户转让商品的义务。根据准则对合同负债的规定，尚未向客户履行转让商品的义务而已收或应收客户对价中的增值税部分，因不符合合同负债的定义，不应确认为合同负债。

【做中学 7-20】 阳光公司为增值税一般纳税人。2025 年 6 月 28 日，阳光公司与光明公司签订协议，向光明公司销售一批商品，一个月内交货，该批商品不含税价款为 500 000 元，增值税税额为 65 000 元，当日，阳光公司收到光明公司按不含税价款 30% 预付的定金，剩余款项于交货后结清。2025 年 7 月 15 日，阳光公司发出商品，开具的增值税专用发票上注明的价款为 500 000 元，增值税税额为 65 000 元，当日，光明公司收到商品，并验收入库。2025 年 7 月 18 日，光明公司以银行存款结清余款和增值税税款。阳光公司应编制如下会计分录：

（1）6 月 28 日，收到预收款时：

确认的预收款＝500 000×30%＝150 000（元）

借：银行存款 150 000

　贷：合同负债 150 000

（2）7 月 15 日，发出商品时：

借：合同负债 150 000

　　应收账款 415 000

　贷：主营业务收入 500 000

　　　应交税费——应交增值税（销项税额） 65 000

（3）7 月 18 日，光明公司以银行存款结清余款和增值税税款时：

借：银行存款 415 000

　贷：应收账款 415 000

【知识点 7】 在某一时段内确认收入的核算★★★

一、在某一时段内履行履约义务的条件

满足下列条件之一的，属于在某一时段内履行履约义务：

（1）客户在企业履约的同时即取得并消耗企业履约所带来的经济利益。

（2）客户能够控制企业履约过程中在建的商品。

二、企业履约过程中所产出的商品

企业履约过程中所产出的商品具有不可替代用途，且该企业在整个合同期间内有权就累计至今已完成的履约部分收取款项。具有不可替代用途，是指因合同限制或实际可行性限制，企业不能轻易地将商品用于其他用途。有权就累计至今已完成的履约部分收取款项，是指在由于客户或其他方原因终止合同的情况下，企业有权就累计至今已完成的履约部分收取能够补偿其已发生成本和合理利润的款项，并且该权利具有法律约束力。

三、在某一时段内履行履约义务的收入确认

（1）对于在某一时段内履行的履约义务，企业应当在该段时间内按照履约进度确认收入，但是，履约进度不能合理确定的除外。企业按照履约进度确认收入时，通常应当在资产负债表日按照合同的交易价格总额乘以履约进度扣除以前会计期间累计已确认的收入后的金额，确认当期收入。

$$\text{当期营业收入}=\text{交易价格总额}\times\text{履约进度}-\begin{matrix}\text{以前会计期间累计}\\\text{已确认的营业收入}\end{matrix}$$

$$\text{当期营业成本}=\text{预计总成本}\times\text{履约进度}-\begin{matrix}\text{以前会计期间累计}\\\text{已确认的营业成本}\end{matrix}$$

（2）当履约进度不能合理确定时，企业已经发生的成本预计能够得到补偿的，应当按照已经发生的成本金额确认收入，直到履约进度能够合理确定为止。

四、履约进度的确认

企业应当考虑商品的性质，采用产出指标或投入指标确定恰当的履约进度。产出指标包括实际测量的完工进度、评估已实现的结果、时间进度、已完工或交付的产品等。投入指标包括投入的材料数量、花费的人工工时或机器工时、发生的成本和时间进度等。在确定履约进度时，应当扣除那些控制权尚未转移给客户的商品和服务。

实务中，企业通常按照累计实际发生的成本占预计总成本的比例（即成本法）确定履约进度。累计实际发生的成本包括企业向客户转移商品过程中所发生的直接成本和间接成本，如直接人工、直接材料、分包成本以及其他与合同相关的成本。

对于每一项履约义务，企业只能采用一种方法来确定其履约进度，并加以一贯运用。对于类似情况下的履约义务，企业应当采用相同的方法确定履约进度。

【做中学 7-21】 阳光公司与客户签订合同，为该客户拥有的一条铁路更换 100 根铁轨，合同价格为 100 000 元（不含增值税）。截至 2024 年 12 月 31 日，阳光公司共更换铁轨 60 根，剩余部分预计在 2025 年 3 月 31 日之前完成。该合同仅包含一项履约义务，且该履约义务满足在某一时段内履行的条件。假定不考虑其他情况。

本例中，阳光公司提供的更换铁轨的服务属于在某一时段内履行的履约义务，阳光公司按照已完成的工作量确定履约进度。因此，截至 2024 年 12 月 31 日，该合同的履约进度为 60%（60÷100×100%），阳光公司应确认的收入为 60 000（100 000×60%－0）元。

【做中学 7-22】 2024 年 3 月 5 日，阳光公司承建一项工程，合同约定的工期为 18 个月，合同总收入为 300 万元。阳光公司采用投入法确认收入，履约进度按照累计实际发生的合同成本占合同预计总成本的比例确定。至 2024 年末已确认收入 140 万元，已收到工程款 150 万元。至 2025 年 6 月 30 日，该工程累计实际发生的成本为 200 万元，预计至工程完工还将发生成本 50 万元，剩余工程款将于项目完工时收到。

本例中，履约进度按照累计实际发生的合同成本占合同预计总成本的比例确定，因此截至 2025 年 6 月 30 日，该合同的履约进度为 80%[200/(200+50)]，阳光公司应确认的收入金额为 100(300×80%-140) 万元。

五、在某一时段内确认收入的账务处理

（一）与合同取得成本有关的账务处理

企业发生合同取得成本时，借记“合同取得成本”科目，贷记“银行存款”“其他应付款”“应付职工薪酬”等科目；对合同取得成本进行摊销时，借记“销售费用”等科目，贷记“合同取得成本”科目。涉及增值税的，还应进行相应的处理。

【做中学 7-23】 阳光公司（为增值税一般纳税人）是一家咨询公司，适用的增值税税率为 6%。2025 年 1 月，阳光公司通过竞标赢得一个新客户，签订了一项新合同，合同服务期为 3 年。合同约定该客户于每年年末支付咨询费 1 272 000 元（含增值税）。为取得与该客户的合同，阳光公司聘请外部律师进行尽职调查支付相关费用 20 000 元，为投标而发生的差旅费 5 000 元，支付销售人员佣金 36 000 元。阳光公司预期这些支出未来均能够收回。此外，阳光公司根据其年度销售目标、整体盈利情况及个人业绩等，向销售部门经理支付年度奖金 5 000 元。不考虑其他因素，阳光公司应编制如下会计分录：

（1）支付为取得合同发生的相关费用时：

借：合同取得成本	36 000	
管理费用	25 000	
贷：银行存款		61 000

（2）每月确认咨询服务收入（结转营业成本略）、摊销佣金时：

每月确认的咨询服务收入=1 272 000/(1+6%)/12=100 000(元)

每月销售佣金的摊销额=36 000/3/12=1 000(元)

借：应收账款	106 000	
贷：主营业务收入		100 000
应交税费——应交增值税（销项税额）		6 000
借：销售费用	1 000	
贷：合同取得成本		1 000

（3）确认销售经理年度奖金时：

借：销售费用	5 000	
贷：应付职工薪酬		5 000

（4）支付销售经理年度奖金时：

借：应付职工薪酬 5 000

　贷：银行存款 5 000

（二）与合同履约成本有关的账务处理

企业发生合同履约成本时，借记“合同履约成本”科目，贷记“银行存款”“应付职工薪酬”“原材料”等科目；对合同履约成本进行摊销时，借记“主营业务成本”“其他业务成本”等科目，贷记“合同履约成本”科目。涉及增值税的，还应进行相应的处理。

【做中学 7－24】 阳光公司为增值税一般纳税人。2024 年 12 月 1 日，阳光公司与光明公司签订了一项为期 3 个月的装修合同，装修服务适用的增值税税率为 9%，合同约定装修价款为 500 000 元，增值税税额为 45 000 元，装修费用每月末按完工进度支付。光明公司按履约进度支付价款及相应的增值税税款。截至 2024 年 12 月 31 日，阳光公司为完成该合同累计发生劳务成本 100 000 元（假定均为装修人员薪酬），估计还将发生劳务成本 300 000 元。

假定该业务属于阳光公司的主营业务，全部由其自行完成；该装修服务构成单项履约义务，并属于在某一时段内履行的履约义务；阳光公司按照累计实际发生的合同成本占合同预计总成本的比例确定履约进度。不考虑其他因素，阳光公司应编制如下会计分录：

（1）实际发生劳务成本时：

借：合同履约成本 100 000

　贷：应付职工薪酬 100 000

（2）2024 年 12 月 31 日，确认劳务收入并结转劳务成本时：

履约进度＝100 000/(100 000＋300 000)＝25%

确认的营业收入＝500 000×25%－0＝125 000(元)

确认的营业成本＝(100 000＋300 000)×25%－0＝100 000(元)

借：银行存款 136 250

　贷：主营业务收入 125 000

　　　应交税费——应交增值税（销项税额） 11 250

借：主营业务成本 100 000

　贷：合同履约成本 100 000

2025 年 1 月，阳光公司为完成该合同发生的劳务成本为 180 000 元（假定均为装修人员薪酬）；截至 2025 年 1 月 31 日，阳光公司为完成该合同累计发生劳务成本 280 000 元，估计还将发生劳务成本 120 000 元。光明公司按履约进度支付价款及相应的增值税税款。不考虑其他因素，阳光公司应编制如下会计分录：

（1）实际发生劳务成本时：

借：合同履约成本 180 000

　贷：应付职工薪酬 180 000

（2）2025 年 1 月 31 日，确认劳务收入并结转劳务成本时：

履约进度＝280 000÷（280 000＋120 000）＝70％

确认的营业收入＝500 000×70％－125 000＝225 000（元）

确认的营业成本＝（280 000＋120 000）×70％－100 000＝180 000（元）

借：银行存款	245 250	
贷：主营业务收入		225 000
应交税费——应交增值税（销项税额）		20 250
借：主营业务成本	180 000	
贷：合同履约成本		180 000

2025 年 2 月，阳光公司为完成该合同发生的劳务成本为 120 000 元（假定均为装修人员薪酬）；截至 2025 年 2 月 28 日，装修完工；光明公司验收合格，按履约进度支付价款及相应的增值税税款。不考虑其他因素，阳光公司应编制如下会计分录：

（1）实际发生劳务成本时：

借：合同履约成本	120 000	
贷：应付职工薪酬		120 000

（2）2025 年 2 月 28 日，确认劳务收入并结转劳务成本时：

履约进度＝100％

确认的营业收入＝500 000×100％－125 000－225 000＝150 000（元）

确认的营业成本＝120 000（元）

借：银行存款	163 500	
贷：主营业务收入		150 000
应交税费——应交增值税（销项税额）		13 500
借：主营业务成本	120 000	
贷：合同履约成本		120 000

（三）与合同负债有关的账务处理

企业发生合同负债时，借记“银行存款”等科目，贷记“合同负债”科目；对合同负债进行摊销时，借记“合同负债”科目，贷记“主营业务收入”等科目。涉及增值税的，还应进行相应的处理。

【做中学 7－25】 阳光公司（为增值税一般纳税人）经营一家健身俱乐部，适用的增值税税率为 6％。2024 年 1 月 1 日，某客户与阳光公司签订合同，成为阳光公司的会员，并向阳光公司支付含税会员费 6 360 元，可在未来的 12 个月内在该俱乐部健身，且没有次数的限制。

假设阳光公司于收到款项时开具了增值税普通发票，即产生了增值税纳税义务。该履约义务属于在某一时段内履行的履约义务，并且该履约义务在会员的会籍期间内随时间的流逝而被履行。

阳光公司应编制如下会计分录：

（1）1月1日，收到客户支付的会员费时：

借：银行存款　　6 360

　贷：合同负债　　6 000

　　　应交税费——应交增值税（销项税额）　　360

（2）1月31日，确认收入时：

阳光公司按照直线法确认收入，每月应当确认的收入为500[6 360/(1+6%)/12]元。

借：合同负债　　500

　贷：主营业务收入　　500

2月至12月每月确认收入的会计分录同上。

拓展：假定阳光公司与客户签订合同时未开具增值税普通发票，而是于每月月末确认收入时开具增值税普通发票，其他条件不变。不考虑他因素，阳光公司应编制如下会计分录：

（1）1月1日，收到客户支付的会员费时：

借：银行存款　　6 360

　贷：合同负债　　6 000

　　　应交税费——待转销项税额　　360

（2）1月31日，确认收入时：

阳光公司按照直线法确认收入，每月应当确认的收入为500[6 360/(1+6%)/12] 元。

借：合同负债　　500

　　应交税费——待转销项税额　　30

　贷：主营业务收入　　500

　　　应交税费——应交增值税（销项税额）　　30

2月至12月每月确认收入的会计分录同上。

任务二 费用业务

【知识点1】 营业成本★★

营业成本是指企业为生产产品、提供服务等发生的可归属于产品成本、服务成本等的费用，应当在确认销售商品收入、提供服务收入等时，将已销售商品、已提供服务的成本等计入当期损益。营业成本包括主营业务成本和其他业务成本。

一、主营业务成本

主营业务成本是指企业确认销售商品、提供服务等经常性活动所发生的成本。

企业结转已销售商品或提供服务成本时，借记“主营业务成本”科目，贷记“库存商品”“合同履约成本”等科目。期末，将“主营业务成本”科目余额转入“本年利润”科目，借记“本年利润”科目，贷记“主营业务成本”科目，结转后，“主营业务成本”

科目无余额。

【做中学 7-26】 2025 年 7 月 18 日，阳光公司向光明公司销售一批商品，开具的增值税专用发票上注明的价款为 200 000 元，增值税税额为 26 000 元。阳光公司已收到光明公司支付的款项 226 000 元，并将提货单送交光明公司。该批产品成本为 190 000 元，已经计提了存货跌价准备 10 000 元。该项销售业务属于某一时点履行的履约义务并符合收入确认条件。不考虑其他因素，阳光公司应编制如下会计分录：

（1）确认销售商品收入时：

借：银行存款	226 000	
贷：主营业务收入		200 000
应交税费——应交增值税（销项税额）		26 000

（2）结转销售商品成本时：

借：主营业务成本	180 000	
存货跌价准备	10 000	
贷：库存商品		190 000

二、其他业务成本

其他业务成本是指企业确认的除主营业务活动以外的其他日常经营活动所发生的支出。

企业发生其他业务成本时，借记“其他业务成本”科目，贷记“原材料”“周转材料”“累计折旧”“累计摊销”“应付职工薪酬”“银行存款”等科目。期末，将“其他业务成本”科目余额转入“本年利润”科目，借记“本年利润”科目，贷记“其他业务成本”科目，结转后，“其他业务成本”科目无余额。

【做中学 7-27】 2025 年 1 月 5 日，阳光公司将其自行研发完成的 A 专利技术出租给光明公司，该专利技术成本为 120 000 元，双方约定的租赁期限为 8 年。该专利技术预计使用寿命为 10 年，采用直线法摊销。阳光公司每月摊销 A 专利技术成本时，应编制如下会计分录：

A 专利技术每月应摊销的金额＝120 000÷10÷12＝1 000(元)

借：其他业务成本	1 000	
贷：累计折旧		1 000

【知识点 2】 税金及附加★★

税金及附加是指企业经营活动应负担的相关税费，包括消费税、城市维护建设税、教育费附加、资源税等。

不通过“税金及附加”科目核算的税费包括：增值税，所得税，作为无形资产或固定资产核算的土地增值税，自产自用过程中不产生收入的消费税和资源税，构成产品组成部分的税费（如：进口关税、进口消费税、委托加工物资涉及的消费税、耕地占用税、契税、车辆购置税等）等。

企业应当设置“税金及附加”账户，核算企业经营活动发生的相关税费。该账户属于损益类账户。发生相关税费时，借记“税金及附加”科目，贷记“应交税费”等科目。期末，应将“税金及附加”科目余额转入“本年利润”科目，借记“本年利润”科目，贷记“税金及附加”科目，结转后，“税金及附加”科目无余额。

【知识点3】 期间费用★★★

一、期间费用概述

期间费用是指企业日常活动发生的不能计入特定核算对象的成本，而应计入发生当期损益的费用。

期间费用是企业日常活动中所发生的经济利益的流出，之所以不计入特定的成本核算对象，主要是因为期间费用是企业为组织和管理整个经营活动所发生的费用，与可以确定特定成本核算对象的材料采购、产成品生产等没有直接关系，因而期间费用不计入有关核算对象的成本，而是直接计入当期损益。

期间费用包含以下两种情况：一是企业发生的支出不产生经济利益，或者即使产生经济利益但不符合或者不再符合资产确认条件的，应当在发生时确认为费用，计入当期损益；二是企业发生的交易或者事项导致其承担了一项负债，而又不确认为一项资产的，应当在发生时确认为费用计入当期损益。

二、期间费用的账务处理

期间费用包括销售费用、管理费用和财务费用。

（一）销售费用

销售费用是指企业销售商品和材料、提供服务的过程中发生的各种费用，包括企业在销售商品过程中发生的保险费、包装费、展览费、广告费、商品维修费、预计产品质量保证损失、运输费、装卸费等，以及为销售本企业商品而专设的销售机构（含销售网点、售后服务网点等）的职工薪酬、业务费、折旧费等经营费用。企业发生的与专设销售机构相关的固定资产修理费用等后续支出也属于销售费用。

销售费用是与企业销售商品活动有关的费用，但不包括销售商品本身的成本。销售商品本身的成本属于主营业务成本。

企业应设置“销售费用”账户，核算和监督销售费用的发生和结转情况。该账户属于损益类账户，借方登记企业发生的销售费用金额；贷方登记期末转入本年利润的销售费用金额；期末余额结转至“本年利润”，结转后无余额。该账户可按费用项目进行明细核算。

【做中学7-28】 2024年11月，阳光公司发生的与销售费用有关的经济业务如下：

（1）以银行存款支付商品的广告费5 000元、展览费4 000元。

（2）本月为销售商品以银行存款支付运输费1 200元，运输途中的保险费350元，装卸费650元，均不考虑增值税。

（3）本月专设销售机构发生下列费用：销售机构人员的工资为4 000元，提取职工福利费 560 元，固定资产的折旧费 460 元，以银行存款支付办公费 200 元。

（4）按规定将本月发生的销售费用 16 420 元予以结转。

不考虑其他因素，阳光公司应编制如下会计分录：

（1）支付商品广告费、展览费时：

借：销售费用　9 000

　贷：银行存款　9 000

（2）支付运输费、保险费、装卸费时：

借：销售费用　2 200

　贷：银行存款　2 200

（3）确认销售人员工资和福利费、计提固定资产折旧、支付办公费时：

借：销售费用　5 220

　贷：应付职工薪酬　4 560

　　累计折旧　460

　　银行存款　200

（4）月末结转销售费用时：

当月发生的销售费用总额＝9 000＋2 200＋5 220＝16 420(元)

借：本年利润　16 420

　贷：销售费用　16 420

（二）管理费用

管理费用是指企业为组织和管理生产经营发生的各种费用，包括企业在筹建期间内发生的开办费、董事会和行政管理部门在企业的经营管理中发生的以及应由企业统一负担的公司经费（包括行政管理部门职工薪酬、物料消耗、低值易耗品摊销、办公费和差旅费等）、行政管理部门负担的工会经费、董事会费（包括董事会成员津贴、会议费和差旅费等）、聘请中介机构费、咨询费（含顾问费）、诉讼费、业务招待费、技术转让费、研究费用等。企业行政管理部门发生的固定资产修理费用等后续支出，也作为管理费用核算。

企业应设置“管理费用”账户，核算和监督管理费用的发生和结转情况。该账户属于损益类账户，借方登记企业发生的管理费用金额；贷方登记期末转入本年利润的管理费用金额；期末余额结转入“本年利润”，结转后无余额。该账户可按费用项目进行明细核算。

商品流通企业管理费用不多的，可不设“管理费用”科目，相关核算内容可并入“销售费用”科目核算。

【做中学 7－29】 2024 年 11 月，阳光公司发生的与财务费用有关的经济业务如下：计提行政办公大楼折旧 400 000 元，支付会计师事务所审计费 500 000 元，发生业务招待费 600 000 元。不考虑其他因素，阳光公司应编制如下会计分录：

阳光公司 11 月应确认的管理费用金额＝400 000＋500 000＋600 000＝1 500 000(元)

借：管理费用　　1 500 000
　贷：累计折旧　　400 000
　　　银行存款　　1 100 000

（三）财务费用

财务费用是指企业为筹集生产经营所需资金而发生的筹资费用，包括利息支出（减利息收入）、汇兑损益以及相关的手续费等。

企业应设置“财务费用”账户，核算和监督财务费用的发生和结转情况。该账户借方登记企业发生的财务费用金额，贷方登记期末转入本年利润的财务费用金额；期末余额结转入“本年利润”，结转后无余额。该账户可按费用项目进行明细核算。

【做中学 7－30】 2024 年 11 月，阳光公司发生的与财务费用有关的经济业务如下：确认短期借款利息支出 600 000 元，收到流动资金存款利息收入 20 000 元，支付银行承兑汇票手续费 10 000 元。不考虑其他因素，阳光公司应编制如下会计分录：

确认短期借款利息支出时：

借：财务费用　　600 000
　贷：应付利息　　600 000

收到流动资金存款利息收入时：

借：银行存款　　20 000
　贷：财务费用　　20 000

支付银行承兑汇票手续费时：

借：财务费用　　10 000
　贷：银行存款　　10 000

任务三　利润业务

【知识点 1】 利润的构成★★

利润包括收入减去费用后的净额、直接计入当期利润的利得和损失等。利得是指由企业非日常活动所形成的、会导致所有者权益增加的、与所有者投入资本无关的经济利益的流入。损失是指由企业非日常活动所发生的、会导致所有者权益减少的、与向所有者分配利润无关的经济利益的流出。

一、营业利润

营业利润的计算公式如下：

营业利润＝营业收入－营业成本－税金及附加－销售费用－管理费用－研发费用－财务费用＋其他收益＋投资收益(－投资损失)＋净敞口套期收益(－净敞口套期损失)＋公允价值变动收益(－公允价值变动损失)－信用减值损失－资产减值损失＋资产处置收益(－资产处置损失)

其中：

（1）营业收入是指企业经营业务所确认的收入总额，包括主营业务收入和其他业务收入。

（2）营业成本是指企业经营业务所发生的实际成本总额，包括主营业务成本和其他业务成本。

（3）研发费用是指企业进行研究与开发过程中发生的费用化支出，以及计入管理费用的自行开发无形资产的摊销。

（4）其他收益主要是指与企业日常活动相关，除冲减相关成本费用以外的政府补助，以及其他与日常活动相关且应直接计入其他收益的内容。

（5）投资收益（或损失）是指企业以各种方式对外投资所取得的收益（或损失）。

（6）公允价值变动收益（或损失）是指企业交易性金融资产、采用公允价值模式进行后续计量的投资性房地产等公允价值变动形成的应计入当期损益的利得（或损失）。

（7）信用减值损失是指企业计提各项金融工具减值准备所形成的预期信用损失。

（8）资产减值损失是指企业计提有关资产减值准备所形成的损失。

（9）资产处置收益（或损失）反映企业出售划分为持有待售的非流动资产（金融工具、长期股权投资和投资性房地产除外）或处置组（子公司和业务除外）时确认的处置利得或损失，以及处置未划分为持有待售的固定资产、在建工程、生产性生物资产及无形资产而产生的处置利得或损失，还包括非货币性资产交换中换出非流动资产产生的利得或损失。

二、利润总额

利润总额的计算公式如下：

利润总额＝营业利润＋营业外收入－营业外支出

式中，营业外收入是指企业发生的与其日常活动无直接关系的各项利得；营业外支出是指企业发生的与其日常活动无直接关系的各项损失。

三、净利润

净利润的计算公式如下：

净利润＝利润总额－所得税费用

式中，所得税费用是指企业确认的应从当期利润总额中扣除的所得税费用。

【做中学 7－31】 阳光公司 2024 年有关损益类科目发生额如下：主营业务收入 10 000 000 元，其他业务收入 1 000 000 元，主营业务成本 8 000 000 元，其他业务成本 600 000 元，销售费用 100 000 元，管理费用 500 000 元，财务费用 200 000 元，营业外收入 3 200 000 元，营业外支出 800 000 元。阳光公司适用的企业所得税税率为 25%，假设不考虑其他因素。阳光公司当年的营业利润、利润总额、净利润的计算结果如下：

阳光公司当年的营业利润＝10 000 000＋1 000 000－8 000 000－600 000－100 000－500 000－200 000＝1 600 000（元）

阳光公司当年的利润总额＝1 600 000＋3 200 000－800 000＝4 000 000（元）

阳光公司当年的净利润＝4 000 000－4 000 000×25％＝3 000 000（元）

【知识点 2】 营业外收入和营业外支出★★

一、营业外收入

（一）营业外收入的核算内容

营业外收入是指企业确认的与其日常活动无直接关系的各项利得，主要包括非流动资产毁损报废收益、与企业日常活动无关的政府补助、盘盈利得、捐赠利得等。

其中：

（1）非流动资产毁损报废收益，是指非流动资产因自然灾害发生毁损、已丧失使用功能等原因而报废清理产生的收益。

（2）与企业日常活动无关的政府补助，是由企业常规经营之外的原因所产生的，从政府无偿取得的（货币性资产或非货币性资产），计入营业外收入的金额。

（3）盘盈利得是指企业现金资产盘盈报经批准后计入营业外收入的金额。

（4）捐赠利得是指企业无偿接受个人或其他单位的捐赠产生的利得。

（二）营业外收入的账务处理

企业应设置“营业外收入”账户，核算和监督营业外收入的取得及结转情况。该账户属于损益类账户，贷方登记企业确认的营业外收入金额；借方登记期末转入本年利润的营业外收入金额；期末余额结转入本年利润，结转后无余额。该账户可按营业外收入项目进行明细核算。

企业在生产经营期间，确认固定资产、无形资产等非流动资产毁损报废收益时，借记“固定资产清理”等科目，贷记“营业外收入”科目。企业确认现金盘盈利得、捐赠利得时，借记“库存现金”“待处理财产损溢”等科目，贷记“营业外收入”科目。期末，应将“营业外收入”科目余额转入“本年利润”科目，借记“营业外收入”科目，贷记“本年利润”科目。

【做中学 7－32】 2024 年 11 月，阳光公司发生的与营业外收入有关的经济业务如下：报经批准结转无法查明原因的现金溢余 500 元；转销由于债权单位撤销无法清偿的应付账款 8 000 元；报废一台管理用设备，确认净损益 6 000 元。不考虑其他因素，阳光公司应编制如下会计分录：

报经批准结转无法查明原因的现金溢余时：

借：待处理财产损溢　　500

　贷：营业外收入　　500

转销由于债权单位撤销无法清偿的应付账款时：

借：应付账款　　8 000

贷：营业外收入 8 000

报废一台管理用设备确认净损益时：

借：固定资产清理 6 000

贷：营业外收入 6 000

二、营业外支出

（一）营业外支出的核算内容

营业外支出是指企业发生的与其日常活动无直接关系的各项损失，主要包括非流动资产毁损报废损失、捐赠支出、盘亏损失、非常损失、罚款支出等。

其中：

（1）非流动资产毁损报废损失是指因自然灾害发生毁损、已丧失使用功能而报废清理产生的损失。

（2）捐赠支出是指企业对其他个人或单位进行无偿捐赠发生的支出。

（3）盘亏损失主要是指盘亏的资产（不包括现金资产盘亏），查明原因并报经批准后计入营业外支出的金额。

（4）非常损失是指企业由于客观原因造成的损失，在扣除保险公司赔偿后应计入营业外支出的净损失，如自然灾害等造成的资产净损失。

（5）罚款支出是指企业由于违反经济合同、税收法规等规定而支付的各种罚款，如行政罚款（税收罚款、工商罚款等），违反合同协议等而支付的罚款、违约金、赔偿金等。

（二）营业外支出的账务处理

企业应设置“营业外支出”账户，核算和监督营业外支出的发生及结转情况。该账户属于损益类账户，借方登记确认的营业外支出金额；贷方登记期末转入本年利润营业外支出金额；期末余额结转入“本年利润”科目，结转后无余额。该账户可按营业外支出项目进行明细核算。

企业在生产经营期间，确认固定资产、无形资产等非流动资产毁损报废损失时，借记“营业外支出”科目，贷记“固定资产清理”“无形资产”等科目。企业确认盘亏损失（不包括现金盘亏净损失）、罚款支出时，借记“营业外支出”科目，贷记“待处理财产损溢”“库存现金”等科目。期末，应将“营业外支出”科目余额转入“本年利润”科目，借记“本年利润”科目，贷记“营业外支出”科目。

【做中学 7-33】 2024 年 11 月，阳光公司发生的与营业外支出有关的经济业务如下：发生公益性捐赠支出 80 000 元；交纳税收滞纳金 30 000 元；因雷电造成资产净损失共计 2 500 000 元，其中流动资产（原材料）1 000 000 元，非流动资产（固定资产）1 500 000 元，均已报经批准。不考虑其他因素，阳光公司应编制如下会计分录：

借：营业外支出 2 610 000

贷：银行存款 110 000

待处理财产损溢 1 000 000

固定资产清理 1 500 000

【知识点3】 所得税费用★★★

企业的所得税费用包括当期所得税和递延所得税两部分。其中，当期所得税是指当期应交所得税；递延所得税是指按照《企业会计准则第18号——所得税》规定当期应予确认的递延所得税资产和递延所得税负债金额。递延所得税资产是一项资产，其应当以未来期间很可能取得用来抵扣可抵扣暂时性差异的应纳税所得额为限进行确认。递延所得税负债是一项负债，其是根据应纳税暂时性差异计算的未来期间应付所得税的金额。

一、应交所得税

应交所得税是指企业按照《中华人民共和国企业所得税法》规定计算确定的针对当期发生的交易和事项，应缴纳给税务部门的所得税金额，即当期应交所得税。应纳税所得额是在企业税前会计利润（即利润总额）的基础上调整确定的，计算公式为：

应纳税所得额＝税前会计利润＋纳税调整增加额－纳税调整减少额

应交所得税＝应纳税所得额×适用税率

纳税调整增加额主要包括《中华人民共和国企业所得税法》规定允许扣除项目中，企业已计入当期费用但超过税法规定扣除标准的金额（如超过《中华人民共和国企业所得税法》规定标准的职工福利费、工会经费、职工教育经费、业务招待费、公益性捐赠支出、广告费和业务宣传费等），以及企业已计入当期损失但《中华人民共和国企业所得税法》规定不允许扣除项目的金额（如税收滞纳金、罚金、罚款等）。

纳税调整减少额主要包括按《中华人民共和国企业所得税法》规定允许弥补的亏损和准予免税的项目，如前5年内未弥补亏损、国债利息收入，以及符合条件的居民企业之间的股息、红利等权益性投资收益等。

二、递延所得税

递延所得税包括递延所得税资产和递延所得税负债。

递延所得税负债发生额＝递延所得税负债期末余额－递延所得税负债期初余额

递延所得税资产发生额＝递延所得税资产期末余额－递延所得税资产期初余额

当期递延所得税＝递延所得税负债发生额－递延所得税资产发生额

三、所得税费用的账务处理

企业根据会计准则的规定，计算确定的当期所得税和递延所得税之和，即为应从当期利润总额中扣除的所得税费用。

所得税费用＝当期应交所得税＋当期递延所得税

企业应设置“所得税费用”账户，核算和监督企业所得税费用的确认及结转情况。该账户属于损益类账户，期末应将“所得税费用”科目的余额转入“本年利润”科目，借记“本年利润”科目，贷记“所得税费用”科目，结转后，“所得税费用”科目应无余额。

【做中学 7-34】 阳光公司为增值税一般纳税人，适用的所得税税率为 25%。2024 年相关业务资料如下：

（1）年初未分配利润为 0。全年实现营业利润 1 270 000 元，取得营业外收入 200 000 元，发生营业外支出 40 000 元。

（2）经查，按税法规定需调整的纳税事项有：职工福利费支出超过准予扣除标准的金额为 12 000 元，工会经费超过准予扣除标准的金额为 8 000 元，营业外支出中有 10 000 元为税收滞纳金；投资收益中有 20 000 元为本年实现的国债利息收入；其他应调减的应纳税所得额为 80 000 元。

（3）与所得税费用相关的递延所得税资料：递延所得税负债年初数为 20 000 元，年末数为 30 000 元；递延所得税资产年初数为 20 000 元，年末数为 10 000 元。阳光公司应编制如下会计分录：

（1）确认当期应交所得税时：

利润总额＝营业利润＋营业外收入－营业外支出
＝1 270 000＋200 000－40 000
＝1 430 000（元）

职工福利费支出超过准予扣除标准的金额为 12 000 元，工会经费超过准予扣除标准的金额为 8 000 元，营业外支出中有 10 000 元为税收滞纳金，均为纳税调整增加额。

纳税调整增加额＝12 000＋8 000＋10 000＝30 000（元）

投资收益中有 20 000 元为本年实现的国债利息收入，其他应调减的应纳税所得额为 80 000 元，均为纳税调整减少额。

纳税调整减少额＝20 000＋80 000＝100 000（元）

应纳税所得额＝税前会计利润（利润总额）＋纳税调整增加额－纳税调整减少额
＝1 430 000＋30 000－100 000＝1 360 000（元）

当期应交所得税＝1 360 000×25%＝340 000（元）

会计分录：

借：所得税费用　　340 000
　贷：应交税费——应交所得税　　340 000

（2）确认当期递延所得税时：

递延所得税负债发生额＝递延所得税负债期末余额－递延所得税负债期初余额
＝30 000－20 000＝10 000（元）

递延所得税资产发生额＝递延所得税资产期末余额－递延所得税资产期初余额
＝10 000－20 000＝－10 000（元）

当期递延所得税＝递延所得税负债发生额－递延所得税资产发生额
＝10 000－（－10 000）＝20 000（元）

会计分录：

借：所得税费用　　20 000

　贷：递延所得税负债　　10 000

　　　递延所得税资产　　10 000

特别说明，递延所得税负债属于负债类，遵循负债一般规则，发生额为正数，代表增加，负债增加在贷方。递延所得税资产属于资产类，遵循资产一般规则，发生为负数，代表减少，资产减少在贷方。

结合当期所得税和递延所得税，也可以一步到位计算所得税费用并编制会计分录，计算公式如下：

所得税费用＝当期应交所得税＋当期递延所得税＝340 000＋20 000＝360 000(元)

会计分录为：

借：所得税费用　　360 000

　贷：应交税费——应交所得税　　340 000

　　　递延所得税负债　　10 000

　　　递延所得税资产　　10 000

阳光公司2024年实现的净利润＝利润总额－所得税费用

＝1 430 000－360 000

＝1 070 000(元)

【知识点4】 本年利润的账务处理★★

一、结转本年利润的方法

会计期末，结转本年利润的方法有表结法和账结法两种。

（一）表结法

表结法下，各损益类科目每月末只需结计出本月发生额和月末累计余额，不结转到“本年利润”科目，只有在年末时才将全年累计余额结转入“本年利润”科目。但每月末要将损益类科目的本月发生额合计数填入利润表的“本月数”栏，同时将本月末累计余额填入利润表的“本年累计数”栏，通过利润表计算反映各期的利润（或亏损）。表结法下，年中损益类科目无须结转入“本年利润”科目，从而减少了转账环节和工作量，同时并不影响利润表的编制及有关损益指标的利用。

（二）账结法

账结法下，每月末均需编制转账凭证，将在账上结计出的各损益类科目的余额结转入“本年利润”科目。结转后“本年利润”科目的本月余额反映当月实现的利润或发生的亏损，“本年利润”科目的本年余额反映本年累计实现的利润或发生的亏损。账结法在各月均可通过“本年利润”科目提供当月及本年累计的利润（或亏损）额，但增加了转账环节和工作量。

二、结转本年利润的账务处理

企业应设置“本年利润”账户，核算企业本年度实现的净利润（或发生的净亏损）。会计期末，企业应将“主营业务收入”“其他业务收入”“营业外收入”等科目的余额分别转入“本年利润”科目的贷方，将“主营业务成本”“其他业务成本”“税金及附加”“销售售用”“管理费用”“财务费用”“信用减值损失”“资产减值损失”“营业外支出”“所得税费用”等科目的余额分别转入“本年利润”科目的借方。企业还应将“公允价值变动损益”“投资收益”“资产处置损益”科目的净收益转入“本年利润”科目的贷方，将“公允价值变动损益”“投资收益”“资产处置损益”科目的净损失转入“本年利润”科目的借方。结转后“本年利润”科目如为贷方余额，表示当年实现的净利润；如为借方余额，表示当年发生的净亏损。

年度终了，企业还应将“本年利润”科目的本年累计余额转入“利润分配——未分配利润”科目。如“本年利润”为贷方余额，借记“本年利润”科目，贷记“利润分配——未分配利润”科目；如为借方余额，作相反的会计分录。结转后，“本年利润”科目应无余额。

【做中学 7－35】 阳光公司 2024 年结账前有关损益类科目的年末余额，如表 7－2 所示。阳光公司采用表结法结转本年利润，适用的所得税税率为 25%。假设阳光公司 2024 年度不存在所得税纳税调整事项及递延所得税因素。

表 7－2　损益类科目年末余额

科目名称	贷方余额	借方余额
主营业务收入	10 000 000	
其他业务收入	1 000 000	
营业外收入	3 200 000	
主营业务成本		8 000 000
其他业务成本		600 000
销售费用		100 000
管理费用		500 000
财务费用		200 000
营业外支出		800 000

阳光公司应编制如下会计分录：

（1）结转损益类科目：将各项收入、利得科目结转入“本年利润”科目时：

借：主营业务收入　　10 000 000

　　其他业务收入　　1 000 000

　　营业外收入　　3 200 000

　贷：本年利润　　14 200 000

（2）将各项费用、损失科目结转入“本年利润”科目时：

借：本年利润	10 200 000	
贷：主营业务成本		8 000 000
其他业务成本		600 000
销售费用		100 000
管理费用		500 000
财务费用		200 000
营业外支出		800 000

（3）结转后，“本年利润”科目的贷方发生额合计为 14 200 000 元，“本年利润”科目的借方发生额合计为 10 200 000 元，用贷方发生额减去借方发生额即为利润总额 4 000 000 元。

（4）当期应交所得税额＝4 000 000×25％＝1 000 000（元）。

（5）确认所得税费用时：

借：所得税费用	1 000 000	
贷：应交税费——应交所得税		1 000 000

（6）将所得税费用结转入“本年利润”科目时：

借：本年利润	1 000 000	
贷：所得税费用		1 000 000

（7）结账前，“本年利润”科目年末余额（即当年的净利润）为 3 000 000（4 000 000－1 000 000）元。

将“本年利润”科目年末余额，结转入“利润分配——未分配利润”科目时：

借：本年利润	30 000 000	
贷：利润分配——未分配利润		3 000 000

项目练习及答案

模拟实训

实训任务一　收入业务

1. 2025 年 4 月 1 日，北京宝利商贸有限公司销售商品，请根据收到的单据进行账务处理。

销 售 单

客户名称：北京琳琅贸易有限公司　　2025 年 04 月 01 日　　№：63012521

品名	规格	单位	单价	数量	金额
法式面包		袋	12.43	2000	24860.00
牛角包		个	5.085	3000	15255.00
总计金额（大写）：	肆万零壹佰壹拾伍元整				¥40115.00

第一联：存根（白）第二联：客户（红）

信用审批：赵昱　　业务主管：林欣　　经办人：张宇

物资类别：库存商品

出库单

NO00511098

2025 年 04 月 01 日

提货单位或部门	北京琳琅贸易有限公司	发票号码或销售单号	63012521	发出仓库	成品仓	出库日期	2025-04-01
编号	名称及规格	单位	数量		单价	金额	
			要数	实发			
1001	法式面包	袋	2000	2000			
1002	牛角包	个	3000	3000			
合　计							

第二联　记账

部门主管：陈顾然　　会计：李艳　　仓库：叶子生　　制表：叶子生

购销合同

供方：北京宝利商贸有限公司　　　　合同号：XSHT0401

需方：北京琳琅贸易有限公司　　　　签订日期：2025年04月01日

经双方协议，订立本合同如下：

名称	规格型号	单位	数量	含税单价	金额
法式面包		袋	2000	12.43	24860.00
牛角包		个	3000	5.085	15255.00
合计	——	——	——	——	40115.00
货款总计（大写）：肆万零壹佰壹拾伍元整					

质量验收标准：外观无瑕疵，货品名称、规格、材质符合需方要求。

交货日期：2025年04月01日

交货地点：北京市朝阳区北苑路20号

结算方式：供方发货后，需方应在信用期内支付全部款项。

违约条款：违约方须赔偿对方一切经济损失。但遇天灾人祸或其他人力不能控制之因素而导致延误交货，需方不能要求供方赔偿任何损失。

解决合同纠纷的方式：经双方友好协商解决，如协商不成的，可向当地仲裁委员会提出申诉解决。

本合同一式两份，供需双方各执一份，自签订之日起生效。

供方（盖章）：北京宝利商贸有限公司
税号：9[illegible]10[illegible]5690[illegible]15145P
开户银行名称：中国工商银行北京分行
开户银行账号：[illegible]1010078973367641[illegible]
地址：北京市朝阳区北苑路20号
法定代表人：赵昱
公司联系电话：010-88543454

需方（盖章）：北京琳琅贸易有限公司
税号：[illegible]111[illegible]03[illegible]298[illegible]232
开户银行名称：中国农业银行北京分行
开户银行账号：[illegible]0078973367634[illegible]
地址：北京市小营中关村东升科技园[illegible]8号
法定代表人：赵美
公司联系电话：010-63422341

ICBC 中国工商银行　　**业务回单**（付款）

日期：2025年04月01日
回单编号：25869043008
付款人户名：北京宝利商贸有限公司　　付款人开户行：中国工商银行北京分行
付款人账号（卡号）：1101007897336764111
收款人户名：北京宏顺物流有限公司　　收款人开户行：中国工商银行北京分行
收款人账号（卡号）：1100006090433258979
金额：壹仟零玖拾元整　　小写：1,090.00元
业务（产品）种类：同行发报　凭证种类：000000000　　凭证号码：0000000000000000000
摘要：代垫运费　　用途：代垫运费　　币种：人民币
交易机构：0410000298　记账柜员：00023　交易代码：52062　　渠道：网上银行

附言：
支付交易序号：23076603　报文种类：普通贷记业务　委托日期：2025年04月01日
业务类型（种类）：普通汇兑　指令编号：HQP1102126144　提交人：13774551526.c.4105
最终授权人：0920007080300001.c.4100

中国工商银行北京分行 自助回单机专用章 （003）

本回单为第1次打印，注意重复　　打印日期：2025年04月01日　　打印柜员：9　验证码：1B5FB1A63006

1101203130 **北京增值税普通发票** №63542819 1101203130 63542819

此联不作报销、扣税凭证使用

开票日期：2025年04月01日

购买方	名称：北京琳琅贸易有限公司 纳税人识别号：911101034129862232 地址、电话：北京市小营中关村东升科技园二期西区18号 010-83448123 开户行及账号：中国农业银行北京分行 110100789733676346325			密码区	4</73**8-/+7+358/3*1761*6448 241<38*91<457<66812003+0/651 8/863<*55>*+4752+32/48<11*4/ 9++4/<*311<+*227-1398689495-		
货物或应税劳务、服务名称	规格型号	单位	数量	单价	金额	税率	税额
*焙烤食品*法式面包		袋	2000	11.00	22000.00	13%	2860.00
*焙烤食品*牛角包		个	3000	4.50	13500.00	13%	1755.00
合计					¥35500.00		¥4615.00
价税合计（大写）	⊗肆万零壹佰壹拾伍圆整				（小写）¥40115.00		
销售方	名称：北京宝利商贸有限公司 纳税人识别号：91110105690015145P 地址、电话：北京市朝阳区北苑路20号 010-88543454 开户行及账号：中国工商银行北京分行 1101007897336764111			备注			

收款人：司理理 复核：林思思 开票人：李艳 销售方：（章）

税总函[2019]117号北京印钞有限公司

第一联：记账联 销售方记账凭证

1101203130 **北京增值税普通发票** №09618383

发票联

开票日期：2025年04月01日

购买方	名称：北京琳琅贸易有限公司 纳税人识别号：911101034129862232 地址、电话：北京市小营中关村东升科技园二期西区18号 010-83448123 开户行及账号：中国农业银行北京分行 110100789733676346325			密码区	4</73**8-/+7+358/3*1761*6448 241<38*91<457<66812003+0/651 8/863<*55>*+4752+32/48<11*4/ 9++4/<*311<+*227-1398689495-		
货物或应税劳务、服务名称	规格型号	单位	数量	单价	金额	税率	税额
*运输服务*运输费		次	1	1000.00	1000.00	9%	90.00
合计					¥1000.00		¥90.00
价税合计（大写）	⊗壹仟零玖拾圆整				（小写）¥1090.00		
销售方	名称：北京宏顺物流有限公司 纳税人识别号：91110000488033565X 地址、电话：北京市通州区张采路53号 010-87234674 开户行及账号：中国工商银行北京分行 1100006090433258979			备注	运输货物：法式面包、牛角包 运输起止点：北京朝阳区-北京中关村 车牌号：京D-453		

收款人：宋文明 复核：蒋子文 开票人：胡文文 销售方：（章）

税总函[2019]117号北京印钞有限公司

第二联：发票联 购买方记账凭证

2. 2025 年 5 月 18 日，北京优乐电器有限公司上月销售的商品发生退回，请根据收到的单据进行账务处理。

1101203130　　北京增值税专用发票　　№03618233　1101203130

销项负数　　此联不作报销、扣税凭证使用　　03618233

开票日期：2025年05月18日

购买方		密码区
名　　称：北京信拓商贸有限公司 纳税人识别号：91110102339707867X 地 址、电 话：北京市海淀区增光路甲38号楼206室 010-85224950 开户行及账号：中国建设银行北京海淀支行 11001009100053011619		4</73**8-/+7+358/3*1761*6448 241<38*91<457<66812003+0/651 8/863<*55>*+4752+32/48<11*4/ 9++4/<*311<+*227-1398689495-

货物或应税劳务、服务名称	规格型号	单位	数量	单价	金额	税率	税额
*家用制冷器具*车载式冰箱		台	-250	300.00	-75000.00	13%	-9750.00
合　计					¥-75000.00		¥-9750.00
价税合计（大写）	⊗ 负捌万肆仟柒佰伍拾圆整				（小写）¥-84750.00		

销售方	备注
名　　称：北京优乐电器有限公司 纳税人识别号：91110000562624588M 地 址、电 话：北京市海淀区西环南路18号 010-51572552 开户行及账号：中国工商银行北京分行 1100006513145662686	开具红字增值税专用发票信息表编号 309684261420401

收款人：孟妤　　复核：程誉　　开票人：苏玫　　销售方：（章）

税总函［2019］117号北京印钞有限公司

第一联：记账联　销售方记账凭证

北京优乐电器有限公司 91110000562624588M 发票专用章

退货协议

协议号：XSHT0428-1

甲方：北京信拓商贸有限公司　　乙方：北京优乐电器有限公司

地址：北京市海淀区增光路甲38号楼206室　　地址：北京市海淀区西环南路18号

电话：010-85224950　　电话：010-51572552

经甲乙双方共同协商，在平等、公平、公正、自愿的原则下，达成如下退货事项：

第一条：货物描述

货物名称	单位	数量	单价	金额	税率	税额	价税合计
车载式冰箱	台	250	300.00	75000.00	13%	9750.00	84750.00
						小计：	84750.00

第二条：合同号及退货原因

合同号：XSHT0428

退货原因：商品表面磨损严重，不符合合同规定。

第三条：双方责任

（一）甲方责任：按约定退还2025年04月28日购入不合规的全部货物。

（二）乙方责任：对退货部分金额开具红字发票。如有未尽事宜，由双方另行商定。

第四条：协议生效、中止与结束

（一）本协议一式两份，甲乙双方各执一份，需经双方签字认可后生效，生效日期以甲乙双方最后一个签字盖章日期为准。

（二）以货款两讫之日，结束本协议。

第五条：纠纷解决方式

因执行本协议发生的或与本协议有关的一切争议，甲乙双方应通过友好协商解决，如双方协商仍不能达成一致意见时，则提交仲裁机构。

第六条：双方单位所提供的退货协议和附送资料内容真实、完整、准确，并对此承担相应的法律责任。

甲方签字：夏洪剑　　乙方签字：叶城辉

盖章：北京信拓商贸有限公司　夏洪剑印　　盖章：北京优乐电器有限公司　叶城辉印

日期：2025年05月18日　　日期：2025年05月18日

入 库 单

№ 07030021

交货单位：北京信拓商贸有限公司　　　　2025 年 05 月 18 日

品 名	单位	规 格	数 量	单 价	金额 千	百	十	万	千	百	十	元	角	分
车载式冰箱	台		250											
合计大写	仟 佰 拾 万 仟 佰 拾 元 角 分¥													

第二联　会计联

记账：林珑　　保管：蒋言意　　制票：郑鸣

退货单

单位：北京信拓商贸有限公司　　金额单位：元（列至角分）　　日期：2025年05月18日

退货单编码	TH[illegible]55		退货日期	2025年05月18日		收回日期	2025年05月18日	
原采购单号	40[illegible]41		部门	销售部		业务员	张宇	
供应商编码	12		供应商	北京优乐电器有限公司				
序号	编码	品名	规格	退货原因	单位	数量	含税单价	含税金额
1	1001	车载式冰箱		质量不合格	台	250	339.00	84750.00

审核：杜奇　　制表：张宇

付款申请单

申请部门：销售部　　2025 年 05 月 18 日

收款单位名称（全称）	付款事由（用途）		金额	付款方式
北京信拓商贸有限公司	退货款 银行付讫		84750.00	网银转账
备注	对方退回04月28日购买的全部商品，因货款当日已收取，现将货款退回。			
合计金额（大写）	捌万肆仟柒佰伍拾圆整		合计金额（小写）	¥：84750.00
发票种类	增值税专用发票（红字）	款项所属账期	2025 年 05 月	

总经理：　　审批：程誉　　财务：苏玫　　出纳：孟妤　　主管：关强　　经办：陆明玉

业务回单（付款）

ICBC 中国工商银行

日期：2025年05月18日
回单编号：3423390065
付款人户名：北京优乐电器有限公司　　付款人开户行：中国工商银行北京分行
付款人账号（卡号）：1100006513145662686
收款人户名：北京信拓商贸有限公司　　收款人开户行：中国建设银行北京海淀支行
收款人账号（卡号）：1100100910005301 1619
金额：捌万肆仟柒佰伍拾元整　　小写：84,750.00元
业务（产品）种类：跨行发报　凭证种类：000000000　　凭证号码：00000000000000000
摘要：退回货款　　用途：　　币种：人民币
交易机构：0410000298　记账柜员：00023　交易代码：52062　　渠道：网上银行

附言：
支付交易序号：23076303　报文种类：普通贷记业务　委托日期：2025年05月18日
业务类型（种类）：普通汇兑　指令编号：HQP1162126134　提交人：13774551526.c.4160
最终授权人：0920007080300001.c.4100

中国工商银行北京分行 自助回单机专用章（003）

本回单为第1次打印，注意重复　　打印日期：2025年05月18日　　打印柜员：9　　验证码：1B5FB9A63086

实训任务二　利润业务

1. 2025 年 3 月 6 日，北京优乐电器有限公司收到捐赠款，请根据收到的单据进行账务处理。

业务回单（收款）

ICBC 中国工商银行

日期：2025年03月06日
回单编号：13231211001
付款人户名：刘春宏　　付款人开户行：中国工商银行北京朝阳支行
付款人账号（卡号）：1100076323130010689
收款人户名：北京优乐电器有限公司　　收款人开户行：中国工商银行北京分行
收款人账号（卡号）：1100006513145662686
金额：壹拾万元整　　小写：100,000.00元
业务（产品）种类：同行收报　凭证种类：000000000　　凭证号码：00000000000000000
摘要：捐赠款　　用途：捐赠款　　币种：人民币
交易机构：0410000298　记账柜员：00023　交易代码：52110　　渠道：其他

附言：
支付交易序号　23076043　报文种类：普通贷记业务　委托日期：2025年03月06日
业务类型（种类）：普通汇兑

中国工商银行北京分行 自助回单机专用章（003）

本回单为第1次打印，注意重复　　打印日期：2025年03月06日　　打印柜员：9　　验证码：596FE9A71006

2. 2025 年 9 月 19 日，北京优乐电器有限公司收到员工罚款，请根据收到的单据进行账务处理。

收款收据　　№ 45673122

客户名称：周凯　　2025 年 09 月 19 日

项目	单位	数量	单价	金额								备注
				十	万	千	百	十	元	角	分	
车间吸烟罚款500元	次	1	500				5	0	0	0	0	
现金收讫												
合计人民币（大写）零拾零万零仟伍佰零拾零元零角零分						¥	5	0	0	0	0	

第三联：会计联

北京优乐电器有限公司 财务专用章

收款人 叶青芝　　会计 元园　　收款单位（盖章）

3. 2025 年 6 月 2 日，北京优乐电器有限公司因自然灾害导致存货毁损，经审查后做出处理说明，请根据处理说明进行账务处理。

处理说明

2025年05月31日我公司因自然灾害导致特硬纸箱小号和特硬纸箱大号各损失了100个，合计计入待处理财产损溢，科目金额为5000元。2025年06月02日向中国阳光保险股份有限公司北京分公司申报理赔4000元已经通过审核，理赔款于工作日5日内支付。剩余1000元经领导批准计入营业外支出。

2025年06月02日
北京优乐电器有限公司

实训任务三　期间费用业务

1. 2025 年 7 月 5 日，北京优乐电器有限公司支付广告费，请根据相关单据进行账务处理。

1101203130　　北京增值税专用发票　　№01218385　1101203130

发票联　　01218385

开票日期：2025年07月05日

购买方	名　　称：北京优乐电器有限公司 纳税人识别号：91110000562624588M 地 址、电 话：北京市海淀区西环南路18号 010-51572552 开户行及账号：中国工商银行北京分行 1100006513145662686	密码区	4</73**8-/+7+358/3*1761*6448 241<38*91<457<66812003+0/651 8/863<*55>*+4752+32/48<11*4/ 9++4/<*311<+*227-1398689495-

货物或应税劳务、服务名称	规格型号	单位	数量	单价	金额	税率	税额
*广告服务*广告费		次	1	20000.00	20000.00	6%	1200.00
合　计					¥20000.00		¥1200.00
价税合计（大写）	⊗ 贰万壹仟贰佰圆整				（小写）¥21200.00		

销售方	名　　称：北京环球阳光影视文化传媒有限公司 纳税人识别号：91110101101241021X 地 址、电 话：北京市东城区新华路88号 010-88674456 开户行及账号：中国工商银行北京东城支行 1103256090457078933	备注	

收款人：王林　　复核：郑小芬　　开票人：曾凡　　销售方：（章）

税总函〔2019〕117号北京印钞有限公司

第三联：发票联　购买方记账凭证

付款申请单

申请部门：销售部　　　　　　　　　　2025 年 07 月 05 日

收款单位名称（全称）		付款事由（用途）	金额	付款方式
北京环球阳光影视文化传媒有限公司		支付广告费	21200.00	网银转账
备注	支付广告费　银行付讫			
合计金额（大写）	贰万壹仟贰佰圆整		合计金额（小写）	¥：21200.00
发票种类	增值税专用发票	款项所属账期	2025 年 07 月	

总经理：　　审批：程誉　　财务：苏玫　　出纳：孟妤　　主管：关强　　经办：陆明玉

ICBC 中国工商银行　　　　业务回单（付款）

日期：2025年07月05日
回单编号：50754333332
付款人户名：北京优乐电器有限公司　　付款人开户行：中国工商银行北京分行
付款人账号（卡号）：1100006513145662686
收款人户名：北京环球阳光影视文化传媒有限公司　　收款人开户行：中国工商银行北京东城支行
收款人账号（卡号）：1103256090457078933
金额：贰万壹仟贰佰元整　　小写：21，200.00元
业务（产品）种类：同行发报　凭证种类：000000000　　凭证号码：000000000000000000
摘要：支付广告费　　用途：　　币种：人民币
交易机构：0410000298　记账柜员：00023　交易代码：52062　　渠道：网上银行

附言：
支付交易序号：20976093　报文种类：普通贷记业务　委托日期：2025年07月05日
业务类型（种类）：普通汇兑　指令编号：HQP1102126133　提交人：13774451526.c.4100
最终授权人：0920007080300001.c.4100

（印章：中国工商银行北京分行 自助回单机专用章（003））

本回单为第1次打印，注意重复　　打印日期：2025年07月05日　　打印柜员：9　验证码：1B5FB9A67006

2. 2025 年 9 月 25 日，北京优乐电器有限公司确认委托代销手续费，请根据相关单据进行账务处理。

1101203130　　北京增值税专用发票　　№04612326　1101203130
发票联　　04612326
开票日期：2025年09月25日

购买方	名称：北京优乐电器有限公司 纳税人识别号：9111000056262458 8M 地址、电话：北京市海淀区西环南路18号 010-51572552 开户行及账号：中国工商银行北京分行 1100006513145662686			密码区	4</73**8-/+7+358/3*1761*6448 241<38*91<457<66812003+0/651 8/863<*55>*+4752+32/48<11*4/ 9++4/<*311<+*227-1398689495-		
货物或应税劳务、服务名称	规格型号	单位	数量	单价	金额	税率	税额
*经纪代理服务*代销手续费		月	1	3100.00	3100.00	6%	186.00
合计					¥3100.00		¥186.00
价税合计（大写）	⊗ 叁仟贰佰捌拾陆圆整				（小写）¥3286.00		
销售方	名称：北京信拓商贸有限公司 纳税人识别号：91110102339707867X 地址、电话：北京市海淀区增光路甲38号楼206室 010-85224950 开户行及账号：中国建设银行北京海淀支行 1100100910005301 1619			备注	（印章：北京信拓商贸有限公司 91110102339707867X 发票专用章）		

收款人：林青　　复核：王建　　开票人：李娜　　销售方：（章）

税总函〔2019〕117号北京印钞有限公司

第三联：发票联 购买方记账凭证

3. 2025 年 4 月 13 日，北京优乐电器有限公司票据贴现，请根据相关单据进行账务处理。

银行承兑汇票　　2　　$\frac{BB}{01}$ 00535646

出票日期（大写）　贰零贰伍 年　零贰 月　贰拾捌 日

出票人全称	上海鸿飞贸易有限公司	收款人	全称	北京优乐电器有限公司
出票人账号	3101958745698545232	收款人	账号	1100006513145662686
付款行全称	中国工商银行上海静安支行	收款人	开户银行	中国工商银行北京分行
出票金额	人民币（大写）伍拾万元整		亿千百十万千百十元角分	¥50000000
汇票到期日（大写）	贰零贰壹年零伍月贰拾捌日	付款行	行号	110622581369
承兑协议编号	58436454	付款行	地址	上海市静安区康定路699号
本汇票请你行承兑，到期无条件付款。 上海鸿飞贸易有限公司 财务专用章　吴洪峰印 出票人签章	本汇票已经承兑，到期日由本行付款。 中国工商银行北京海淀支行 102200000056 汇票专用章 承兑行签章 承兑日期　年　月　日 备注：		复核　记账	

此联收款人开户行随托收凭证寄付款行作借方凭证附件

ICBC 中国工商银行　　贴现凭证

申请日期　2025 年 04 月 13 日　　第 00067 号

贴现汇票	种类	银行承兑汇票　号码 535646	持票人	名称	北京优乐电器有限公司
贴现汇票	出票日	2025 年 02 月 28 日	持票人	账号	1100006513145662700
贴现汇票	到期日	2025 年 05 月 28 日	持票人	开户银行	中国工商银行北京分行
汇票承兑人	名称	中国工商银行上海静安支行　账号		开户银行	
汇票金额	人民币（大写）	伍拾万元整		千百十万千百十元角分	¥50000000
贴现率	0.2 ‰	贴现利息　千百十万千百十元角分 ¥480000		实付贴现金额　千百十万千百十元角分	¥49520000
贴现款项已入你单位账户。 中国工商银行北京分行 转账 转讫 银行签章 2025 年 04 月 13 日	备注：				

第二联 回单联

215X140mm

参考文献

[1] 宋晓缤，杜兴强，王竹泉. 现金流量重分类：理论逻辑、基本框架与经验证据[J]. 管理世界，2024，40 (20).

[2] 马德林，陆欣昀. 中国式现代化视域下的财务管理创新：兼论《企业财务通则》修订 [J]. 财会通讯，2024，(18).

[3] 葛家澍. 创新与趋同相结合的一项准则：评我国新颁布的《企业会计准则——基本准则》[J]. 会计研究，2006，(03).

[4] 刘玉廷.《企业会计制度》的中国特色及与国际惯例的协调 [J]. 会计研究，2001，(03).

[5] 时军. 浅析新收入准则的变化及其对会计核算的影响 [J]. 财会月刊，2018，(05).

[6] 周明春，刘西红. 金融危机引发的对公允价值与历史成本的思考 [J]. 会计研究，2009，(09).

[7] 任月君. 企业财务报告改进研究 [M]. 大连：东北财经大学出版社，2010.

附录一

项目学习评价表

注意：本表适用于项目二至项目七。

<table>
<tr><td colspan="6">项目名称</td></tr>
<tr><td>学生姓名</td><td colspan="2"></td><td>班级</td><td colspan="2"></td></tr>
<tr><td>学号</td><td colspan="2"></td><td>评价日期</td><td colspan="2"></td></tr>
<tr><td rowspan="2">评价项目</td><td colspan="3">评价等级</td><td rowspan="2">自我评价</td><td rowspan="2">教师评价</td></tr>
<tr><td>A级（90—100）</td><td>B级（80—90）</td><td>C级（70—80）</td></tr>
<tr><td>知识掌握</td><td>• 精准掌握会计要素确认计量规则
• 熟练运用会计准则处理复杂业务
• 全流程核算错误率≤5%</td><td>• 理解核心会计原理但细节有疏漏
• 能处理常规业务但特殊业务需指导
• 核算错误率5%～10%</td><td>• 仅识记基础概念缺乏理解
• 依赖模板处理简单业务
• 核算错误率＞10%</td><td></td><td></td></tr>
<tr><td>能力提升</td><td>• 独立完成：凭证填制，科目汇总表编制，试算平衡表纠错</td><td>• 在范例指导下完成：常规业务凭证填制，科目汇总表编制
• 试算1～2处错误</td><td>• 需逐步指导完成：简单业务凭证填制，无法自主编制汇总表
• 不能识别试算表明显错误</td><td></td><td></td></tr>
<tr><td>职业素养</td><td>• 主动核查凭证要素完整性
• 严格按流程操作
• 提交成果零涂改且格式规范</td><td>• 按流程操作但偶有疏漏
• 成果不规范≤2处
• 按时提交无延迟</td><td>• 忽视原始凭证要素缺失
• 成果涂改＞3处
• 提交延迟影响进度</td><td></td><td></td></tr>
<tr><td>小组合作</td><td>• 主动承担关键任务
• 有效协调组员矛盾
• 整合小组报告逻辑清晰</td><td>• 完成分配任务并分享数据
• 参与讨论提出可行建议
• 按时提交分工内容</td><td>• 完成简单辅助工作
• 不参与方案讨论
• 提交内容存在明显错误</td><td></td><td></td></tr>
<tr><td>教师建议</td><td colspan="5"></td></tr>
<tr><td>自我小结</td><td colspan="5"></td></tr>
<tr><td>特别注意</td><td colspan="5">1. 本评价表针对学生学习表现情况作评价。
2. 本评价分为定性评价部分和定量评价部分。
3. 定量评价部分总分为100分，最后取值为教师评和自评分数按比例取均值。</td></tr>
<tr><td>备注</td><td colspan="5"></td></tr>
</table>

附录二　财务报告出具